教育における
ドラマ技法の探究

「学びの体系化」にむけて

渡部 淳＋
獲得型教育研究会
［編］

明石書店

はじめに

渡部　淳

　本書は、参加型アクティビティの研究に取り組む「獲得型教育研究会」(略称＝獲得研)の活動の実際を、ドラマ技法の探究に焦点化して考察したものである。ここでは、アクティビティという用語を、ゲーム、シミュレーション、プレゼンテーションなど、学習者が主体となって取り組む諸活動の総称として使っている。獲得研は、「参加型アクティビティの体系化と教師研修プログラムの開発」を目的にして、2006年に創設された研究グループである。現在は、小学校から大学までの教師43名で構成されている。

　私たちは、新しい時代の共通教養の中核に、参加型アクティビティの習得を据えたいと考えている。アクティビティの定着は、自立的学習者（＝自律的市民）を育む教育の中心課題だからである。

　参加民主主義が成熟するためには、一人ひとりの市民が、討議の経験を豊かにしたり、大小のコミュニティの運営に関与したりする経験が不可欠である。それは、見方を変えれば、市民が民主的な手続き（procedure）に習熟していくプロセスでもある。その手続きを教育の側面から整備すると同時に、学習者が協同することの手ごたえと味わいを体験できるような実践を創造する方策を探ること、それが参加型アクティビティの理論的・実践的研究である。

　全身を駆使して取り組む探究活動、その過程で生まれるダイナミックな協同関係、豊かで深い学びの体験、それらを成立させる不可欠のツールがアクティビティである。実際のところ、なんらかのアクティビティを介在させることなしに、参加・獲得型の学びを成立させることは困難である。それは、約束事のない社会、ルールのないスポーツが、それとして成立し

えないのと同様の事情である。

　参加型アクティビティでは、ディスカッション／ディベート、プレゼンテーション、リサーチワークの3つがとくに重要だが、本書では、これらと並ぶ第4のアクティビティとして、ドラマワークを位置づけている。

　ごく簡単にいえば、自分ではない「何か」になって考えたり、行動したりするためのツールがドラマ技法である。ドラマワークでの学びは、想像力をフル稼働させて、フィクションの世界とリアルな世界を往還する学びであり、私たちは、ドラマ技法を駆使することではじめて、現実の世界とは別の"もう1つの世界"を手にすることができるのである。

　近年、これまで主流だった知識注入型の授業スタイルを見直す手がかりとして、また闊達な教育コミュニケーションを生み出す手段として、演劇的手法を日常の教育活動に取り入れる動きが活発化している。

　本書の目的は、そうした流れを研究活動の面でも加速することにある。ドラマ技法研究の最先端を切り拓いてきた獲得研の試行錯誤を振り返ることで、これから起こるだろう議論の土台を築こう、というのである。

　急速に状況が変わりつつあるとはいうものの、ドラマ技法の研究は、教育方法の研究としてはほとんど未開拓の分野だったといってよい。そのため獲得研では、あえてドラマ技法の体系化という理論性の強い研究と、ドラマ技法の活用・普及という実践性の強い研究を並行して進めることにした。このことは、1つのグループが、基礎研究と応用研究に同時に取り組むような、困難で時間のかかる道のりになることを意味していた。

　こうした事情から、本書の第1の特徴は、実践事例を豊富に盛りこんだ研究書だという点にある。具体的にいえば、紙面の多くを占める論考が、「異文化間教育学会第34回大会」（2013年6月8～9日　日本大学文理学部）の2つのプログラムに関わるものである。

　1つは、公開シンポジウム「学びの身体を問い直す——教育コミュニケーションと演劇的知の視点から」の報告である。ここでの実践報告と実践へのコメントおよび総括が、本書の第2章、第3章になっている。もう1つは、大会のプレセミナー「獲得型授業をめざす教師のためのドラマ技法活用講座」のワークショップ「ドラマを通して考えるハックルベリー・

フィンの冒険」の報告である。その実況中継とふり返りの論考が、第4章、第5章になっている。

　本書は、これらの内容を、第1章と第6章・附章の内容がはさみこむかたちで構成する。まず第1章で、共同研究のバックボーンとなる獲得型教育の理論を総合的に考察する。一方、第6章では、共同研究の独自性を研究体制や自己研修などの視点から分析し、さらに附章で、これまでの研究の展開過程を具体的資料によって一望する、というものである。

　この構成とも関係するが、本書の第2の特徴は、収録されている論考の多くが、研究の目標や結果を叙述するのと同じような比重で、実践の生成過程といういわばメタの部分を丁寧に描いていることである。それは、獲得研の研究体制の特質に由来している。

　獲得研では、校種や担当教科の違いを超えて、すべての会員が、研究的実践者・実践的研究者として対等な立場で研究に携わっている。そのため、小学校の実践に触発されて、同じテーマの授業を高校や大学で実践したり、その逆だったりということが、日常の風景となっている。また、あえて専門領域や教科を超えたチームをつくり、ドラマワークや実験的授業プログラムの開発に挑戦してきた。異文化接触でおこるスパークが、思いがけない発想の飛躍を生み、研究にはずみをつける役割を果たすからである。こうした共同研究のダイナミズムを実態として分析するには、メタの部分を丁寧に描く必要がある、と考えたのである。

　執筆者のラインアップも、会員の多様なバックグラウンドを反映している。当然のこと、想定される読者層も、小学校から大学まで、あらゆる校種の教員ということになるのだが、むしろそうした教育関係者だけでなく、教育に関心をもつ市民、学生の方々にも広くアピールできる内容になった、と考えている。

　8年間におよぶ共同研究の成果である本書が、日本のアクティビティ研究の一里塚となり、研究のさらなる活性化に寄与できれば、と願っている。

教育におけるドラマ技法の探究◎もくじ

はじめに..3

第1章

獲得型教育とドラマ技法研究..9
渡部　淳

第2章

公開シンポジウム「学びの身体を問い直す」
（1）実践報告篇..35

1　ドラマワークで物語を読み、ひらき、つながる..................37
　　宮崎 充治

2　こころとからだを開く家庭科実践....................................57
　　小松理津子

3　大学体育で遊び直す..75
　　藤井洋武

第3章

公開シンポジウム「学びの身体を問い直す」
（2）コメント及び総括篇..95

1　「教室性」はいかに解体されたか〜異文化間教育からのコメント〜.....97
　　横田雅弘

2　プロセスとしての表現　教育方法学の視点から..............109
　　渡辺貴裕

3　総括――ショーケースとしてのシンポジウム..................122
　　和田俊彦

第4章
ドラマ技法活用講座（1）ウォーミングアップ篇 137
1 実況中継「ウォーミングアップAグループ」.................... 139
　関根真理、田ヶ谷省三、宮崎充治
2 ウォーミングアップ・プログラムのデザインと運用................ 151
　青木幸子、高山昇

第5章
ドラマ技法活用講座（2）ドラマワーク篇 161
1 実況中継　ハックの冒険をもとに人生のジレンマを考える 163
　田ヶ谷省三、関根真理、宮崎充治
2 ドラマを通して考えるハックルベリー・フィンの冒険 179
　吉田真理子、武田富美子

第6章
アクティビティ研究の困難と希望 213
　渡部　淳

附章
資料でみる共同研究の歩み 227
　初海茂、両角桂子

あとがき 253

執筆者・執筆分担一覧 255

第1章

獲得型教育とドラマ技法研究

渡部　淳

1　はじめに

　四半世紀にわたって、授業に演劇的手法を導入する試みを続けている。きっかけは、1980年代に、ICU高校の社会科教師として生徒の演劇的プレゼンテーションを指導したことである。高校での20年以上におよぶ実践の延長で、2006年から集中的にドラマ技法の開発・普及に取り組んできた。

　この年に「獲得型教育研究会」(略称：獲得研)を設立し、「参加型アクティビティの体系化および教師研修システムの開発」に取り組むことになり、その主要テーマとしてドラマ技法研究を行ってきたのである。

　獲得研では、身体をつかってイメージを写真のように表現する「フリーズ・フレーム（静止画）」や特定の登場人物に「なって」その人物の声と言葉で他者からの質問にこたえる「ホット・シーティング（質問コーナー）」など、汎用性の高い16のドラマ技法の活用を提案している。いずれも実際の授業にかけて、小学校から大学まで、どこの教室でも使えると判断したものである。

　獲得研のドラマ技法研究の特徴は、以下のような点にある。すなわち、自立的学習者の育成を目指す獲得型教育研究の一環であること、「学びの全身化」のツールとしてドラマ技法を活用すること、教科指導など日常の教育活動の様々な場面にドラマ技法を取り入れようとしていること、自立的学習者の資質として演劇的知の形成を志向していること、などである。したがって、獲得研でのドラマ技法研究は、舞台での上演を目的とするいわゆる演劇教育・シアター教育の研究とはやや位相を異にするものである。

　本章では、ドラマ技法研究のベースとなる獲得型教育の理論、ドラマ技法研究の経緯と成果、獲得型教育による演劇的知の形成という3つの点に焦点をあて、日本の学びのこれからについて考えてみたい。

2　授業改革への視座

　筆者が、学びの全身化を志向するようになったきっかけは、1980年に

うけた「帰国生ショック」にある。この年に、帰国生徒受入れ専門校であるICU高校で「政治経済」(3年生)の教師となり、そこで出会った数十カ国の教え子たちの被教育体験を通して、世界中で行われている多様な参加型授業のスタイルを知ることになる。この出会いが自らの授業を見直すきっかけになり、また授業研究の動機づけになった[1]。

とくに欧米の帰国生が大きな達成感を得た授業の例として語るのが、リサーチワークや発表討論の授業である。例えば、アメリカのショウ＆テル、リサーチ・ペーパー、イギリスのブック・メークやディベート・プログラムなどがそれである。

稲垣(1995)によれば、日本では、19世紀にアメリカから伝わった一斉教授法が、公教育の支配的な教授形式になってきた。国家が決めた教育内容を教師が教科書を使って大勢の子どもたちに一斉に伝達する。これは日本に限らず東アジアの国々で広く定着してきた形式といえる。この形式によって教授実践の一定の質的基準、教授効率が担保されてきたことも事実なのだが、その一方で、注入型の方法では生徒の自発性を育てることがきわめて困難だということも見逃せない事実である。

こうした教授定型に対して、新教育運動にみられるような、様々なチャレンジが繰り返されてきた。日本社会の国際化を背景として生まれた獲得型教育の構想もまた、そうしたチャレンジの1つだといえる。

筆者の場合は、1980年に受けたインパクトを受け止めるべく、ICU高校での参加型授業実践、帰国生の教育体験アンケートやインタビュー調査、海外の学校の訪問調査を並行して行うことになる。こうした10年の模索の後、1990年に「日本の授業のバランスを、知識注入型から獲得型の方向へ徐々に移しかえていくべきだ」と提唱するにいたった。

3　理念型としての獲得型授業

知識注入型、獲得型という2つの概念は筆者の造語である。これら2つの類型は、もともとM.ヴェーバーのいう理念型である。東アジアの学校で広く行われてきた知識注入型授業(KP lessons：knowledge-pouring lessons)は、

教師が精選された知識を権威とともに一斉教授する方式のことである。ここではチョーク＆トークの形式が基本となる。一方、獲得型授業（AO lessons：acquisition-oriented lessons）は、学習者が、自学と参加・表現型の活動を通して主体的に学ぶ方式である。

　理念型としての獲得型授業は、知識注入型授業の対概念である。獲得型授業（＝学習者の活動としては獲得型学習）には、2つの側面が含まれる。1つは自学の訓練である。情報収集の活動から論文作成にいたる一連のプログラムがここに含まれる。この訓練は、"学び方を学ばせる"──思考の枠組み作りや情報更新の仕方など──という意味で獲得型授業において中核的な位置を占めるものである。

　2つ目は、参加型の学習活動である。ここでは発表やディスカッションなどの表現活動が中心になっている。ただ、調べる訓練、書く訓練、発表や討論の訓練は一連のものであり、2つの側面は相互に密接につながりあっている。もちろん個人でリサーチした結果を1人でレポートにまとめるといった活動もあるが、グループワークを通した共同学習の比重が高いのも獲得型学習の特徴である。

　現段階における獲得型授業（AO lessons）の定義は以下のようである。

　　定義1：教師は、学習者に「全身で学ぶ」場を提供し、「自立的学習
　　　　　者」となるよう援助する。
　　定義2：教師は、種々の「アクティビティ」を駆使して、学習者に知
　　　　　識だけでなく「知恵」を獲得させる。

　また、獲得型学習（AO learning）は次のように定義される。

　　定義3：学習者が、「全身で学ぶ」ことを通して、民主的社会を構成
　　　　　する「自立的学習者」になっていく。
　　定義4：学習者が、種々の「アクティビティ」に取り組むことを通し
　　　　　て、自己の内部に「知恵」を形成していく。

ここに挙げた獲得型授業・獲得型学習の定義には4つのキーワードが含まれている。〈学びの全身化〉〈アクティビティ〉〈自立した学習者〉〈知恵（＝演劇的知）〉である。ここではまず、最初の2つの用語について簡単にみておきたい。

4　アクティビティ——学びの全身化のツール

　「学びの全身化」という概念は、知性、感性、身体性を統合する学びの実現を志向するものである。筆者は、帰国生教育に22年間携わり、総計で100カ国・5,000名の帰国生たちを対象とする実践に取り組んだ。具体的には、3年生3,500人が論文作成に挑戦した「政経レポート」の指導、論理的思考力と演劇的表現力をきたえるディスカッション／ディベートの指導、演劇的手法を駆使したプレゼンテーションの指導などである。いずれも、学習者が自主的にかつ全身で課題に取り組む学習である。こうした中で、学びの全身化の概念が緩やかに形をあらわすことになる。

　学びの全身化を実現するにはツールが必要であり、それがアクティビティである。アクティビティを定義するならば、それは「リサーチワーク、プレゼンテーション、ディベートなど、学習者が主体的に取り組む諸活動の総称」ということになる。アクティビティは、全身的な学びのツールであると同時に、学びの場を成立させる共通言語の役割を果たすものである。これらの技法を活用することなしに、参加・獲得型の学びは成立しえない。

5　アクティビティ研究の契機

　本章の冒頭で、獲得研の研究テーマが2つあると述べた。獲得型授業の基礎となるアクティビティを体系化すること、教師研修プログラムを開発することの2つである。こうした取り組みを促すことになった3つの契機がある。

　1つ目は、グローバル・エデュケーションの提唱者の1人であるD・セルビーの来日（1995年）である。1980年代の後半から、アクティビティ・

ブックの翻訳・紹介はされていたが、効果的なファシリテーションに直接ふれる機会はまだほとんどなかった。セルビーは、日本各地でワークショップを行い、日本の教育関係者と交流する。彼のワークショップは、感情的な熱狂から遠い、静かで知的な雰囲気のファシリテーションである。河内・渡部ら（1997）によれば、ここでの経験から、ワークショップ型授業を成立させてアクティビティの役割と効果に気づく大きなきっかけを与えられている。

2つ目は、1990年代半ばに起こった社会現象ともいうべきディベート・ブームである。国際化のなかで、海外にむけて発信できる人材を育成するという社会的要請があり、英語教育の重視とセットになって、ディベートへの注目が広がった。当時の文部省が学校教育での活用を推奨し、小学校から大学まで、一斉にディベート・プログラムが導入された結果、カタカナ語のままで学校教育の用語として広がることになる。

しかし、ディベートという用語は広がったものの、教育方法としてのディベートは、日常の授業でほとんど定着していない。スピーチやプレゼンテーションのようなディベートとかかわりの深い技法と歩調を合わせて普及を進める必要があったこと、また教室で討論が成立するための前提となる教育コミュニケーションの柔らかい土壌を耕す必要があったことなど、理由は色々に考えられる。

これは典型的な事例だが、ディベートに限らずいくつもの教育技法が日本に輸入・紹介され、短時日の間に消えてゆくということが繰り返されてきた。では、どんなアクティビティをどのようにして定着させるべきなのか。それを模索する必要を感じはじめていた。

3つ目の、より直接的な契機は、国際交流基金の助成を受けて、全国の高校、大学で公開授業を行った経験である。筆者は、2003年から2006年にかけて、アメリカ理解教材の開発と普及活動に携わった。中学高校の教師11人が、1年半をかけて、日本で最初の本格的アメリカ理解教材『中高生のためのアメリカ理解入門』を執筆し、みずから教材の普及活動にも携わるというプロジェクトである。

これは、アメリカ映画、ディズニーランド、メジャーリーグ野球など、

若者に身近な16のテーマを入り口にして、アメリカ社会の光と闇に迫る国際理解教材である。A4判123ページのこの教材集では、すべてのテーマにゲーム、シミュレーション、ディベートなどのアクティビティを組み込み、参加型授業で学ぶことのできる形式になっている[2]。

渡部（2007）によれば、教師たちは、2004年から、1年がかりで「あかり座公演」と名付けた教材の普及活動を行った。北海道から沖縄まで、全国11か所の高校、大学で公開授業とワークショップを実施したのである。このツアーそのものが、授業の運営能力を高めるための研修にもなっている。

プロジェクトに参加したのは、首都圏、大阪、岡山の学校に籍をおく教師で、筆者が創設した米国理解研究会（2003.3～2006.3）のメンバーである。キャリア20年以上のベテランが中心となる、英語、公民、歴史、数学、美術など様々な教科の専門家である。

全国ツアーを終えた後、多くのメンバーが、獲得型授業を成立させるには、自分たちのアクティビティのストックをさらに増やすこと、またそれらを自在に使いこなす（自己）トレーニングが必要だ、と総括している。アクティビティの中でも、「ホット・シーティング」などのドラマ技法についてもっと研究を進める必要がある、という意見も多かった。各地から選りすぐった教師たちでさえ、このような自己認識をしているのである。これを、日本の大多数の教師の課題と考えざるを得なかった。

以上のことから、日本の学校に獲得型授業を定着させるために、これまで日本の学校で活用されてきたアクティビティのストックを洗い出し、それをあるまとまりをもった体系として整理すること（アクティビティの体系化）、併せてアクティビティを効果的に活用できる教師を育てるトレーニングプログラムを開発し提示すること（教師研修プログラムの開発）、その両方が必要だと考えたのである。

ベビーブーマーの退職によって、日本の学校では急速に世代交代が進んでいる。このため、若い教師たちが、アクティビティの活用を体験し、「学ばせ方の専門家」を具体的にイメージできる研修プログラムの開発が、早急に必要になっているという事情もある。

6　ドラマ技法研究への焦点化

　そこで、獲得研の第1期（2006.4〜2009.3）の研究活動として、特にドラマ技法の理論的・実践的研究に取り組むことにした。ドラマ技法研究は、日本の教育方法学研究でも未開拓の領域である。もう1つは、学びの全身化の有力なツールだからである。これをツールとして活用することではじめて、学習者は目にみえる世界とはべつの「もう1つの世界」を手にいれることができる。それはまた、協同性、身体性に開かれた学びの場の出現にもつながっている。

　では、なぜドラマ技法の研究に取り組むのか。それを説明する前提として、まず、ドラマワークの特徴について考えてみたい。

　ドラマワークでは、生徒や教師がある役柄を演じることを通して対象に迫り、その立場になって考えたり感じたりする。それは、「全身で学ぶ」ことを通して、深く豊かな「学びの経験」を獲得していくプロセスである。ただ、教師が"フィクションの世界と現実の世界を往復しながら学ぶ活動"をデザインするには、時間と空間を超えて、2つの世界を自在に往復するための「乗り物」が必要になる。それがドラマ技法（ドラマ・アクティビティ）である。スポーツにルールが不可欠であるのと同様に、ドラマワークの参加者にこの約束事が共有されてはじめて学びの場が成立するという構造である。

　もともと日本には、演劇教育の長い伝統がある。それは文化祭などで生徒がおこなう劇上演、プロの劇団の公演を鑑賞する鑑賞教育の2つを柱とするシアターの教育の伝統である。こうした狭義の演劇教育に対して、冨田博之（1993）が、より広義の、教科の学習や生活指導のなかで演劇的な方法を生かす教育の意義を強調し、それを「演劇的教育」と呼んでいる。ただ、冨田のそうした先駆的な提起はあるものの、教科指導など日常の教育活動にドラマを活用する研究は、これまではとんど行われることがなかった。

　ただし、ドラマの専門家がドラマ・ワークショップを指導する場合と教師が教科学習のコンテキストに沿ってドラマワークをとりいれる場合では、

状況が異なってくる。獲得研では、主に後者を念頭に置きながら、学習ツールとしてのドラマ・アクティビティの可能性を探ってきた。それというのも、一部の例外的な学校を除いて日本にはドラマという科目がなく、訓練されたドラマ教師もほとんどいないからである。更にいえば、学習ツールとしてのドラマ技法は、小学校から大学まで、あらゆる年齢・校種で活用できるものだからである。

授業へのドラマ技法の導入がどんな有効性をもつのか、ここでは3点だけ挙げておこう。

第1は、学校の表現活動をより豊かに展開させる可能性を秘めていることだ。表現活動は「コトバ、モノ、身体」という3つのモードでおこなわれるが、ドラマ技法はこれらを総合的に活用する。とりわけ「身体・モード」の比重が大きいことが最大の特徴である。そのことは、ともすれば「コトバ・モード」に依存しがちな日本の教育の現状にインパクトを与え、学びの質そのものを見直す手がかりとなる。

第2は、ドラマ技法が教科の学習と親和性があるということだ。それも「国語」「社会」など文科系科目だけでなく、理科系の科目であっても活用が可能である。例えば、生徒それぞれが分子に「なって」結合や分離を身体で表現するといったように、モノそのものになることも可能だからである。

第3に、技法のバリエーションが豊富にあるだけでなく、いまも新しい技法が開発・紹介されていることだ。技法の数が多いということは、同一テーマを扱う場合でも、様々な授業デザインが可能となることを意味する。

歴史学習を例に考えてみよう。"シーザーの暗殺"の場面をローマ時代の扮装で演じあう劇化の授業は典型的な例である。かなりの事前準備が必要なプログラムだが、もっと簡便でありながら深い学びに誘う技法もある。例えば、シーザーなど登場人物の配役と流れだけ相談した後で即興的に「ロールプレイ」をして内面の変化を振り返る技法。象徴的な場面をいくつか抽出し「フリーズ・フレーム（静止画）」で連続写真のように表現する技法などである。見られること、演じることに慣れていない日本の生徒たちの場合は、動いて演じるより静止画の方が、より効果的であることも少

なくない。

　ブルータスのポーズをとっている生徒に教師がスポットライトをあて、どうして暗殺という行動にでたのかを尋ねる「ソート・トラッキング（思考の軌跡）」の技法を組み合わせることで、当該人物の立場から行動の意味を考えさせることも可能である。

7　研究の方法

　獲得研の共同研究は、「定例会」（年10回）での対面式ディスカッションと常時行われている「メーリングリスト」（ML）によるネット上のディスカッションを有機的に組み合わせて進めている。北海道から沖縄まで、また海外を含む43名の会員が各地に居住していて、定例会に参加できる会員の数が限られるからである。

　定例会での検討事項を「例会報告」としてすべて原稿化し、MLにアップする方式である。また、内容に関するコメントもネットを通じて行われる。これまで80回の定例会が開かれ、4,000通を超えるメールのやり取りが行われてきた。

　ドラマ技法研究は図1-1の通り、4つの側面を循環する方法で行われてきた。

　「A：調査・体験」としては、先行研究の検討と並んで、J・ニーランズなど国内外の専門家を講師として招聘し、ドラマ技法の効果そのものを体験するワークショップを実施した。獲得研設立の時点では、研究会の会員にもドラマ研究の専門家がほんの少数だからである。

　「B：実践・検証」では、小学校から大学まで、それぞれの技法を授業

```
A：調査・体験    →    B：実践・検証
   ↑                    ↓
D：普及・研修    ←    C：執筆・出版
```

図1-1　研究の循環

で試しその汎用性を検証する作業を行った。また、その実践事例がシリーズ本の素材となっている。これと並行して、本書で紹介されている「せかいいちうつくしいぼくの村」や「ハックルベリー・フィンの冒険」にみられるように、オリジナルなドラマワークの開発を継続的に行ってきた。

「C：執筆・出版」では、主に獲得研シリーズの執筆に取り組んできた。項目の絞り込み、執筆分担、訳語の確定、原稿の検討など様々な手続きが必要になるが、プロセスを含めて全ての情報をMLにアップする。全会員がすべての原稿を共有しながら編集作業を進める方式である。また、研究紀要・教育雑誌などに発表した研究成果もできるだけ共有することにしている。

「D：普及・研修」では、年に1回「春のセミナー」を開催し、研究の途中経過を広く公開するとともに、「あかり座公演」と名づけた公開授業・ワークショップを全国で開いてきた。前者は、参加者の声を受けて研究の方向性を確認すると同時に翌年度の研究方針に反映する循環型のスタイルである。あかり座公演は、普及活動と他流試合とでもいうべきファシリテーターとしての自己研修を一体化したものである。

時間的な経緯でみると、第1期（2006.4～2009.3）では、「A：調査・体験」と「B：実践・検証」に、第2期（2009.4～2012.3）では「C：執筆・出版」に、第3期（2012.4～2015.3）では「D：普及・研修」にそれぞれ力点をおいて活動してきた。ただし、ドラマ技法の研究と並行して、ウォーミングアップ技法やプレゼンテーション技法の研究に取り組んでいるため、実際には、4つのステージの研究が常に同時進行しているといえる。

以上の通り、獲得研の研究は、実践／検証型の作業、MLの活用、研究経過の公開、研究と研修の同時進行、などに特徴がある。これら一連の項目が示しているのは、基礎研究から応用研究までを1つのグループが一貫して行う研究だということであり、そこに様々な困難も予想されるということである。この点については、第6章で改めて言及する。

8　理論研究の到達点

　研究の到達点は、3冊の本にまとめられている。まず理論研究の成果として、J・ニーランズと筆者の共著『教育方法としてのドラマ』(2009)がある。ここでは、ドラマワークを組み込んだ学習モデルと教師研修モデルを提起している点が特徴である。

　先述したとおり、獲得型授業は2つの側面からなっている。自学のトレーニング、参加・表現型の学習活動がそれである。図1-2の「学習モデ

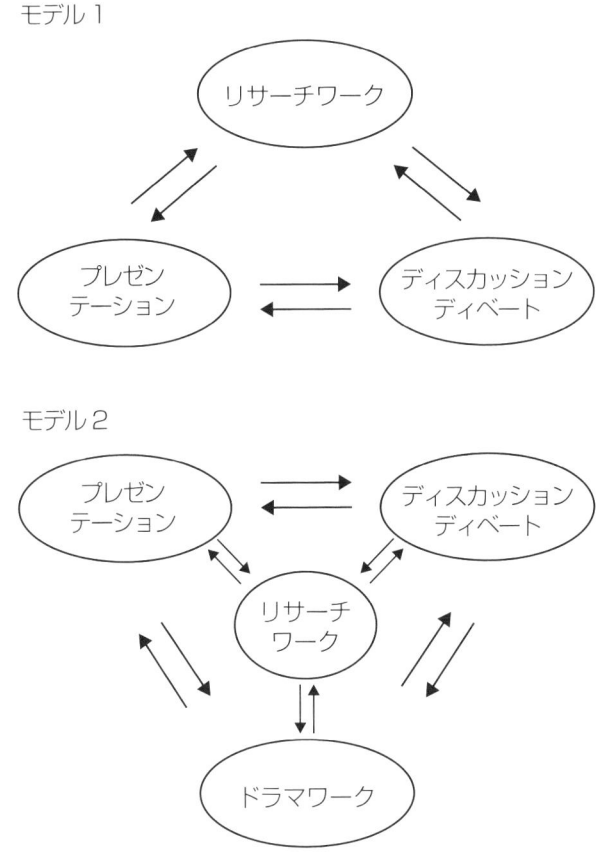

図1-2　獲得型学習の学習モデル

ル1」は、この関係を学習モデルとして表現したものである。矢印は相互の関係性を示す。例えば高いレベルのディベートを行うには、双方が客観的に論議するにたる資料や論点を提供しあうことが不可欠である（リサーチワーク→ディベート）。また、ディベートを通して新たな論点が浮上し追加の調査が必要な場合もしばしば起こる（ディベート→リサーチワーク）。この事例のように、3つの要素は各々の活動を促進し相互に支えあう関係となっている。

　獲得研の共同研究を通して到達したのが、図1-2の「学習モデル2」である。これは、獲得型学習にドラマワークの要素を組み込んだ場合の学習モデルである。獲得型学習を構成するアクティビティが4つの範疇からなり、それらが相互に促進しあう関係にあることを示している。リサーチワーク（RW）を中核として、参加・表現型の活動であるプレゼンテーション（P）、ディスカッション／ディベート（D/D）、ドラマワーク（DW）が等距離に並んだ形になっている。この図からわかる通り、ドラマワークはあくまでも4つのカテゴリーの1つである。しかし、ドラマワークが学習モデルに加わることで、カテゴリーが1つ増えたというだけでなく、学習観そのものが大きく変化する。この場合のドラマワークは、芸術活動というよりも、学習ツールとして機能することが期待されている。ここでもリサーチワークが、学習内容の客観性、事実性を裏づける役割を担っている。

　ドラマワークを成立させるアクティビティは「純粋な」ドラマ・コンベンションだけではない。ドラマが学習活動として効果を発揮するためには、学習者同士のディスカッション／ディベートが不可欠だからである。その意味で、図の外側にある3つの要素同士の境界は必ずしも画然としておらず、相互に浸透的でかつ緩やかにつながっていると考えるべきである。

9　実践研究の成果（1）——コア・アクティビティ

　次の2冊、『学びを変えるドラマの手法』（2010）、『学びへのウォーミングアップ——70の技法』（2011）は、5巻本で構成する獲得研シリーズの第1巻、第2巻にあたる。どちらも実践研究の成果である。2冊の本に共通す

る特徴は、掲載したすべてのアクティビティに、小学校から大学までの実践事例を紹介していることである。このため、教師研修のテキストとして活用できることはもちろん、経験の浅い教師が1人で読んで実践することもできるようになっている。どちらもアクティビティ・ブックの性格と実践事例集の性格を併せ持つ日本ではじめての本である。

『学びを変えるドラマの手法』（223ページ）の特徴は、16のドラマ技法を選んで、教科学習、総合学習、道徳、進路指導などでの活用を提案していることにある（表1-1）。

中でも6つの技法を「コア・アクティビティ」と規定している点が最大の特徴である。6つというのは、フリーズ・フレーム（静止画）、ロールプレイ、ホット・シーティング（質問コーナー）、専門家のマント、ティーチャー・イン・ロール（先生も演技）、ソート・トラッキング（思考の軌跡）のことである。

これらをコア・アクティビティに選ぶ基準は、汎用性が高く教科学習でも容易に活用できること、海外のドラマ教育で基礎的な技法として広く共有されていること、これまで研究会で開発してきた技法と組み合わせて活用できることにある。

例えば、同書の「フリーズ・フレーム」の項目では、技法の解説に続けて、3本の実践報告――桐朋小学校の6年生が童話・浦島太郎を3枚の静止画にした事例、都立広尾高校の1年生が美術の時間にレオナルド・ダ・ヴィンチの「最後の晩餐」を静止画にした事例、啓明学園の研修会で全校教師50人が6人単位のグループで4枚の静止画を作った事例――を紹介している。

では、ドラマ・アクティビティとその他のアクティビティをどう組み合わせて授業をデザインできるのだろうか。中原道高による「最後の晩餐」のケースでみてみよう。流れは以下のようである。①解説：絵を資料プリントにして生徒に配布する。②グルーピング：生徒12人（使徒）のチームを複数つくる。各チームを3人ずつ4つの使徒グループに分ける。③せりふ作り：「この中の1人が私を裏切るだろう」とキリストがいった直後に、それぞれの使徒がどんな言葉を発したのか、グループごとに話し合い、せ

表1-1　16のドラマ技法

フリーズ・フレーム（静止画）	身体を使って、イメージを写真のように表現する。できあがったものを見せ合い、テーマを考えたり、ふり返りをしたりする。
ロールプレイ	自分でないものになって、場面を演じる。身体を使って何かになる入門的な技法として幅広く活用される。
ホット・シーティング（質問コーナー）	ホットシートに座った人が、ある登場人物や動物などの役柄になって、周囲の人々の質問に答える。
マントル・オブ・ゼ・エキスパート（専門家のマント）	学習者が専門的知識をもった個人・グループになったつもりで、設定された課題に関する知識や解決策を提案する。
ティーチャー・イン・ロール（先生も演技）	教師自身が、ある場面の登場人物になって演じることで、学習者をフィクションの世界に招き入れる。
ソート・トラッキング（思考の軌跡）	場面がフリーズした状態をつくり、登場人物のその瞬間の内面の状態を言葉や身振りで語らせる。
サウンド・スケープ（音の風景）	風の音、水の流れ、自動車の排気音、人間の会話など、風景を構成する音を、人声や擬音などを使って表現する。
ボディ・スケープ（体で情景描写）	ある情景を構成するモノ―山や川などの自然、ドアや壁などの構造物、時計やハサミなどの道具―を、身体で表現する。
コレクティブ・スタチュー（群像づくり）	ある事柄の本質、人間の感情や心理の綾を、それを象徴するシーンとしてつくり、群像彫刻の形式で表現する。
ボイス・イン・ザ・ヘッド（心の声）	ある瞬間、登場人物の内面にどんな言葉が浮かんでいるのか、その言葉を第3者が推測し、声に出して表現する。
コーラル・スピーク（音読・群読）	テキスト、舞台用の脚本、生徒の作文などを声に出して読む。音、映像、音楽などと組み合わせる方法もある。
マイム	せりふのない身体表現で、ものや人の動きを真似たり、抽象的なテーマを表現したりする。
フォーラム・シアター	演劇の登場人物が直面している問題を解決すべく、観客／参加者自身が演者になって場面に入り、一緒に演技を行う。
プロムナード	教師がある設定上の人物になって、遊歩道をめぐるように教室をめぐり、学習者たちと特定のテーマに関して対話を重ねる。
コレクティブ・キャラクター（みんなで一人）	ある場面に登場する人物を、複数の人間が、グループをつくって演じる。演じることへの抵抗感を小さくする効果がある。
ミーティングズ（仮想会議）	ある状況や課題を設定し、その会議の登場人物になって、話し合いを進める。

※渡部淳＋獲得型教育研究会編『学びを変えるドラマの手法』より作成

りふを書き出してみる。④静止画：キリストと12人の使徒のポーズを忠実に再現し、他のチームがそれを鑑賞する。⑤ふり返り：静止画をつくってみて気づいたことを、クラス全員で話し合い、その内容を共有する。

　このように、静止画、ディスカッション、せりふ作りなど、さまざまなアクティビティを組み合わせて学習が行われているのだが、この授業では

とりわけ静止画の効果が大きいと言える。実際に静止画でポーズをとってみると、登場人物がとても窮屈な立ち位置になることが実感できるからである。このことから、生徒は、ダ・ヴィンチがこの絵画の構図を劇的なイメージで構成したものであることを理解し、彼らの絵の見方が大きく変化することになる。

『学びを変えるドラマの手法』では、23人の教師が32本の実践を報告している。校種別の内訳は以下のようである。小学校7本、中学校4本、高校16本、大学4本、教師研修1本。また、内容別の内訳は以下のようである。教科の授業で行われた実践としては、英語6本、国語4本、社会4本、演劇3本、美術1本、国際理解1本である。教科外の実践としては、総合学習3本、学活1本、クラブ活動1本、留学事前オリエンテーション1本、ドラマ・ワークショップ1本である。このほか、大学の実践4本はいずれも教育学関連のものである。

なお、Ginnis, P.（2002）が、教師が学習ツールとして活用できる67の技法を解説した本に、5つのドラマ技法——ホット・シーティング（質問コーナー）、ティーチャー・イン・ロール（先生も演技）、フリーズ・フレーム、専門家のマント、フォーラム・シアター——を含めている。これは獲得研の試行に先立つ研究である。

また、獲得研があえて16の技法に絞りこんで活用を提起したのは、日本の教育界でまだドラマ技法がほとんど知られていない現状であり、数を絞り込んで普及する方が効果的だと判断したからである。

10　実践研究の成果（2）——ウォーミングアップ技法

『学びへのウォーミングアップ——70の技法』（195ページ）は、学習モデルを起動させるモーターの役割をするアクティビティを紹介した本である。全体が3部構成になっている。本書の最大の特徴は、第1部で、ウォーミングアップ技法を3つの範疇に分類したことにある。すなわち第1は、「出会いと交流を楽しむ」（27技法）で、はじめて出会う人同士が、名前を覚えたり、親しくなったり、グループをつくったりするのに活用するアクティ

ビティである。第2は、「協力と集中を楽しむ」(21技法) で、ペアになって協力したり、目を閉じて五感を研ぎすませたりするアクティビティである。第3は、「躍動と創造を楽しむ」(22技法) で、思い切りからだを動かしてリフレッシュしたり、空想の世界で遊んだり、演劇的な表現を楽しんだりするアクティビティである。この第1部を活用して、ウォーミングアップ、グルーピング、教師の身体技法について学ぶことができるようになっている。

ここでは、28名の教師が70本の実践を報告している。校種別の内訳は以下のようである。小学校20本、中学校11本、高校17本、大学21本、教師研修1本。いずれの原稿も、執筆者自身が、アクティビティを選んで試行実践を行い、それを文章化したものである。

第2部は、若い教師の質問にベテランが回答するという形式の20項目のQ&Aである。授業の前に、授業の中で、授業の後で、どんな配慮をすべきかを解説している。第3部は、「アクティビティを使いこなす教師になるには」と題して、獲得型授業の哲学、アクティビティの働き、技法と手法の違いなどを解説し、アクティビティを活用する教師が専門家としてどう成長していくのか、その見通しを示している。

11　獲得型教育の哲学

ここまで、獲得型授業の定義に関わる4つのキーワードのうち、「学びの全身化」「アクティビティ」の2つを手がかりとして、獲得型教育の理論とドラマ技法研究の経緯を考えてきた。ここからは獲得型教育の目標にかかわる用語「自立した学習者」「知恵（＝演劇的知）」の2つをめぐって考えてみたい。

筆者は、「自立した学習者」を以下のように定義している。すなわち「知識はもとより、学び方も身につけていて、多様な角度から批判的にものごとをとらえることのできる経験豊かな学習者」である。

獲得型教育の哲学は、自立した学習者の育成につながっている。自立した学習者像はまた、民主主義社会を支える市民像にもつながっている。そ

れは、以下のような市民のイメージである。「社会参加に向けた能動的な身体をもち、全身を駆使して自らのテーマを探究する豊かな経験とスキルをもち、民主的な討議を通じて社会的なルールや枠組みそのものを問い直すことのできる開かれた発想と批判的な理性をもつ市民」である。

こうした市民の育成に向けて、教師は、学習者が授業に参加することを励まし、彼らが知識だけでなく学び方をも身につけていくように促すことになる。なお、教師の役割については、第6章で詳述する。

12 「知恵＝演劇的知」を構成する4つの要素

そこで、4つ目のキーワードである知恵（＝演劇的知）について検討してみたい。知恵を広義の学力、コンピテンシーとみることもできるだろうが、むしろそれは同時に市民的資質とも連動しているものである。かつて渡部（2001）は「知的探求の活動をパフォーマンスへと展開する過程で、学習者の内部に形成される、能動的で創造的な知」が演劇的知であり、それは「知識の構造や認識の仕方、身体への気づきや学びの作法の総体」であると定義したことがある。

ここでいう演劇的知は、以下の4つの要素で構成されるものである。学習内容（対象）にかかわる知識、学びの体験、学びの作法、自己（存在）への気づきの4つである。それぞれについて概観してみよう。

学習内容（対象）にかかわる知識

獲得型学習では、知識の量だけでなく、その質が問題となる。たんなる記号として記憶される断片的な知識ではなく身体活動をくぐらせ五感を通して定着した知識、表現するために再構成され活用された知識、学びの場のダイナミズム――多様なものの見方・考え方の衝突と和解など――を反映した文脈的な知識だという点が特徴である。（学びと表現の一体化、学びの分水嶺を超える）

学びの体験

獲得型学習では、共同的な学びの比重が高いのが特徴である。探究、表

現、作品制作などのプロセスを経過する経験が繰り返し行われる。自分で設定した（あるいは与えられた）テーマに専心するプロジェクト型の学びの経験である。それは、学習共同体のメンバーとして、自分の学びが他のメンバーをも豊かにする経験であり、プロジェクトをやり遂げたという達成感につながる経験である。（学びの手ごたえと味わい）

学びの作法

獲得型学習を通して、多様なアクティビティの存在と効果を知り、同時に活用のスキルを手に入れることになる。この中に、コトバ、モノ、身体という「表現の3つのモード」の活用、ネットワークの形成や対人コミュニケーションの作法、情報機器の活用、学習者としての自己管理——目標・時間・作業・こころのマネージメント——の仕方なども含まれる。（学び方を学ぶ）

自己（存在）への気づき

獲得型学習を通して学習者としての自立へ向かう歩みは、自己の身体性、志向、行動特性などへの様々な気づきを伴うアイデンティティ形成の過程である。お互いを豊かにする協同の学びの経験は、共同体のなかで自らが果たす役割の気づきにつながり、さらには未来の可能性に開かれた能動的市民、参加民主主義を支える自律的市民としての自覚にもつながっている。（自立した学習者＝自律的市民）

13　演劇的知の射程

「演劇的知」については、学校教育にとどまらないより広い文脈で考える必要がある。もともと学習スタイルから人間存在の特質までを見通す幅広い概念として構想されたものだからである。図1-3の通り筆者は、演劇的知を表象・実践・分析という三層構造で考えている。具体的には以下のような内容である。

第1層「表象」のレベルは、人間存在の実相を見通す視座である。たとえば「人生はドラマ、人間は俳優、世界は劇場」という言葉に象徴されるように、人生を演劇（ドラマ）のアナロジーでとらえる寓意が世界中に定

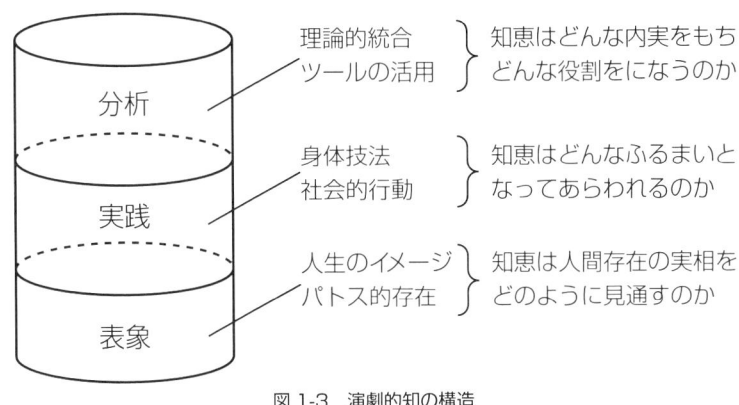

図 1-3　演劇的知の構造

着している。

　また、演劇的知という用語を最初に提唱した中村雄二郎（1983）は、人間が身体をもつパトス的（受動的、受苦的）存在であり、五感によって外部世界を読み取る身体的・体性感覚的知をもつものであるとしたうえで、科学的近代の知から排除されたシンボリズム、コスモロジー、パフォーマンスを統合する原理が演劇的知であるとしている。

　ここでは、人間が運命や自然の災厄に翻弄されるきわめて小さな存在であると同時に、外界と交流しながら、パフォーマンスの主体として外部世界に働きかけ変革していく能動的な存在だ、という両面性がとらえられている。

　第2層「実践」のレベルは、個人の選択的行動から社会的エートスまでをつらぬく身体技法として外在化するものである。それは大きく4つの側面であらわれる。

(1) 日常生活に埋め込まれた演劇的知

　われわれは、家族の一員であり、教師であるというように、ある一定の社会的な役割を演じている。そこでは「〜らしく」ふるまうことが期待され、そのように社交的にふるまうことが人間関係をスムーズにし、社会システムをなめらかに機能させることにつながっている。その意味でわれわ

れは、意識するか否かにかかわらず、表現者であり、劇的行動者だといえる。

　また、われわれは映画をみたり小説をよんだりというように、フィクションの世界とリアルな世界を日常的に往還しているが、こうした往還は、「なりきる」方法として、教育の世界にも広く取り入れられているものである。

　小中学校の歴史学習の事例でいえば、次のようなバリエーションとなる。①ある時代についてのレポートを提出するが、その際に、生徒が歴史上の人物になったつもりで、その人物の視点からリサーチ内容を構成し、文章を綴る。②生徒がリサーチした内容を再構成し、歴史上の人物になりきってスピーチする。③歴史上の一場面を、生徒たちがシナリオにし、歴史劇として演じる、などである。

(2) 社会制度をうみだす原理としての演劇的知

　民主主義的制度を支える有力な原理の1つが、17〜18世紀にヨーロッパにひろまった社会契約論であることは知られている。しかし、当時、実際に社会契約が行われたことはなく、歴史的事実とは異なるいわば仮設的議論（フィクション）が理想として共有されることで、民主主義制度が成り立っている。その意味で、フィクションを活用する社会的賢慮が民主主義を支えているともいえる。

(3) 社会的紐帯を形成するものとしての演劇的知

　われわれの社会では、様々な儀式や祭祀が、構成員の一体的な結合の確認、日常的時間に区切りをつけて意味付与する行為として行われる。それは、成人式・入社式・結婚式・葬式・神社の祭礼、公共的式典などのふるまいとして顕在化することになる。

　学校教育でいえば、入学式、卒業式などの種々の行事がその役割を果たしている。

(4) 劇場の様式を活用する演劇的知

　劇場は芸術表現の発信・受信装置だが、同時に人間についての探求を行うシステムでもある。ここでは、演じる側と観客が時間・空間・テーマ／メッセージを共有することによってその機能が果たされている。学校でおこないわゆる演劇教育もそのバリエーションとみることができる。

　第3層「分析」のレベルは、演劇的知の働きを意識化したり、方法化したりすることで、理論的統合を図ろうとするものである。
　この分析レベルの研究は緒についたばかりだが、もし現時点での知見にふれるとすれば、演劇的知は以下の7つの要素を統合するものといえるだろう。すなわち、①公共空間でのふるまいとして表現する（身体技法の知）、②身体活動をくぐらせて探究や表現をおこなう（パフォーマンスの知）、③目標やルールの共有によって協働を促進する（コミュニケーションの知）、④現実の世界とフィクションの世界を往復する（越境の知）、⑤自己の存在や役割を広い視野で定位する（構想力の知）、⑥テーマの追求に向けて自己を投企する（プロジェクトの知）、⑦アクティビティなどのツールを創造的に活用する（マネージメントの知）である。
　また、アクティビティを体系化し、そこから教育内容と方法を統合して効果的な教育のあり方をさぐる獲得研の試みは、こうした分析レベルの模索に対応するものである。

14　演劇的知と市民的資質の連続性

　ここで演劇的知と市民的資質の関連についてもう一度簡単に触れておきたい。さきほど、協同の学びの経験が能動的市民、自律的市民としての自覚につながるとのべたが、演劇的知が提供する重要な視座の1つは、おのおのが視点を自己の内側に向けると同時に、自分を抜けだし、外から自分をみつめることにある。渡部（1995）が、市民的資質としての国際感覚を定義した次の考え方を敷衍したものである。すなわち「自分の足元から世界をみる視点をもち、同時に世界の動きの中に自分の生き方をすえて考え

る視点をもつ人」が、広い意味での国際感覚なり地球市民感覚を持つ人だというものである。

　他者との関係性のなかで自己形成がはかられるとするこうした視点は、近年の国際的文書にも広くみられるものだ。たとえば、ユネスコのドロール・レポートは「生まれたときから生涯の終わりまで続く個の発達は、自己を知ることから始まり、自己と他者との関係を築くという対話的過程である」としている。

　また、OECD-DeSeCoについて、松下（2010）が「キー・コンピテンシーとは、道具を介して対象世界と対話し、異質な他者とかかわりあい、自分をより大きな時空間の中に定位しながら人生の物語を編む能力だといえる。……そこでの能力は、関係のなかで現出するものでありつつ、個人に所有されるものでもある、すなわち、関係論と所有論の交差する場所に現れるのである」と解説したことにも通じている。

15　まとめ

　ここまで獲得型教育の理論、獲得研のドラマ技法研究、演劇的知の形成について述べてきた。獲得研の共同研究が目指してきたのは、学びのかたちを変える提案であり、学びを変えるツールの開発およびツールの使い方の提案であり、学びを通して形成される知恵を演劇的知として把握する視点の提案であり、「自立的学習者＝市民」を育てるヴィジョンの提案だといえる。そして第6章で詳述する通り、獲得型教師の資質、研修方法の提案をも含んでいる。

　総じて獲得型授業の提案は、1つの教育システムの提案だと言える。

注
(1) 帰国生というのは、親の勤務の都合などで家族とともに海外で暮らした経験のある子どもたちのことである。彼らは海外在留中「海外生」と呼ばれ、帰国後は「帰国生」とよばれている。1972年の海外直接投資の自由化にともなって、企業の海外進

出が活発化し、海外生・帰国生の数が急激に増加した。小中高校の年齢に相当する帰国生についてみると、1971年に1,544人だったものが、1985年には1万人を突破している。現在は、毎年およそ1万人程度と安定して推移している。

　帰国生の教育についていうと、1970年代から1980年代にかけては、帰国生が日本を離れていた時間をマイナスに評価する「適応教育」が主流であった。経験の欠如部分を補い、日本の教育にソフト・ランディングさせることが主要な目標とされたのである。しかし、徐々に帰国生教育の主流を占めるようになったのが、「特性の保持・伸長」の流れである。帰国生の特性研究などにより、帰国生が異文化適応力、自己表現力のような従来の画一的な教育では育ちにくい力を豊かにもっているとされ、彼らの海外体験は「日本の教育の宝」である、と評価され始めたのである。そして、1980年代の末には、帰国生の海外教育体験は、閉塞状況にある日本の教育を映す鏡であるとして、広く認知されるようになり、彼らの経験が教育関係者に少なからぬインパクトを与えることになった

(2) この教材集は、16テーマで構成されている。目次は以下の通りである。①ニューヨーク・ニューヨーク——アキコの歩いたニューヨーク、②高校生クリスの自動車通学、③朝ごはんは何？——アメリカの食生活、④ビル・ゲイツとコンピュータ、⑤アマンダは悩んでいる——アトランタ郊外の高校生はいま、⑥いつから大人？——アメリカの家族、⑦はるかの結婚、⑧東京ディズニーランド大研究——夢と魔法の王国、⑨スピルバーグとアメリカ映画——巨大エンターテインメント産業、⑩メジャーリーグ野球を通して見るアメリカ、⑪アメリカの学校に転校するアツシ——英語のチカラ、⑫銃で撃たれた日本人高校生、⑬ある日系人家族マツダ家の人々、⑭NASAの夢、⑮いつ生まれる女性大統領——アメリカ社会とジェンダー、⑯アメリカって、スーパーパワー？——ジャーナリストの鈴木さんに聞く。

参考文献

天城勲監訳（1997）『学習：秘められた宝——ユネスコ「21世紀教育国際委員会」報告書』ぎょうせい．
稲垣忠彦（1966）『新版明治教授理論史研究』評論社．
河内徳子・渡部淳他編（1997）『学習の転換』国土社．
中村雄二郎（1983）『魔女ランダ考——演劇的知とはなにか』岩波書店．
ニーランズ，J&渡部淳（2009）『教育方法としてのドラマ』晩成書房．
冨田博之（1993）『演劇教育』国土社．53．
松下佳代編著（2010）『＜新しい能力＞は教育を変えるか——学力・リテラシー・コンピテンシー』ミネルヴァ書房．22．
渡部淳編著（1989）『世界の学校から——帰国生たちの教育体験レポート』亜紀書房．
渡部淳編著（1990）『海外帰国生——日本の教育への提案』太郎次郎社．20-24．
渡部淳（1995）『国際感覚ってなんだろう』岩波書店．
渡部淳（2001）『教育における演劇的知』柏書房．

渡部淳編著（2005）『中高生のためのアメリカ理解入門』明石書店.
渡部淳（2007）『教師　学びの演出家』旬報社.
渡部淳＋獲得型教育研究会編（2010）『学びを変えるドラマの手法』旬報社.
渡部淳＋獲得型教育研究会編（2011）『学びへのウォーミングアップ——70の技法』旬報社.
渡部淳（2012）「ドラマによる学びの創造と演劇的知」『人間と教育』No.76．旬報社.
Ginnis, P.（2002）*The Teacher's Tool Kit: Raise Classroom Achievement with Strategies for Every Learner*. Carmerthen, Wales: Crown House Publishing.
Neelands , J. & Goode, T.（2000）*Structuring Drama Work: A handbook of Available Forms in Theatre and Drama*. Cambridge: Cambridge University Press.
Watanabe, J（2011）*An Adventure around Educational Methods: Teachers' Explorations for Application of Dramatic Activities* Educational Studies in Japan: International Yearbook No.6

追記

　本稿は、上に参考文献として掲げた2つの論考 An Adventure around Educational Methods と「ドラマによる学びの創造と演劇的知」をベースとし、それらに大幅な加筆修正を加えたものである。

第2章

公開シンポジウム
「学びの身体を問い直す」
（1）実践報告篇

本書の第2章、第3章に収録された6つの論考は、2013年6月9日（日）に日本大学文理学部で行われた異文化間教育学会第34回大会の公開シンポジウム「学びの身体を問い直す――教育コミュニケーションと演劇的知の視点から」をもとに、登壇者それぞれが改めて稿を起こしたものである。
　当日の役割分担および発表の順番は、以下に掲げる通りである。（登壇者の所属は当時のもの）

●企画と趣旨提案
　渡部淳（日本大学、大会準備委員長）
●シンポジストと発表テーマ
　宮崎充治（桐朋小学校）：「身体を使って物語を読み、ひらき、つながる」
　小松理津子（秋田明徳館高校）：「こころと身体をひらく教育実践」
　藤井洋武（日本大学）：「大学での学びと身体性」
●コメンテーター
　横田雅弘（明治大学、異文化間教育学会理事長）：異文化間教育学の視点から
　渡辺貴裕（帝塚山大学）：教育方法学の視点から
●司会
　吉田真理子（津田塾大学）
　和田俊彦（跡見学園高校）

　セッションは、3号館の大教室で開かれた。冒頭、企画者の渡部が、学びの全身化をめざす授業がどのようにデザインされ、どのように運用され、またそうした方法がどんな可能性と限界をもつものなのか、実践事例をもとに検討することが本シンポジウムの課題である、と述べた。
　続いて、宮崎、小松、藤井から3本の実践報告があり、それらへのコメントが渡辺、横田の順で提起された。第3章の和田論文に紹介されている通り、会場からも多数の質問がよせられた。
　最後に、司会の吉田が、ドラマ技法がどんな教育的可能性をもちうるのか、その広がりが確認できるセッションだったのではないかとまとめのコメントをし、活況のうちに2時間半のシンポジウムが閉幕した。
　尚、原稿化するにあたり、実践報告のタイトルに若干の変更を加えたことをお断りしておきたい。また、登壇者は獲得研のメンバーだが、横田雅弘氏には獲得研のゲスト・コメンテーターとして参加いただいたものである。
　　　　　　　　　　　　　　　　　　　　　　　　　　　　　　　　　　　　（渡部淳）

1 ドラマワークで物語を読み、ひらき、つながる

宮崎 充治

1 はじめに

　私の勤める桐朋小学校は東京にある私立校で、教師が比較的自由に教材を選ぶことができる。そこで、4年生の子どもたちと、「国語」の時間に「せかいいちうつくしいぼくの村」（小林豊著　ポプラ社）という絵本を使ってドラマワークを行うことにした。コミュニケーションの力を育てるプログラムとして構想したものだ。クラスは36名、男女は17名、19名。ほぼ半々である。私の使っている教科書にはないが、東京書籍の教科書（平成23年度版）には絵本とやや形を変えたものが載っている。

　このプログラムは、獲得研の2012年の「春のセミナー」にむけて、啓明学園の関根真理さんと開発したものだ。これまでに、この教材を使って3回の実践を行っている。第1回目は、そのセミナーで行ったもの、2回目が2012年12月で、4年生後半の授業[1]、そして3回目がここで紹介する2013年6月の実践である。

2 コミュニケーションとドラマワーク

　実践報告に先立って、少し長くなるが、まずコミュニケーションとドラマワークの関わりについて、私見を述べさせていただきたい。

　教室という場所は、異文化が接触するところだ。子どもたちはそれぞれが自文化を背負って教室にいる。例えば、食事の仕方1つをとってみても、黙って食べることをよしとされている家庭、楽しくおしゃべりをすることがいいとされている家庭……。そして、いろんな子どもたちがいる。自分

の思いをストレートにぶつける子、なかなか思いが言葉にできない子、積極的な子、ひっこみ思案な子……。

教師である私自身も、その最中にいる。今年担任している4年生はクラス替えがなく、担任の私だけが前担任にかわった。すると、朝の挨拶の仕方から、授業のはじめ方、食事後の過ごし方まで、それまでその集団がつくってきた「文化」があり、私はその「文化」とどう融合していくかということとのすりあわせを日々おこなっている。毎日が「異文化」との接触なのだ。学級集団をつくるとはそういった様々な文化の担い手が集まり、1つの小さな宇宙「マイクロコスモス」をつくっていくことに他ならない。その作法がコミュニケーションなのだ。

コミュニケーションの力を育てるというのは、相手の文化を読み解き、自分の文化とすりあわせ、新しい共有の文化を創っていける力を育てていくということではないだろうか。

そこには、言葉で説得するとか、納得するということではすまない肌感覚のようなものがある。文化は慣習化され、身体化されているのだ。立ち居振る舞いや人との距離は身体化された文化だ。そして、彼らがコミュニケーションする言葉は「情報」や「論理」だけを伝える「書き言葉」ではない。それは、その場の状況、声のトーン、姿勢、表情といった非言語的なシグナルをともなった身体に深くねざす「話し言葉」として、発せられている。だから、コミュニケーションを受け取るとは、それらの総体を受け止めていくことを意味する。

ところで、学校教育の主たる文化は「文字の文化」だ。「読み書き算」と呼ばれるように、学校は、「読み書き」を中心とした文字言語の習得とそれに基づく論理的な思考を育てることを主な仕事としてきた。身体とは切り離された「言葉」によって、自分とは異なる他者にも了解可能なようにことばを働かせることが、これからも学校教育の主な役割であるだろう。しかし、すでに述べてきたように、コミュニケーションの力を育てるといった場合にはそういった「書き言葉」の世界だけでは、足りないのだと

思う。ドラマワークはそういった身体レベルでのコミュニケーションをも促進し、非言語的なシグナルやコンテキストを受けとめる力、それらをゆたかに発していくという力を育てることを目指している。それは、すなわち、異文化を理解し、異文化と共存するということと同義なのだと、私は思う。

3 ドラマワークの流れ

「せかいいちうつくしいぼくの村」はアフガン内戦を背景にしている。作者の小林豊さんは、もともと日本画家だ。アフガニスタンを何度も訪れ、見聞したエピソードを組み合わせてお話にしている。あらすじは以下のようなものだ。

春、さくらんぼやすももの花であふれた素朴なパグマンの村。人々はその果実をバザールに売りに行くことで生計を立てている。

夏、その村で暮らすヤモが、戦場に行ったお兄さんのかわりにバザールへ、お父さんといっしょにさくらんぼを売りに行くことになる。バザールは人であふれているが、片足をなくした男や銃をもった兵士など、所々に内戦をにおわせるものがある。ヤモはお父さんに任され、1人でサクランボを売る。最初は売れなかったサクランボも、一生懸命売るうちにすべて完売する。そして、その日の売り上げで、お父さんは子羊を一頭買う。ヤモはその羊に「バハール＝春」という名前をつける。お兄さんが次の春にはもどってくることをねがって。

人々が素朴ながらもゆたかに生きている。ヤモは「一人前」として扱われる喜びに満ちている。ところが、ラストのページには、絵がない。「その年の冬…村は破壊されて、今はもうありません。」ただこの1行だけが記されている。

この実践は、クラスをもって1ヶ月半という時期のもの。子どもの様子が、まだよくわかっていないところもある。まだ、3年生といってもよい発達時期である。果たして彼らがどこまで理解してくれるのかわからない、という不安もあった。

表2-1-1

テーマ	場面	活動内容／技法	
1時間目 導入	ウォーミングアップ	班で集まる 「歩いて集まれ」（声を出して） 「歩いて集まれ」（ジェスチャーで）	2分 3分 10分
	絵本を「読む」	Ⅰ 「絵を読む」＝絵に音を想像して書き込む。 Ⅱ 「サウンド・スケープ」＝音の情景をつくる。	10分 15分
2時間目 バザールを 演じる	バザール	「ティーチャー・イン・ロール」① 「ロールプレイ」「ハルーン兄さんに声をかける」 バザールを演じる	10分 5分 15分
		片足の男登場「ティーチャー・イン・ロール」②	5分
3時間目 ラストシー ンを演じる	村	家族におみやげを買って帰る。 ヤモに聞く「ホット・シーティング」	10分
	ラストシーンを読む。		10分
	記念写真をとる。	「フリーズ・フレーム」	15分

注：4年生の1学期、6月4日、5日、6日という連続3日で行っている。
　　子どもや教師の発言はVTRによる記録をおこしたものである。
　　登場する子どもたちはすべて仮名である。

3時間の流れは表2-1-1のとおりである。

4　導入（1時間目）

まず、ウォーミングアップの活動と絵本の読み解きを行う。

（1）　ウォーミングアップ

ウォーミングアップの目的は、子どもたちの心とからだをときほぐすこと、そして教師側が子ども集団の関係性をつかむことにある。ワークショップで動くと、実にいろんな子がいるのが見えてくる。のりのいい子、はずかしがって部屋のすみにかたまってしまう女の子、少しみんなからテンポがずれ活動に遅れてしまう子、こだわりが強い子。

アクティビティはそういった子どもたちの「壁」をとりはらっていく。この日は、ウォーミングアップに、「歩いて集まれ」というアクティビティを行った。場所はいつもの教室より広いプレイルームだ。

1. それぞれが好きな果物を思い浮かべる。(例えば、モモ、みかん、バナナという具合に。)
2. 「モモ」と決めた子は「モモ、モモ」とその果物の名前だけを大きな声で言いながら、仲間を探す。
3. 同じ果物を言っている子を見つけてグループをつくる。

という単純なアクティビティだが、4年生ぐらいだと、言葉だけで説明されたルールを理解するのに時間がかかる子もいる。洋平はルールを把握するのに時間がかかってしまい、みんなが動き出して、しばらくして動こうとした。しかし、この時点で多くの子たちがグループを作ってしまっていた。このときは、たまたま、近くにいたつよしがその子と同じ果物の名を呼んでいたので、2人は手をとると、大きな声で仲間を探し始めた。次は大声でさけぶかわりに、ジェスチャーで自分の好きな食べ物を示して仲間を集めていく。

こんな風に、ウォーミングアップは、声を出したり、からだを動かしたりという表現をしやすい身体にするための活動であるとともに、協力しあえる関係をつくっていく仲間作りでもある。教師にとっては、子どもたちの身体性、関係性を読み解くことができる「装置」だ。アクティビティがあり、それを用いて、子どもが動いていく中で、人との距離をどうとる子どもか、表現ができるような関係性があるか、ルールの把握がどの程度か、のりやすいのか、のりすぎるのかといった判断を教師がすることができる。

こうやって身体と心をほぐした後、いよいよ、「せかいいちうつくしいぼくの村」に入る。

絵本そのものやテキストは読ませない。子どもたちは活動をするにしたがって、その次の場面がわかるようになっており、物語の結末は最後まで知らない。

(2) 絵を「読む。」

物語世界に入り込ませるには仕掛けが必要だ。ドラマワークでは、アクティビティと呼ぶ技法を使って物語の世界に徐々に子どもたちをひきいれ

ていく。

　この絵本は細かいところまで描き込みがされており、想像力をかき立てられる。6人ずつ（生活班）のグループに分かれ、カラーコピーされた冒頭ページに描かれているパグマンの村を眺めていく。子どもたちには「どこ」という国の名前や時代などは一切伝えていない。現実の村とも架空の村ともわからないが、絵だけを頼りに読み解いていく。

　「何がある？どんな村？」と教師が問いかける。

　イヌがいる。川がある。木がたくさんある。車がない。遠くに山が見える。一枚の絵からたくさんのことが読み取れる。「のんびりした村」「田舎」「自然がいっぱい」「日本じゃない」そんな意見が出てくる。

　「聞こえてくる音や声はどんなものがある？絵に書き込んでみよう。」と指示を出す。

　絵本のパグマンの村には小高い丘があり、小さな川が流れている。丘は桜のような木がいっぱいに花をつけている。遠くには高い山脈が見える。その絵本の中にありそうな音や声を書き込んでいく。

　川にサラサラと書く子。イヌの鳴き声やロバの鳴き声、荷車を押している人に「重いなぁ」と言わせる子、2人が話しているのを恋人に見立てる子、だんだん、にぎやかな村になってくる。

　「絵を読む」という技法は、ただ、読み聞かせをするだけでは流れていってしまうところに立ち止まらせ、注意深く読み取ることをうながす。プレイルームの床に寝転び、一枚の絵をいっしょに見ていく中で、顔をくっつけあわせている。中には亀の親子のように重なりあっている子もいる。

(3)『聞こえてくる音や声を再現してみよう。』サウンド・スケープ（音の風景）

　次に、書き込んだ音やその絵を見て、その状況を音で再現しようというアクティビティ、サウンド・スケープを行う。よしおはこの日は、ずっと、えんぴつで床をたたいていた。タタンタタン、タタンタタン。彼は、自分の意見をゆずれず、人とぶつかることもあるが発想力はある子だ。落ち着かないのかなと思って尋ねてみると、馬のひづめの音だという。みんなは

その音をバックにしながら、村の小川の音や風の音、「春だねー」などと会話を再現している。あるグループは、背景にひろがる山脈に目を着け、自分たちの声を呼び交わし、こだまを再現していた。

　絵を「読み」、サウンド・スケープにすることで、絵の細かいところにまで着目したり、その村の1日の想像を膨らませることができる。物語の背景となることがわかるのだ。それだけではない。いろんな子のいろんなアイデアが受け入れられること。そのアイデアをみんなで1つの表現にしようという協働が生まれる。亜美は「パグマンの村は、しずかそうな村なのに、よく耳をすましてきくと、いろいろな物語が出来ている。…秋になったら、春に桜がなっていた木が紅葉すると思う。冬になったら、村一面に雪がつもって、すごくきれいな銀世界になると思う。」とサウンド・スケープを体験して、この村ののどかな風景を読み取っている。「むかし」「びんぼう」「昭和な村」と今の日本とはちがったところをとらえて、そう書いている子もいる。「うるさい村」「けんかがある」と、自分たちの活動をその村にあてはめている子もいる。自分たちのクラスと二重写しになっているのだろうか。

5　バザールを演じる（2時間目）

(1) 教師がお父さん役を演じ、物語の世界の背景を語る

　ヤモがお兄さんのかわりに、お父さんとバザールへ行くシーンに進む。バザールをクラス全体で表現し、お客になったり、店屋さんになって、バザールで行われていることを演じるのだ。

　1時間目の様子を見て、ウォーミングアップなしで、すぐにドラマに入ることにした。6人組をつくり、役割を分担する。主人公、お父さん、家の人たち、詳細は子どもにはわかっていない。

　そうして決まったヤモ役6人を前に出し、教師の私が「私はヤモのお父さんです。」と言って、ヤモに語りかける。教師が劇中の登場人物になるティーチャー・イン・ロール（先生も演技）という手法だ。

「ヤモ、おまえいくつになった？」
「9歳」
「9歳にもなったら、おまえは働けるな。」
「いやです。」

まだ、役に入っていないので、このようなセリフが出てくる。私は役を崩さずにすすめる。

「なんだいその返事は。だったら、この家から出て行きなさい。」

そして、別のヤモ役にむかい。「ヤモ、おまえは働けるな。」と語りかけていく。そうしながら、ドラマの背景を語る。「おまえのお兄さんは戦争に行った。16になったら、この国では戦争に行かなくてはならない。おまえは、お兄さんのかわりに明日、市場へ行ってくれ。」
　この日の出来事は、主人公のヤモにとっては、一人前として扱われる、誇らしいできごとでもある。
　「うちの家ではさくらんぼをたくさんつくってる。このさくらんぼを売らないと、うちの家は何も食べていくことができない。ヤモ、おまえの弟は2年前に生まれたばかりだ。その弟の分も、バザールへ行って、さくらんぼを売ってこなくてはならない」。
　こうして、物語の背景が子どもに落ちていく。ティーチャー・イン・ロールは、すぐにその世界へ子どもたちを導きいれる方法だ。教師は、時折、教師にもどり、指示なども入れる。
　ヤモ役の子たちは「ちいさなあまい太陽　パグマンのさくらんぼ」と絵本にもある口上をお父さんから（つまりは、私から）口伝えで教えられ、それを大声でいいながら練り歩く。ドラマは主人公役の子を1人にしなくてもいい。複数でそれになることで、恥ずかしさのハードルが下がる。

(2)　ハルーン兄さんに声をかける。ロールプレイ
　教師はお父さん役から、抜け出して、絵本を示し、語りを行う。

「ハルーン兄さんは戦争へ行く。南の方の戦場はかなりはげしくって、何年も何年も戦争をしている。ハルーン兄さんが出かけていくというその夜に、家族は兄さんにどういう声をかけてあげる？」

　今度は、いろんな子どもにヤモやその家族になってもらうロールプレイだ。ハルーン兄さん役をつのり、立ってもらって、その子に語りかけさせる。
　「バブバブバブバブ」と子ども。「だれ？」と聞くと、「2歳の赤ちゃん」と答える。子どもたちから笑いがこぼれる。「この赤ちゃんなんていってるの？」「がんばれ。」この最初のセリフで勢いがついたのだろう。指名すると、どんどん、子どもたちが言ってくれる。

　「生きてかえって来いよ。」「家に帰ってきて、また、遊ぼうよ。」「ぼくも16歳になったら、戦争に行くよ。」「勝ってね。」

　ある子を指名すると、その子は「何にもいえない。」と言った。まわりから、「たしかに」というつぶやきがもれる。ドラマのいいところは、その場で読み取ったイメージを短い時間で共有できることだ。共同の読みを足場にして、次のドラマが作られていく。

(3) バザールを演じる
　絵本でヤモとお父さんがバザールに行くまでのことを読みすすめ、また、ティーチャー・イン・ロールを使って、物語に引き込む。

　「父さんは、バザールですももを売るから、おまえは町の中でひとりでさくらんぼを売ってこい。全部、売れるまで帰ってこないんだよ。」

　今度は、教師に戻り、指示を入れる。ティーチャー・イン・ロールは忙しい。

「さあ、ここからみなさん、各班ごとでバザールの店になってもらいます。」

　この一言だけで、子どもたちは店屋をやる気になってしまった。ごっこ遊びがしたくてたまらなかったのだ。バザールのシーンの絵をくばり、「何屋さんになるか決めて」というと、すぐに打ち合わせがはじまった。
　ヤモ役には口上を言いながら、市場を回ることを指示した。多くの班がロバのポンパー役を決めて、それも連れて回っている。店屋さんになる役と、客として市場を回る役に分かれることも指示した。店屋には市場全体で起こっていることがわからない。後で、客役の子が市場で起こっていたことを店屋の子たちに教えることになる。
　5分ぐらい演じたところで、ドラマを止め、ふり返りをする。教師の役割は忙しい。全体に指示を出し、話し合いに参加していない子どもをフォローし、うまくいかない班に入って、話し合いを整理する。まだまだ、お店屋さんごっこを継続したかったのだろう。店の商品の説明をしたり、売り口上の声がしている。

(4) 片足の男（戦傷者）が登場する

　みんなを集め、ヤモ役の子どもたちを中央にしてすわらせる。また、絵本を少し読みすすめる。やがて、教師は用意しておいた松葉杖を身につけ、立ち上がる。今度は片足の男となって登場するのだ。まず、さくらんぼを買うシーンをみんなの前で演じ、次にヤモ役の子たちに『この片足の男』に質問をするように促す。

「どこで、片足をなくしたんですか。」
「戦争でだよ。地雷があってね。地雷をふんじゃったんだよ。」
「家族はどこにいるんですか。」
「……。よく、わからないなぁ。むかしはパグマンの近くに住んでいたんだよ。」

絵本には、市場に銃を持った男や片足の男が描かれている。その意味をこのシーンを通じて、子どもたちは理解していく。そして、今度は、逆に、教師が子どもたちに質問していく。やや長くなるが、ヤモ役の子どもとのやりとりを示そう。

「君のさくらんぼ、うまかったなぁ。あれはだれがつくったんだい。」
「お父さんです。」
「おまえのお父さんは戦争にいったかい？」
「行ってません。」
「なんで行かないんだ。この国を守る気持ちがないのか。」
「兄が行きました。」
「お兄さん、どこの戦場に行った？」
「南の方です。」
「お兄さんから便りはあるかい。」
「いえ」
「心配か？」
「はい。」

　この子は最初のティーチャー・イン・ロールで、ドラマに入れず、「働けるな」の言葉に「いやです。」と応えた子だ。ドラマを演じる中で、その背景をつかみとり、役に入っている。「おまえのお父さんは戦場に行ったか」という問いは、もちろん、物語の中でのことなのだが、子どもにとっては実際に自分のお父さんだったら、と「素の自分」として、考えたのではないか。この子には2歳上の兄がいる。そのお兄さんとハルーンは重ねてうつったのかもしれない。演じること、すなわち、一人称の言葉で話すことによって、主体として考えることを促す。それがドラマの役割だと思う。ちょっと、シーンとしたところで、松葉杖を横に置いて、この日の授業を終えた。

6　ラストシーンを演じる（3時間目）

(1)　家族におみやげを買って帰る。ヤモに聞く　ホット・シーティング

　子どもたちを集めて話をする。この日は、子どもたちがなかなか集中しないため、こうやって集まったら、話がはじまるから集中しようねと約束をする。

　ヤモ役を前に並べて、いすにすわってもらう。こうやって役になって、答えてもらうアクティビティをホット・シーティングと呼ぶ。

　「ヤモくんにバザールのことを質問してみたいと思います。どんなこと聞きたい？」と促すと、最初の質問者の子どもが「バザールでどんな人に会った？」と切り出してくれた。いい質問だ。「足が半分ない人」「ちっちゃい男の子」「自動ライフル持っている人」と昨日の活動を思い出させていく。

　「ロバのポンパーには慣れた？」という質問が出た。ちょっと、子どもたちには意味が通っていなさそうだったので、「ポンパーをしつけるの、何がむずかしい？」と私が言い換える。「勝手にいっちゃう。」「いろんなもの食っちゃう。」とポンパー役の子どもの話や想像が出てくる。

　そうして、私から、まず、ヤモ役に質問する。

　「もうかったお金で何買って帰る？」
　「食べ物」「材料」「生活に使えるものをできるだけ」「さくらんぼの肥料」

　「スプーン」といったのは、よしおだ。あとで、聞くと、家で待っている赤ちゃん用なのだそうだ。

　他のみんなに聞いてみると、「ハルーン兄さんに勝つための道具」「お兄さんが帰ってきたらプレゼント」「お母さんにあげるとしたら、洋服とか」

　よしおは、「カメラとインクとペン、切手。」と言う。「なんで？」と尋ねると「戦場のお兄さんに家族の写真を送ってあげたい」。彼の発想にみんながついて行けないこともあるのだが、なぜ、そう発想したのかを聞い

て見ると、実に豊かだ。

　すると、洋平が「戦場に手紙届くかな？」とつぶやく。ウォーミングアップでは、やや乗り遅れていたあの洋平だ。彼は、しばしば、みんなのセリフにつぶやきのようなつっこみを入れている。彼もよく話を聞いているのだ。

　絵本を読みすすめる。バザールの売り上げでお父さんは子羊を買う。そして、ヤモはその子羊に、「バハール」という名前をつける。それは、「春」という意味だ。子どもたちにはいろんな役になって、言葉を出してもらう。「お父さんになって、なぜ、子羊を買ったか、ヤモに説明してください。」というと、「子羊で、服をつくろう。」「羊の肉はおいしいから食べよう。」「ハルーン兄さんが戦場に行って、一人家族がいなくなったから、そのかわりにペットにしよう。」「寒いときがあったら、毛布とかつくろう。」と話してくれる。とても、なごやかな雰囲気が生まれる。

(2) 村に戦争がやってくる

　いきなり空気を変える。教師は鋭い声で告げる。「6人ずつのグループになってください。サッと。あなた方は家族です」。そこへ突然、また、私が兵士役になり、いきなり、大声でどなりだす。

　「となり村まで兵隊が攻めてきた。今日のうちにこの村にとどまるか、それとも、どこかへ逃げなくてはいけないかを話し合わなくてはいけない。今から1分以内で決めてくれ」。

　「え！」それまで、のんびりして、ざわざわしていた教室の雰囲気が変わる。
　そして、やつぎばやに、いろんなグループに質問をしていく。

　「ここの一家はどうするんだ？」「残る」「残るってどうするんだ。小さい子もいるじゃないか。足手まといだぞ」。
　「ここの一家は？」「たたかう」「たたかうなんて簡単にいえるのか？女

はどうする？」
　「子どもと女と動物以外はたたかう。」「動物連れて行ってどうする。どこまで逃げるつもりでいる？」
　「できるだけ。」さらに、せまる。「どこまで？！」「世界の果てまで。」

　子どもが話し合いをするところまでは、緊迫感があった。しかし、その後、聞いていく過程では、一生懸命、声をはりあげるが、だんだん、何人かの子たちの緊張が失われていく。それが空気をくずしていく。ウォーミングアップがなく、ホット・シーティングから入ったため、ドラマの世界に入れなかったのかもしれない。だが、けんたのだしてくれた感想がこの活動の子どもにとってのむずかしさを示している。

　「ちょっとむつかしかった。なにがむつかしかったかというと、これは人の気持ちになるからむつかしかった。」

　この子どもたちにとっては、自分の身に起こることが自分たちの日常とかけはなれて、「むつかしかった」のだ。だから、後半は正解探しのような雰囲気になってしまったのだろう。

(3) ラストシーンを読む
　活動を打ち切って、おさらいのように、絵本を一枚一枚めくっていきながら、簡単に話をふりかえる。

　「最後のページを読みますね。」
　『この　としの　ふゆ、村は　せんそうで　はかいされ、いまは　もうありません。』

　「え？」「今はないの？」と、何人もの子たちがつぶやく。
　「逃げるっていったでしょ。どこまで逃げたと思う。」と教師。
　「となりの国」

「でも、入れないでしょ。だからね。国境の近くに難民キャンプってつくったりするんだよ。だって国中からみんな逃げてくるんだよ。これほんとうの話だよ。」

「え？」と多くの子たちがびっくりしている。彼らはこの物語を実話だとは思っていなかったのだ。

「アフガニスタンっていう国でね。戦争は15年も続いていたんだよ」、と絵本の後書きを読む。小林さんの言葉でこの本の背景が書かれている。

(4) 記念写真を撮る

物語の中に深く入り込んでしまう子どももいるので「書き換え」を行うことにする。

「この後、5年後、ヤモの一家は再会したよ。その時の記念写真を撮ろうといって、記念写真を撮ったよ。どんな写真にする。」

と、物語の結末をややハッピーエンドの方向に変え、けりをつけられるようにするのだ。

多くのグループが、ヤモの兄さんのハルーンも入れて写真をとる。羊のバハールになる子もいる。羊のバハールが子どもを産んでいる場合もある。子どもに聞くと、「5年後だもん」という。そのときにとった写真をみてみると、昌紀がするどい目をして、カメラをにらんでいる。彼は感想にこう書いている。

「この村はせんそうではかいされちゃって、かわいそうにおもった。ヤモのお兄ちゃんはかえってくるといいな。最後、写真をとって、ぼくはお兄ちゃんになりきった。うでをかくして、足を片方なくしたようにした。一番楽しかったのはやっぱり写真を

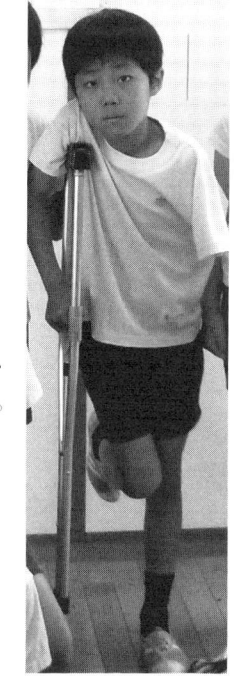

とるのだった。」

　彼は、最初のサウンド・スケープを行った後の感想では、「おそらく、この村はけんかが多いと思う。びんぼうだと思う。」と書いている。それがドラマをくぐることで、「村」を見直したのだ。

7　おわりに　ドラマはどんなふうにコミュニケーションを育てるのか

（1）ドラマのもつ身体性と即時性
　こういったドラマを通じて、子どもたちはどんなコミュニケーションを行っているのだろうか。
　このドラマの中で、子どもたちは「せかいいちうつくしいぼくの村」という「異文化の村」を擬似的に体験する。そこで、絵本やテキストに書かれていることだけではなく、想像力を働かせながら、共同でシーンをつくっていく。それは個人の作業ではない。1人の想像したことを即興的にグループのメンバーが受け入れ発展させる。ある場合には、となりのグループのおもしろそうなことも取り入れる。活動中、しばしば、「ぱくったな」「ぱくってないよ」という言い争いが行われたが、自分たちのグループのオリジナリティを大切にしたいという思いなのだろう。
　この想像力には2つの方向がある。第1の想像力は、絵を見ながら、日本とはちがった、自然が多く、車などがない村、収穫されたさくらんぼをバザールにもっていって売る生活といったことが背景にある村を想像する。ファンタジーのように「ゴッコ」遊びに興じていくという方向だ。ゴッコを遊ぶということは、お互いの発想を活かしながら、それをよりおもしろいものに、よりリアルなものに近づけながら遊ぶことだが、それは現実の自分の問題から離れたところで想像をしていてよい。絵空事でもかまわないのだ。バザールのシーンを演じる場面はそういう要素が強い。
　しかし、このワークの中で、次第に「戦争」という問題が突きつけられる（とはいえ、日本の子どもにとっては戦争も想像上の話にすぎないが）。ここで、

子どもたちが働かせる想像力は、第1の想像力とやや様相を異にする。例えば、ロールプレイで戦場へ赴く兄に言葉をかけるシーンや片足の男に問いかけられるシーンでは即興的に自分の知識を動員しながら答えている。さらに、問いの向かう方向が「自分だったら」という内面に発せられる問いになっていくのだ。これが第2の想像力だ。子どもたちは、内と外へ往還する心の旅をする。

　ドラマワークが持つ特質は、身体性と即時性だろう。絵本を読んだり、テキストを読んだりしながら感想やどうなるかを予測して書くという活動と比べた場合、その特質は際立つ。再び、戦場へ赴く兄に言葉をかけるシーンをとりあげてみよう。ここではセリフをノートに書くのではなく、実際に自分の身体を通して目の前にいる兄役に声をかけなくてはいけない。その分、様々な感情がわきおこってくる。兄と遊んだこと、兄の身体を気づかうこと、戦争のことなどが子どもたちの発言には込められている。

　最後の写真をとったところでの昌紀の表現も身体性という特質をよく表している。「ぼくはお兄ちゃんになりきった」と感想に書いた彼は言葉では表せないものまで鋭い目でカメラをにらみ、身体で表現しているように思う。言葉を「声」として発すること、非言語的な表現を身体で行うことになるのである。

　これらをコミュニケーションとして考えると、どうだろう。このワークの場合、先に述べた「2つの想像力」にかきたてられたセリフや身体表現が友だちから発せられる。すると、そこにいる他の子どもたちは、友だちの声、身体表現を即時的に見聞きして、また、自分の表現を考えることになる。バザールのシーンではたくさんの見立てが共有された。子どもたちは教室にあるいろいろなものを持ってきて、バザールの商品として見立てる。それを店員役同士が、そして、店員と客が見立てを共有することでバザールが成り立つ。また、ヤモがさくらんぼを売るところでも、ヤモ役の子が大きな声をだして、さくらんぼを売り出すと、客役の子が買っている。ゴッコ遊びというのは、見立てを共有するというコミュニケーションが行われていくことだ。「兄への言葉」のシーンでは、「何にも言えない」という発言に共感がうまれた。「たしかに」というつぶやきはその後のドラマ

を発展させたように思える。昌紀が身体を通して、「なりきった」というのは、こういった「世界」の共有ができてきたからだ。ドラマはそういった発言、セリフ、身体的な表現、ゴッコ遊びでの見立て、様々なものを共有し膨らませていく。想像の空間を一緒にひろげていくというコミュニケーションができるのだ。

(2) ドラマとシアター

　もちろん、こういったコミュニケーションのプロセスを見ると、子ども同士がすべての表現を受け入れ合っているということではない。しばしば、役決めでもめていたり、やっていることがちぐはぐだったりしている。それを許容することができるのは、この活動が上演を目的としたシアターや国語のテキストに書かれたことを動作化する活動とは異なるドラマワークだからだ。

　最初のティーチャー・イン・ロールの場面で主人公であるヤモ役は6人いる。そのヤモ役6人は同じセリフをいうわけではない。物語の中でヤモが考えそうなことをそれぞれが語っているのだ。1つの役に、複数の人間を配置したり、心の声を複数の参加者が言ったりする活動はドラマではよくあるが、人間の頭の中では常にいろんな考えが渦巻いていることを示しているように思う。ドラマでは、まちがったり、やっていることがちぐはぐだったりしたら、演じ直せばいいのだ。どうしたいか、何を表現したかったかを共有することがドラマの目的で、うまく演じることが目的ではないからだ。

　シアターとドラマは対立しているわけではない。総合的な表現教育としてのシアターとドラマは目的がちがうだけなのだ。

(3) アクティビティという装置

　このようなドラマワークを支えていく「装置」として、私たちは様々なアクティビティを使っている。ドラマを演じるのに、絵本だけ渡して演じなさいと言っても演じられるものではない。そして、すべての教師がすぐれた演出家で、何もないところから作り出せるわけではない。こういった

アクティビティを組み合わせることによって、ドラマの世界に引き込んでいくことが容易になる。

今回のドラマで使われたアクティビティは表2-1-1にある7種類だ。これらは私たちが刊行した2冊の本[2]に詳細が記されている。

繰り返しになる部分もあるが、アクティビティの特徴とそれを使った意図を示しておきたい。

最初に、行ったのは「歩いて集まれ」というウォーミングアップ・アクティビティである。この活動により集団関係が見られる。「声に出して集まれ」から「ジェスチャーで集まれ」としたのは、後者がよりコミュニケーションの距離が縮まるからだ。サウンド・スケープを行うので、声を出す活動も組み入れた。身体距離が近づくということとはコミュニケーションの距離も近づくということだ。サウンド・スケープでは、子どもたちが身を寄り添わせながら、活動をしていた。

サウンド・スケープとティーチャー・イン・ロールは、物語に引き込むための強力な装置だ。絵から音だけを想像して表現するサウンド・スケープは表現が苦手な人にもハードルが低いアクティビティだろう。アクティビティの配列は基本的にはハードルが低いものからはじめるべきだ。ティーチャー・イン・ロールは3回使っている。ドラマの雰囲気を壊さず、そのストーリーを伝えることができる。教師が役になることによって、その空間全体をドラマ空間にしてしまい、参加者が役に入ることを「強制」するという役割がある。役になりきれていない子に強く「おまえは出て行きなさい」といったのは、もちろん、教室から出ろという意味ではない。そういう物語なのだということをその子にも、他の子にも表しているのだ。そうやって引き込まれた参加者が、ロールプレイで役になり、ドラマを演じていく。

「バザールを演じる」や「兵隊が来たシーン」、最後のフリーズ・フレームでは合議が組み込まれている。最後の兵隊がやってきたシーンでは、子どもたちは即座に村人になり、どうするかを話し合い、演じなくてはいけない。1分という無茶な時間は切迫感をもたらし、話し合いを加速する。アクティビティには合議の場面が組み込まれていることがよくある。合議

は解釈のための話し合いで終わらず、話し合って演じるという行動のための合議になっていることが特徴的だ。決められた時間の中でどうするかという意志決定をせまられることが多いのだ。

　ホット・シーティングは、前に出て答えをいう役にとっても意味があるが、むしろ、その役に適切な質問をしていくことがきたえられるアクティビティだ。役の子どもが答えていく中で、物語が共有されていく。バザールのシーンではヤモに「だれがいた？」と質問をしていたが、そのことによって、みんなにバザールのシーン全体が共有されることとなった。役の子どもが答えられなかったら、別の子がその役になってもいいし、だれも答えられなかったら「みんなで考えるいい質問だ」と受け止めて、全体の課題にしてもよい。質問と答えの技法なのだ。

　このようにアクティビティは、身体表現を軸にしながら、物語に引き込み、物語を共有し、合議を促すといったことを推進する力をもっている。これらを駆使しながら、ドラマワークは組み立てられている。

注
(1) 2012年12月に実施。「『せかいいちうつくしいぼくの村』をドラマにする」(『演劇と教育』2013年5月号)
(2) 『学びを変えるドラマの手法』(2010　旬報社)、『学びへのウォーミングアップ』(2011　旬報社)

2 こころとからだを開く家庭科実践

小松理津子

1 秋田明徳館高校の特徴

　本校は秋田駅からほど近いビルの3階から7階に設置されており、定時制課程を中心に、6階には通信制を併設、さらに中学校になかなか行けない生徒が通う「スペース・イオ」という施設も3階に入っている。

　2010年に本校を主幹として開催された東北地区の定時制・通信制高校の研究大会で、獲得研は本校生徒に「あかり座公演」として公開授業をおこなった。その時にコーディネーターを任されたことが私と獲得研との出会いである。打ち合わせで秋田から日本大学に行き、渡部淳教授をはじめとする獲得研のメンバーの前で、いきなり「今ここで、リズムにのせて明徳館の生徒をアピールしてほしい」という無茶ぶりをされる。公開授業の打ち合わせだと思っていたのに、ラップでも秋田民謡でもいいので、それにのせて明徳館高校をアピールしてほしいと涼しい顔で言う。戸惑いながらも、一緒に来た先生たちと歌詞を考え、ほぼ初対面の獲得研メンバーの前でラップを披露したのである。

　これは非常に演劇的な体験だった。獲得研メンバーによる授業展開はまったく想像がつかなかったが、絶対におもしろくなるという確信が生まれた。そしてこのことをきっかけに、私は獲得型授業への興味を持つようになっていく。

　東京から戻った私は、公開授業を受ける生徒構成をこっそり変更した。もともと1年次生と生徒会メンバーだけでおこなう予定だったのを、演劇部員や自分のクラスの生徒を加えて編成し直したのである。こんなおもしろそうな授業を受けるチャンスを逃すわけにはいかない、きっと顧問にも

部員にもいい刺激になると思った。

　はたして結果は予想以上だった。演劇部員たちは獲得研の先生たちが仕掛けるアクティビティにどんどん引き込まれ、その熱気は時間をオーバーするほどだった。私は生き生きと動く生徒たちに感動し、職権乱用してよかったとしみじみ思った。公開授業はどれも好評で、教師たちは普段見たことのない生徒の表情に感嘆していた。しかし中には事後アンケートで「興味深い内容だったが、授業は時間内に終わらせるべきだ」という意見もあった。これが今の本校の課題なのではないだろうか。単位制の高校において、確かに授業は1つの単位であり、それは時間で決められている。しかしその中身は生き物であり、受ける生徒もまた生きている。大事なのは時間内に終わらなかったくらいの生徒の心と身体の動きではないのか。

　参加した部員の1人が、こんなことを言っていた。「高校での学びは中学校とはまったく違う世界が待っていると思っていた。けれど現実は同じように黒板に向かい、同じようにノートに写すだけ。今日の公開授業を受けて、これこそが高校での学びであり、高校に入った特権だと思った。こういう授業なら毎日でも受けたい」。

　後に演劇部部長となるこの生徒は、背が高く顔も整ったイケメンだったが、身体はがりがりに痩せていた。Ⅲ部生として入学したので登校すると通常は給食を食べてから授業を受けるのだが、彼は1年間まったく食べることができなかった。いつもどこか達観したような物言いで、演劇の稽古でも心からぶつかってくることもなかった。声も小さく、おとなしい生徒だった彼のこの言葉がきっかけで、私は演劇部の稽古と自分の授業を組み立て直すことを決めた。そして、彼もまたこの頃からどんどん変わっていった。

　公開授業の後、稽古に「フリーズ・フレーム」を取り入れてみた。これは、ある場面を切り取って再現する技法で、再現といっても全員が止まっているので演技力がなくてもまったく問題はない。さらに、「タッピング」という、それぞれの人物に触れてその時の気持ちを一言ずつ言ってもらう、という技法がセットになっていたので、一緒に取り入れてみた。稽古の中でうまくいかないシーン、どこか気持ちが入っていないシーンを止めてみ

て、まずフリーズ・フレームを作る。それが何のシーンなのかを役者に再確認させ、次にそれぞれの役者にタッピングして気持ちを聞き出す。これまでの稽古では、うまくいかない役者だけに「今、どういう気持ちで演じていたか」と聞くことはあっても、全員にその時の気持ちを聞くということははじめてだったので非常に新鮮だったし、それが静止している状態というのもおもしろかった。また、私以外の部員から質問を投げかけてもらうのも違う視点からの発見ができ、このアクティビティは大きな収穫となった。もともと内なる表現欲求を大いに隠し持っている生徒たちの集まりである。稽古にも活気が出て、役者や演出、それぞれが得るものは大きかった。次は、これを授業に活用していく番である。

2　児童虐待を絵本で考える

　私は家庭科の教員として日々教壇に立っている。家庭科というと女子だけの教科というイメージがあるが、現行の教育課程では、高校で「家庭基礎」2単位または「家庭総合」か「生活技術」4単位のいずれかを履修しなければならない。もちろん男女ともに、である。扱っている内容も多岐にわたり、従来の衣食住に加えて、家庭生活や家族に関する法律、保育や高齢社会に関する内容や消費者教育、そして自分で課題を見つけて研究するホームプロジェクトなどがある。また、これらの必修科目の他に家庭科の専門科目は20あり、そのどれもが実習を伴う授業展開、特に言語活動の充実を目指している。しかし、ロールプレイやグループ研究・発表、ディベートなどをできるだけ取り入れてはきたが、教師側にも生徒側にもどこか、ぎこちなさが残るというか身構えてしまうところがあり、それはずっと課題にしてきたことでもあった。身体を使って学ぶことが効果的なのはわかっているのに、いざ取り入れようとするとそれだけで負担感がでてきてしまう。家庭科では、ただ技術や知識を身につけさせるのではなく、生活をマネジメントする力、主体的に生活を創っていく力を養い、生徒が自ら学ぶ力・実践する力を身につけさせたい。そのためには身体を動かすさまざまな活動が効果的であり、それがキャリア教育で言われているコ

ミュニケーション能力の育成にもつながると考えている。

　本校では、必修科目の「家庭基礎」「家庭総合」のほかに、専門科目の「フードデザイン」「発達と保育」「課題研究」「服飾手芸」の4科目を設置している。単位制高校なのでどれを選択してもよく、授業によっては30人いるクラスもあれば2人しかいないクラスもある。数人しかいないクラスで座席を決めずに自由に座らせると、四隅に座られたこともあった。生徒は調理実習が一番楽しみなものだと思っていたが、知らない人と一緒の班で何かをすることができない、と実習の時だけ休む生徒もいた。バラエティに富んだ生徒たちだが、彼らにコミュニケーション能力を身につけさせる授業展開を生み出すことが私の課題だった。

　ちょうどあかり座公演が終わった頃、同僚の先生から『ぼく　あいにきたよ』（明川哲也、児嶋サコ作　文藝春秋　2005年）という児童虐待を扱った絵本をもらった。絵本とはいえ大人向けで、児童虐待を扱ったシビアな内容だ。読んだ後の衝撃は、これを「保育」分野の授業に取り入れることはできないかという考えに変わっていった。この絵本を使って、生徒の心に訴える授業を作ることはできないだろうか。

　それまでの授業でも、たとえば消費者教育の中で悪徳商法を取り上げ、クラスにいる演劇部員に協力してもらい、オレオレ詐欺を演じてみて対応策を考える、などの実践はおこなっていた。しかし、1時間すべてではなく、せいぜい15分程度取り入れるくらいだった。本校の授業は1つの科目は45分×2コマである。つまり、この絵本を足がかりに、90分すべてを使って心と身体を動かす授業展開をしてみようと考えた。

　本校が設置している家庭科の専門科目「発達と保育」の後半に児童虐待に関する内容がある。虐待のニュースがいっこうになくならない世の中、いずれ親になるであろう生徒たちに疑似体験をしてもらい、その重さを受け止めてほしい。教科書に書いてある法律や事案を読むだけではなかなか自分の問題として捉えることは難しいが、体験をすることでより身近な問題として捉えることができるのではないかと考えた。

3 授業展開

　授業クラスは専門科目ということもあり、8人の少人数クラスである。その中に演劇部員が2人いた。前述した部長と、名物役者の男子部員である。行き詰まった場合はこの2人に助けてもらおうという思いも実はあった。ちょうど、秋田大学の望月教授を中心とした秋田県家庭科教育研究会にも参加しており、公開授業にして学生たちにも見てもらうことになった。

　流れとしては、①グルーピングでアクティビティを多く取り入れ、雰囲気を作る、②グループで子どもの頃に楽しかった思い出をフリーズ・フレームで表現する、③絵本の読み聞かせに入り、それまでの和やかだった雰囲気から一転、現実に起きている出来事に直面させる（私はこれをジェットコースター方式と呼んでいる）、④読み手がホットシートに座り、質問に答えてもらう、⑤グループでそれぞれの考えを話し合う、⑥子ども本来の姿が見える小学生の詩を紹介する、という展開にして、5分の休憩をはさんだ90分で実施した。

4 授業実践【導入】

①ウォーミングアップ

　まず、最初のアクティビティは血液型で分かれたり、洋菓子派か和菓子派かで分かれたりする簡単なものから始めた。人数が少ないので、テンポよく動きを入れていく。違う種類のグルーピングをおこなうことによって、ほとんどの人と会話を交わすことができるようになっている。

　最終的に2つのグループに分かれたところで、グループの団結を高めてもらうためのゲームをおこなう。全員にフリップを配り、こちらが出すお題にグループ内全員が一致した答えになるよう考えてもらうというものだ。答えを口に出さずに何を書けば全員一致するかを考えてもらい、一斉にフリップを出してもらう。テレビなどでもよく見るせいか、生徒たちはすんなり取り組んでいる。ゲーム性がある内容はやる側も楽しい。生徒たちの豊かな表情が見られるからだ。

"子どもの頃に聞いた童謡と言えば？"

　たとえばこの題であれば、4人のうち3人が「ふるさと」と答えていき、最後の子が「ふるさと」と答えたら全員一致、となるところで「赤とんぼ」と書いてしまい、大笑い、といった感じである。そこから、子どもの時の童謡についての話に派生していく。同じようにして、子どもの頃の定番の鬼ごっこやよく見たアニメなどの題でいくつかゲームをおこなっていくと、違う年次やクラスの生徒たちがすっかり笑顔になっている。扱う題材は敢えて「子どもの頃」にしてある。これは、この後の展開につなげるための伏線にもなっている。

②フリーズ・フレーム
　ウォーミングアップで雰囲気がほぐれた後は、グループで「子どもの頃の楽しかった思い出」を「フリーズ・フレーム」で表現してもらう、というアクティビティに入っていく。演劇部員は前述したあかり座公演でフリーズ・フレームを経験しているので、率先して動いてくれた。そのおかげで、身体を動かすことに抵抗することなく、演劇部以外の生徒も積極的に話し合いに参加してくれた。最初におこなった「子どもの頃の○○といえば」のゲームの流れもあり、自分たちの思い出話で盛り上がっている。その中で、誰の思い出のどの場面を表現するかを話し合って決めていく。私は口をはさみすぎないように気をつけながら、全員が何かの役につけるようにアドバイスをしたり、自分の頃はこうだった、など話し合いが盛り上がるような助言をしながらグループを見て回った。自然と演劇部員がそのグループのリーダーのようになってまとめていたが、部員以外の生徒も積極的に参加していた。
　写真は、「はじめて補助輪なしで自転車に乗れた日」を表現しようとしているところである。中心の生徒が演劇部部長である。後ろの男子生徒は自転車を掴んでいた手を離す父親の役で、しゃがんでいる女生徒2人は自転車のタイヤの役だ。普段はこういう活動をするタイプではない彼女たち

の負担にならないようにと、部長の彼が配慮してくれたらしい。それぞれの役の生徒にタッピングをしてその気持ちを聞いてみると、タイヤ役の2人は「うまく乗れるかなぁ」「自信持って」という言葉を返してくれた。黒板に向かう授業になると机の下で携帯電話で遊んでいる2人で

はじめて補助輪なしで自転車に乗れた日の
フリーズ・フレーム

ある。他の生徒に比べると消極的に見えたかもしれないが、きちんとこちらの趣旨を理解し、参加してくれていた。

　お互いのグループで何を表現しているかを当て合い、最初の1時間は笑顔で終わった。前半だけを見学して、遊んでいるだけだと思った先生もいたようである。しかし、この1時間を楽しい子ども時代を思い出すのに使ったのは後につながる大きな意味がある。

5　授業実践【展開】

③絵本『ぼく　あいにきたよ』

　5分の休憩をはさみ、今度は絵本の読み聞かせの展開に入る。ここからは前半の楽しかった雰囲気から思い切り急降下させるジェットコースター方式だ。物語が長いので読み手を2人選んでもらい、スクリーンに映し出した絵に合わせて、絵本を読んでいってもらう。作者にはあらかじめ授業で使用するために絵本をスキャンする許可をとってある。

　主人公の「ぼく」は虐待を受ける側である。しかも物語のラストには亡くなってしまう。生徒には事前に児童虐待を扱う内容であることを告知してあり、気分がのらなかったり悪くなるようであれば保健室で休んでいてもかまわない、ということも伝えてある。これまで何度かこの授業を実践してきたが、

・事前に内容を知らせておく
・体調が悪くなったら保健室にいってほしい、欠課にはしない、ということを伝える

という姿勢で臨んできた。また、授業前半で楽しかった思い出を共有し、ラストで明るい詩を提示して明るさを戻すことで、重さだけが残らないように配慮した。

絵本は独特の挿絵と、「ぼく」「おかあさん」「おじさん」の3人が登場する悲しい物語が展開される。「おかあさん」と楽しく暮らしていた「ぼく」の幸せが、「おじさん」の登場によって少しずつ壊されていく。日常的になっていく「おじさん」から「ぼく」への暴力、それを止めようとしない「おかあさん」、助けを求める「ぼく」の心の叫びに、読む方も聞く方も、ついさっきまでの笑いに溢れた雰囲気とはまるで違う、重い空気の中に浸かっていく。物語のラストで「おじさん」からの虐待によって亡くなってしまった「ぼく」が、それでも「おかあさん」を責めずに、2人の嬉しかった思い出をあげていくくだりで、読んでいる部長の声が一瞬詰まる。息子を失ったことで結局精神を病んでしまい、病院に入った「おかあさん」に窓の外から会いにきた「ぼく」の語りを真剣に聞く女子生徒の目が赤くなる。何度聞いても胸がつまる話である。2人が交代して読み終わり、ぐるりと生徒の顔を見回す。先ほど自転車のタイヤの役をやった生徒は、息をするのも忘れたように床を見つめている。

『ぼく　あいにきたよ』の朗読

私は敢えて言葉を発せずに、30秒くらいその沈黙を守ってみた。集中しているせいか感覚が研ぎすまされ、言葉はなくても生徒たちが頭の中でさまざまなことを考えているのがはっきりとわかる。この雄弁な沈黙の時間にずっと浸っていたい気持ちに駆られ

たが、次の展開に進むことにした。

④ホット・シーティングで深める

　1人を「ぼく」、もう1人を「おかあさん」にした「ホット・シーティング」にうつる。例えば今回なら、「ぼく」と「おかあさん」になりきって、投げかけられる質問に答えていくというアクティビティだ。ここで「ぼく」になってもらったのは演劇部部長である。読み手になる時にホットシートに座ることも伝えてあったが、いずれも彼が自ら引き受けてくれた。「ぼく」と「おかあさん」になって座る2人。しかし内容が内容だけに、なかなか質問が出てこない。それでも急かさずにじっと待つと、やがてぽつりぽつりと言葉が投げかけられた。

　「どうしておじさんを止めようとしなかったの？」「どうして自分の子どもをかばおうとしなかったの？」「最後、病院の窓から『ぼく』が見えた？」……ほとんどが「おかあさん」を責める質問だ。答える生徒は必死になって考え、役になりきって答える。「止めたかったけど、自分も嫌われたくなかったから」「最初のうちはかばっていたよ」「窓の外に、見えた気がした」。そして、1人が「ぼく」に質問をした。「どうしておかあさんを責めなかったの？」「……ぼくの、おかあさんだから」。

⑤グループでの話し合い

　ここで、グループで話し合いを持ってもらうことにした。ホット・シーティングで重くなった空気を少しほぐしていくことも狙いである。「ぼく」をやった部長のいるグループにいって話を聞いていると、彼が「自分も同じような経験をしたことがある」ということを話し始めた。詳しい内容は明かさなかったが、「だから、この『ぼく』の気持ちがよくわかる。自分が悪いからこういう目に遭っているんだと思わなければ耐えられないから」と、普通のトーンで語っている。私は教師として何か言うべきだったのかもしれないが、はじめて聞いたその事実に何を話していいのかわからなかった。他の生徒たちは、黙って頷きながら彼の話を聞いていた。

　また、「おかあさん」になってもらった生徒は、自分がやったことでは

話し合い

ないのに、まるで自分が実際に体験して責められているようで辛かった、という感想を話していた。質問した生徒からは、「本人ではないのに、責めるつもりはないのに、つい責めてしまう」という感想が出てきた。私が狙いとした疑似体験は成功したと言っていい。しかし、あまりに辛い疑似体験である。このままでは、重い気持ちだけが残ってしまうため、ガラリと空気を変えることにした。

6　授業展開【まとめ】

⑥詩を使ったクールダウン

　授業の最後に、『一年一組せんせいあのね』（灰谷健次郎・鹿島和夫共著）の中から、いくつかの詩を紹介した。この本は私が教育実習の時に担当の先生から紹介していただいた、好きな本の１冊である。神戸の小学生たちが自由に書いた詩なので、文体は関西弁で書かれており、それがまたおもしろさを増している。文章はスクリーンに映し出し、ちょうど兵庫県出身の臨時講師の先生がいたので、本場の関西弁で読んでもらった。小学１年生の子どもらしい、おおらかでやさしく、しかし鋭く世の中を見ている詩が、ユーモラスに語られていくと、次第に生徒たちがほっとした表情に変わっていく。時々笑いもこぼれ、明るい顔になっていく。私がこの授業で一番感じてほしかったことは、虐待の酷さだけではない。子どもは本来、明るく愛おしいもの、慈しむべき存在であるということを感じ取ってほしかった。それを対比させるアクティビティを取り入れることで、身体で感じ、自分たちの心で考えることができるのではないかと思ったのである。おそらく生徒たちも、この太陽のように明るくおおらかな詩を聞いて、最初にやった自分たちの子どもの頃を思い出してくれたことだろう。

7　教師という演出家

(1) 授業のふり返り

　授業では、最後にオレンジリボン運動のことも取り上げたが、詰め込み過ぎだという指摘を受けた。ホット・シーティングをもっとやってもよかったのではないか、あるいはその後のグループでの話し合いにもっと時間をかけてもよかったのではないか、という意見もいただいた。確かに公開授業ということもあって指導案通りに進めようとしたのだが、あの場の雰囲気を大事にして、生徒たちから出てくる言葉を拾っていくようなファシリテーションが必要だったと思う。時間に囚われないように有効に活用する難しさを感じた。

　この授業の翌週は出張だったため自習にしなければいけなかったのだが、同じ家庭科の先生に自習監督をお願いしたところ、授業のふり返りをおこなってくれた。アクティビティをメインにした授業は、その時間は心と身体が一緒に動き、思考も活発だが、ふり返りをするのとしないのとでは大きく違う。生徒たちは時間を置いたことにより、その時に自分が感じたことを客観的に振り返って考えをまとめることができたようである。「悲しい話で、まるで自分が体験したように感じた。私は親になっても絶対にこういうことはしない」「自分が親に愛されているんだということをしみじみ感じた」などの感想が書かれていた。あの授業を見て、ふり返りが必要だと感じて実践してくれたことに感謝すると同時に、同じ家庭科教員として心強く感じた。

　本校は授業のクラス編制上、校外実習の実施が非常に難しい。保育園に行き園児たちと実際に触れ合えれば一番いいのだが、それができない。実習以外で子どもは愛すべき存在であるということを効果的に実感させたいという狙いは、このアクティビティを取り入れた授業でうまく機能したように思う。

　授業展開で一番気を遣うのは、生徒たちの中に実際に虐待を受けた子どもがいた場合どうするか、ということである。公開授業では部長がそうだったわけだが、彼は過去のこととして自分の中で整理ができていたよう

で、アクティビティにも積極的に動いてくれ、むしろこちらを手伝ってくれた。しかし、傷として抱えている生徒もいるかもしれない。そのため、4月の授業オリエンテーションや児童虐待を扱う授業が近づいてくると、どのような授業展開なのか、その内容を告知してきた。それでも、慎重すぎるくらい配慮しなければいけない問題なのだということを実際にやってみて改めて感じた。今後も虐待については取り上げていきたいが、フォローはしっかりとやっていきたい。また、別の側面からアプローチするアクティビティでの展開も考えていきたい。

(2) 秋田明徳館高校について

　私は、本校に赴任して6年目になる。赴任した当初は夜に授業をおこなうことに不思議な感覚を覚えたが、すぐに不規則な勤務体制や定時制独特のシステム、個性的なファッションをする生徒たちにも慣れていった。

　定時制高校というと昼は働き、夜に勉学に励む勤労学生のイメージがあるが、本校は中学校での不登校経験者が多くを占める。従って、ほとんどの生徒が普通高校に通う高校生と同じ年齢で、20代、30代は全校で数名くらいしかいない。数年に1人くらいの割合で40～60代の生徒も入学するが、すぐに同じ「生徒」としてなじんでいる。

　朝、昼、夜のⅠ～Ⅲ部にそれぞれ生徒の所属するHRが分かれ、クラス全員が顔を合わせるのはSHRや行事の時だけである。授業は各自が選択して決める単位制となっており、基本的に自分が所属する部の授業を登録する。いつもクラス一緒に行動するわけではない、というスタイルは本校生徒にとって気が楽になるようだ。授業の構成人員はさまざまで、違う年次・部が入り交じり、服装も髪型も規則がなく専門学校のような雰囲気で、一見、自由で華やかな印象を受ける。しかし、いじめや学業不振、障がい、家庭での問題など、それぞれが深い悩みや傷を抱えており、本校でリスタートし、自分の中の壁を乗り越えて大きく成長していく期待を胸に入学してくるのである。

　定時制全体の生徒数は、約480名で、そのうち休学者が常時20名ほどいる。不登校が劇的に改善されて皆勤賞を受ける生徒がいる反面、なかなか

改善できずに欠席を繰り返す生徒もいる。しかし、自分のペースで生活ができ、心の安定を取り戻して大学に進学する生徒も多い。また、アルバイトをして就職活動に役立てようとする生徒や、専門学校の入学金をすべて自分で貯めようとがんばっている生徒もおり、自分の進みたい道に向かって努力を重ねる姿は普通高校の生徒と何ら変わらない。とはいえ、やはり人と接するのが苦手だという生徒の割合は全日制よりは多いだろう。自分の座席の後ろに人が座っているのが耐えられないから席を替えてほしい、トイレに行きたい時にすぐ行けるようにドアの側の席にしてほしい、人前で話すのが苦痛なので授業中は当てないでほしい、などの要望を出してくる生徒がどの授業にもいる。もちろん本人が申し出てくることはない。親が担任に伝え、担任から教科担任へと伝えられるのである。

　だからといって、不登校経験者だから弱々しく、話すのが苦手だというのも当てはまらない。年1回、校内生活体験発表会というのが開催されるが、そこでは各クラスからの代表が全校生徒の前で自分の体験などを発表する。25名ほどの生徒のうち、半数以上が自分の不登校経験の理由を赤裸々に話す。辛い体験を大勢の人の前でマイクを通して話すのである。その姿は、かつて不登校だったということがまったく感じられないほど堂々としており、彼らは彼らなりになんとかしたいという思いで必死にがんばっているのだということが伝わってくる。ずっとこのままでいいと思っているわけではない。いずれ社会に出ていくことはじゅうじゅう承知で、そのためにコミュニケーション能力を身につけなければいけないということも痛いほどわかっているのである。この学校に来れば少しでも改善できるのではないかという希望を持って入学してくる生徒を手助けするのが、定時制高校で働く私の役目だと思っている。

(3)「メートク演劇部」

　本校には同好会を含めて9つの運動部と15の文化部があり、運動部はほとんどの部が定時制・通信制の総体で毎年全国大会に出場している。文化部は全日制と同じ大会に出場するため上位大会への出場は簡単ではないが、どの部も自分たちで時間を調整し、大会や文化祭に向けて日々活動してい

る。何しろ、3部制であるため、放課後という時間がない。各部の間の短い時間を活用したり、授業が入っていない部員で集まって他部の授業時間帯に活動したりと工夫が必要となる。

　私は現在、演劇部の顧問についており、定時制の個性的な生徒たちの中でさらに個性的な部員たちと一緒に活動している。もともと運動部出身で現在もスポーツに関わった活動をしており、文化部活動とは無縁だったが、前任校で前顧問の転勤により演劇部を任されてから、気づけば演劇部の顧問も12年目となる。本校では赴任してから6年間、ずっと「メートク演劇部」顧問だ。

　興味深いことに、本校演劇部に入部してくる生徒のほとんどが中学校時に不登校を経験している。同じ建物内に設置されているスペース・イオ出身の生徒も毎年のように入ってくる。一見、人前で何かをするようなタイプには見えない生徒が、照明に照らされて汗をかきながら1時間の舞台を堂々と演じる姿にいつも感動させられる。と同時に、子どもたちの内にある表現欲求にも気づかされる。これは授業中でも感じることだが、例えば全体に発問を投げかけた時、答えたいという表情をこちらに向ける顔を見ていると、授業における言語活動を充実させることの重要性を改めて感じる。

　本校演劇部の活動は、学校一だという自負がある。平日だけではなく土日も学校に出てきて稽古をしたり、通信制のスクーリングとぶつかる時は近くのコミュニティセンターを借りて自主的に稽古をするなど、不登校だったとは思えない行動力である。とはいえ、順調に練習を重ねていたのに突然休むようになったり、心のバランスを崩しそうになることもままある。しかし、舞台に穴をあけることは決してない。前日のリハーサルで椅子を投げて泣き出しても、翌日の本番では役者として舞台に上がる。どの子もみな真摯でありプライドがあり、自分たちが全県大会に出場する常連校であるという目で見られていることを自覚し、「メートク演劇部」というブランドを守り、他校にはない独自の舞台を創り上げていく自覚と責任感を持っている。テストの成績は悪くても、1時間の舞台の台詞はしっかり覚える。これまで運動部しか経験のなかった私にとって、演劇部の顧問

になったことは教師生活においても大きなターニングポイントとなった。そして、そのことが後に獲得研と関わるきっかけにもなっていった。

(4) 家庭科での実践

公開授業を実施してみて、家庭科の内容を深めていくのに、生徒が実際に動き、心と身体を動かす授業というのは非常に効果的かつ大切であるということが改めて感じられた。と同時に、意外と抵抗を示さないで参加してくれる生徒が多いということもわかった。特に本校の場合、教師側で生徒の可能性の幅を狭めてしまい、うちの生徒では無理、と決めつけることが多いように思う。しかし、人と関わりたくないから本校にきた生徒より、人と関われるようになりたいから本校を選んだという生徒の方がずっと多いのではないのだろうか。その生徒たちに対しては、このような授業展開が有効に働く場面が多い。

この授業の後、「家庭基礎」の保育分野でも同じ題材を取り扱ってみた。専門科目ではないので時間を多く割くことはできないが、フリーズ・フレームを省略してホット・シーティングを取り入れたり、グループでの話し合いの時間を長く取ったりと、いろいろ形を変えて実施してみた。他の授業と比べるとやはりインパクトがあるようで、授業があった日の学級日誌に書かれていたこともあった。掃除の時間に担任に話してくれた生徒もいたようだ。「今日の授業は重かった。でもノートをとるだけの授業よりたくさん考えた」という感想を聞くと、重くてもやった意味があったのではないかと思う。

また、年度初めのクラスHRでは、編入生を迎えて自己紹介ゲームをおこなったり、合同HRで簡単なウォーミングアップをやってみたりと、少しずつ身体を使ったアクティビティを取り入れている。これは獲得研で発行している『学びへのウォーミングアップ　70の技法』を参考にしている。そうやっているうちに、私はアクティビティを活用する、というイメージがついたようで、授業で展開してもあまり抵抗なく受け入れてくれるというおまけもついてきた。それを利用して、今後の授業展開に積極的に取り入れていきたいと思う。

前述したように、家庭科は「生きる力」をつける教科である。しかし、それは教科書に書かれていることをただ板書し説明するだけではなかなか身についていかない。調理実習をしたり被服製作をしたりという実習で技術は身につくが、それをどのように応用して生活を創り上げていくか、生徒が自分で考える力をつけるところまで持っていかなければならない。

　定時制の高校、しかも不登校経験者が多く在籍する学校という特徴は、裏を返せば同じような仲間がいるという、生徒にとってある種の仲間意識が生まれる安心基地である。いずれは自分を守ってくれる場所から外の社会へと旅立っていかなければならない。人とコミュニケーションがとれないままでは、会社に入っても仕事を続けていくことは困難だ。できないことがあるから、できるようにするために学校があり、教師がいる。アクティビティを多く取り入れ、身体を動かす＝心も一緒に動く授業を実践していくことで、少しずつ社会に対応できる力が身についていく効果が期待される。

　家庭科のほかの科目ではどのように取り扱うことが可能だろうか。今回の授業実践のように身体を動かすことがメインの展開をいきなりやるのではなく、初めは小さな動きから、やがてそれが心と身体を連動させて能動的に動かしていけるようにもっていく方法もある。ブレーンストーミングを付箋を利用して発表する、という授業展開にすると、人前でなかなか意見を言うことができない生徒も、付箋になら書くことができ、それを「黒板の模造紙に貼りに行く」という動きまでならできる。きっかけがあれば変わりたいと思っている生徒は、こちらが思っている以上に柔軟に対応してくれる。そのきっかけを作る1つの効果的な例が、身体を使ったアクティビティなのである。

　また、ノーマライゼーションをテーマとしたロールプレイでは、私の実際の体験をもとに、全員で演じてみるという授業もおこなった。飛行機内での障がい児に関わるできごとを取り上げ、グループ内で乗客や母親役などの役に振り分け、それぞれがどういう話の展開にするかを発表し合う。実際の結末は最後に私がCA役を演じて明かすが、これも予想外の結末という点ではやはりジェットコースター方式かもしれない。自分たちで演じ

るには、自分たちで考えなければいけない。プリントに書かれた例を読んで考えるのと、実際に言葉に出してみて動いてみるのとでは、後者の方が明らかに生徒の心を動かし、福祉についての考えが深まっていく。

　頻度としては、その単元で1つ取り入れる、という程度でおこなっている。黒板に向かってノートを取る時間も必要であるし、その中で身体を使った方が効果的だと考えられる部分について取り入れるようにしている。1時間使う場合もあれば、15分程度にする場合もある。授業の終わりに感想を書かせ、取り組みと感想の両方で評価し、積極的に参加できなくても感想がしっかり書けていれば両方を見て相対的に評価するようにしている。ファシリテーターとしては、なかなか動けない生徒に負担感なく参加できるよう気を配るようにしている。また、単発で授業を組み立てることはほとんどなく、たいてい2〜3回（4〜6コマ）を見通しての流れで、翌週にふり返りをおこなうようにしている。しっかりと書かせる時もあれば、質問を投げかけて言葉で返してもらうこともある。どの部分をアクティビティで扱うかを年間指導計画の中に組み入れている。

(5) 授業を演出する

　演劇部顧問になった頃は、何をしていいのかわからず、台本の台詞をそのまま言わせる作業しかしていなかった。その魅力にはまってきた頃、「演出」という作業の必要性に気づいた。私は現在、自分で台本を書いているが、基本的にその時の部員を考えながらの「当て書き」である。彼らの個性を生かしながら台詞をおこし、次に舞台で輝きが出るように動きをつけていく。生徒が見事に演出を担ってくれる時ももちろんあるが、プロとは違う高校の部活動においての顧問の役割は、演出だと思っている。一度校内公演で私も舞台に立ったことがあり、演出があるから安心して舞台に立てるのだということをその時に感じた。これは授業にも当てはまる。教師はそこにいる生徒が安心して学べるように演出を担い、その安心感は舞台で役者が動き始めるようにやがて自ら学ぶ姿勢につながっていく。教科書は台本である。台本を使ってそこにリアリティを創り上げ、生徒が充実感を感じられる展開ができた時、こころとからだをひらく授業になるの

ではないかと思っている。

8 最後に

　この授業実践を、異文化間教育学会公開シンポジウムで発表したことは大きな収穫だった。発表原稿を作成するのは大変な作業だったが、その過程でさまざまな意見をいただいて気づかされることも多く、今後の授業展開につながるヒントがたくさん得られた。発表までいかなくても、授業実践の見直しをするためにまとめるというフィードバックは非常に有効であると思った。発表にあたってたくさんのご指導を賜ったことに感謝したい。

参考文献
明川哲也（2005）『ぼく　あいにきたよ』文藝春秋.
灰谷健次郎・鹿島和夫（1981）『一年一組せんせいあのね』理論社.
渡部淳＋獲得型教育研究会編（2011）『学びへのウォーミングアップ――70の技法』
　　旬報社.

3 大学体育で遊び直す

藤井洋武

1 はじめに

　この3年間、幼稚園、高校の定時制、大学で体育の授業を担当している。体育という、身体活動を中心とした教科を、様々な年齢層に同時並行して教える中で、年齢が上がっていくにつれてルールを自分たちでアレンジして遊んだり、運動を楽しめなくなっていく傾向があることに気づいた。これは特に大学生において顕著に見られる。一体なぜなのだろうか。
　第1に、主として中学・高校において「勝ち負け」や「速い遅い」を比べられ、その種目の優劣で評価されてきた結果、体育という場では運動やスポーツを楽しめなくなってしまっていることが考えられる。大学ではまずガイダンスで「体育は好きですか」というアンケートをとる。年度によって若干の差はあるものの、毎年約7割の学生は「体育が嫌い」「運動が苦手」と回答する。「できない種目で成績が悪かった」「マラソンが遅くて、とにかく苦痛だった」「うまい子たちだけが楽しんでいた」などがその理由である。
　第2に、学生たちは指示されることに慣れすぎていて、自分たちが何をしたいのか、何をすると楽しいのかわかっていないように思われる。これは体育に限らないが、多くの教科で「次はこれ、その次はこれ」と常にやるべきことが与えられ続けてきた結果ではないか。特に中学校、高等学校の体育では夏は水泳、冬はマラソンなど、行う種目が時期によって決められていることが多く、自分たちがしたい種目を選択できる機会は少ない。実際に大学で「この時間はどんな種目をしてもいいよ」というと、「何をしたらよいかわからない」「決めてくれた方がやりやすい」といった意見

を多くの学生が口にする。

　「楽しくない」「指示待ちの体育」という経験を積み重ねてきた結果、学生たちの身体は固まってしまっていて、自由な発想で、自発的に活動することができなくなってきていると切に感じている。

2　大学体育の現状

　では大学の体育で、学生の体育に対するイメージを払拭し、仲間とともに体を動かす楽しさを取り戻すことは可能なのだろうか。実際には非常に難しいのが現状である。

　まず、大学自体が体育の必要性に疑問をもっているという点である。1991年の大学設置基準の大綱化以降、大学体育は必修科目から外れ、現在多くの大学では体育実技は選択科目となっており、授業が開講されたとしても授業数が削減されてきている。また「十分な健康効果が期待できない」「高校の繰り返しであるため、選択科目で十分」といった意見が多く、「大学での体育は必要なのか」という議論が今日でもなされている。

　次に、大学の体育が高校の延長線上をたどることが多いという点である。通常多くの大学では体育は施設や機材に応じて、高校までと同様に球技などを中心に行われることが多い。ときには教員の専門とする種目のみが学生に提供されるケースもあり、実際に学生からは「ずっと卓球ばかりやっていた」や「毎回トレーニングだった」という声が聞かれる。また授業の評価も中学や高校と同様で「上手い下手」「技能の優劣」で行われる場合が多く、大学において、体育に対する苦手意識は払拭しづらいのが現状である。

3　アクティビティで遊び直す

（1）遊び直しと演劇的手法による教育のつながり

　このような現状を改善する取り組みとして、ここ数年、「遊び直し」をテーマに掲げ、大学体育の授業に取り組んでいる。ここでは「遊び直し」

とは、「小さい頃に体験したであろう上手い下手を問わずに仲間との協力や一体感を味わえる活動を、大人になってもう一度体験し、その活動から得られるものを省察すること」と定義する。具体的には授業に「大縄跳び」「だるまさんが転んだ」「鬼ごっこ」などを取り入れて、大人になってこうした遊びを体験して感じたこと、また気づいたことなどを振り返ってもらう。

　では、こうした「遊び」とはどのような要素が含まれる活動で、現在の体育とはどのような違いがあるのだろうか。

　ヨハン・ホイジンガが「遊びとは、あるはっきり定められた時間、空間の範囲内で行われる自発的な行為もしくは活動である。それは自発的に受け入れた規則に従っている。その規則はいったん受け入れられた以上は絶対的拘束力をもっている。遊びの目的は行為そのもののなかにある。それは緊張と歓びの感情を伴い、またこれは『日常生活』とは『別のもの』をという意識に裏づけられている。」と述べている[1]。またロジェ・カイヨワも、ほぼ同様に、遊びについて、①自由な活動、②隔離された活動、③未確定の活動、④非生産的活動、⑤規則のある活動、⑥虚構の活動、の6点の特徴をあげている[2]。

　今日の体育の授業は様々なスポーツを取り入れている一方、その巧拙で評価してしまい、実際多くの体育嫌いの学生を生み出していることを見ると、本来あるべきスポーツの目的から乖離してしまっていると言わざるを得ない。本来、日本の「遊び」という言葉は「sport」の語源とされる「気晴らし、遊ぶ、楽しむ」と同義であり、したがって体育は「遊び」の要素をふんだんに含んだ活動であるべきだ。さらに、種目を通して仲間とつながり合うことや、上手い下手や勝ち負けだけにこだわらず、バレーボールやサッカーなど、その活動自体を楽しむことが大切だと思われる。

　さらにこの「遊び」の中には演劇的な要素がふんだんに含まれている。演劇的手法による教育では、学習者が何かに「なってみる」活動、何かになって表現する活動などを通して虚構と現実を自由に往還しながら全身で学ぶ。これは先にあげたホイジンガが「遊び」について述べている、「緊張と歓びの感情を伴い、またこれは『日常生活』とは『別のもの』をとい

う意識」、また、カイヨワがあげている遊びの特徴としての「虚構の活動」といった点で大きく共通している。たとえば懐かしい「どろけい」では泥棒役または警官役、「鬼ごっこ」ではオニ役または逃げる役になって楽しむ活動であり、そのなかで仲間と協力することで協調性を育んだり、話し合って作戦を考えることでコミュニケーション能力を養ったりしている。したがって「遊び」また「遊び直し」と演劇的な教育は密接に関わっていることがわかる。

(2) ウォーミングアップ・アクティビティの導入

そしてもう1つ、「遊び直し」を促すための活動として最も重要であるのが、演劇的な要素を含んだウォーミングアップ・アクティビティの導入である。運動やスポーツの楽しさを経験する際に重要なことは、もちろんその種目の持つ特有の魅力も重要であるが、さらに大事なことは「楽しめる仲間」とともに行うことである。

したがって授業ではまず、柔らかな人間関係を構築することが重要な課題となる。教員と学生、学生と学生の信頼関係を築き、運動やスポーツの巧拙という垣根を越えて、お互いの良さを認め合える関係を早期に構築することが大切である。

ウォーミングアップ・アクティビティは体育の活動と非常に親和性が高く、親密で共感的な雰囲気を作り出すことに大きく貢献するため、学生同士の関係性の基盤を作るための重要な活動である。第1にグループ活動であること、第2に身体活動を伴うこと、そして3つ目として遊びの要素がふんだんに含まれていることがその理由である。ウォーミングアップ・アクティビティは単に体温を上げ、怪我を防止するという目的を満たすだけでなく、体を動かしながら学生同士の心理的距離を短時間で縮め、その後のメインの活動をスムーズに行っていくためには重要不可欠な活動となる。

4 実践の概要

(1) 川崎市立看護短期大学

　筆者は2010年度より川崎市立看護短期大学で講師として勤務し、遊び直しやアクティビティを導入したプログラムを2011年度から行っている。本稿で紹介するのは2012年度に行った実践の報告である。詳細を以下に示す。

- 科目名　：生涯スポーツ（一年次後期選択必修科目）
- 実施期間：2012年9月〜2013年1月（計14回）
  　　　　　※14回の授業プログラムは93ページの資料を参照
- 対象者　：「生涯スポーツ」履修者70名（男子4名　女子66名）
- 授業における教育目標およびねらい
    [教育目標]
    - 仲間作り
    - ストレスマネジメント
    - 生涯スポーツにつなげるための一助

    [ねらい]
    ①一年次の授業のため、「仲間作り」を意識すること
    ②スポーツの面白さや、体を動かす心地よさを体験し「生涯スポーツ」につながるような運動経験を積むこと

(2) 学生の背景

　川崎市立看護短期大学（以下、川崎看護）は現在、公立校の短期大学として日本に2つだけ残っている看護短期大学の1つである。毎年約80名の生徒が入学する。当然看護師を目指す学生であるが、在籍が3年間のため、カリキュラムが非常に立て込んでいる。また授業期間内だけでなく長期休業中の実習も多く、ストレスを抱えている学生が多い。毎年数名いる休学者や退学者は、ほとんどがストレスからくるものだそうだ。

　同時に、医療現場で働くものとして患者とのコミュニケーション能力や

対人関係能力、また医師や同僚と連携する能力なども高い水準で求められている。

本授業には「思い切り体を動かして楽しみたい」と思って受講する学生が多い。一方で「運動は苦手だけれど、体育科目は選択必修だからしかたない」と本授業を選択する学生や「高校までの体育の成績が悪く、体育にいいイメージがない」という意見も多く、運動に対してなんらかのコンプレックスがある学生が多い。

(3) 授業での工夫
①活動のねらいを伝える
　実際にウォーミングアップ・アクティビティや遊びを体験したあと、それらの活動にはどのようなねらいがあるのか、どのような目的で行ったのかを伝え、学生の理解や活動の効果が深まるようにしている。例えば、今回の実践のように看護師を目指す学生を対象とした場合、看護師にとって高いコミュニケーション能力は不可欠であり、ウォークをはじめとする様々なウォーミングアップ・アクティビティはアイコンタクトやアタッチメントを中心としたコミュニケーション能力向上のためのゲームであること、また昔ながらの遊びは、勝ち負け、上手い下手などを問わず皆で楽しみながら行えて、普段ストレスフルな生活を送っている学生にとって大事な活動であることなど、一連の活動の意味付けを行っている。

②出席の前に遊び、授業に参加しやすい雰囲気を作る
　学生が体育館にきた際に、卓球の授業であれば道具一式、バレーボールであればボールなど、まずは遊び道具を用意している。学生には「出席取るまで自由に遊んでいていいよ」と伝えてあるので、集まってきたメンバーで自由に遊び始める。授業の空間を柔らかくし、参加しやすい雰囲気を作り出すように配慮している。

③グルーピングの方法を工夫し、多くの仲間と関われるようする
　グループを作る際にはウォークをふんだんに使い、いつもと違うメン

バーでグループが組まれるようにし、多くの仲間と交流を持てるようにしている。また出席カードをランダムに引いたり、くじ引きでグルーピングを行うこともある。くじ引きはワクワク感があるようで、「席替えみたいだね」と誰と組むかを楽しむ様子が感じられる。

④新しい種目を取り入れる

経験したことのない運動やスポーツを取り入れることで、上手い下手の垣根なく行うことができる。ヨガなどの外部講師を招聘したり、DVDなどを使って現在流行しているダイエットやトレーニングを経験することで、自分に合った運動を見つけたり、運動の楽しさを再発見し、学生の運動に対する選択肢が広がるようにしている。

5　主なアクティビティ

ここでは、筆者が多くのアクティビティの中でも最も重要視しており、授業の最初に必ず行う「ウォーク」「列車オニ」「白身と黄身」の3つのアクティビティについて、その内容と活動のポイントを紹介する。

(1) 出会う、触れ合う　〜ウォーク〜

ウォークは空間をランダムに歩きながら、その場を共有しているさまざまな人と出会うアクティビティである。

①まずはただ歩くだけ。一方向の渦にならないよう、「ランダムに好きな方向に歩いてね」と声をかける。この時点では、なんのことかよく分からず、ただ歩いているだけ。

②次に「今度は出会った、目が合った人と人差し指でタッチして挨拶しよう（写真①）。少なくとも10人とは会いたいな。」と指示。学生と実際にやってみると、うまく指が合わなかったりして笑いが起きる。「目が合ったら、タッチしてみる。当然、顔を下に向けてると誰とも目が合わないよ」と伝えて再開すると、あちこちで笑いが起きながら進んでいく。

大事なことは、①と違い、誰かと会うことを意識しながら歩くという点

写真① 指でタッチ

である。それまで下を向いていた学生の顔が上がり始め、他人の視線を意識するようになる。

③次に「今度は目が合った人と自分の名前を名乗りながら握手しよう。(名前は)今すぐには覚えられなくてもいいからね」と指示。先ほどのように全体で笑いが起きながら進んでいく。慣れてくると、両手でしっかり握手をする学生も出てくる。ここでは「握手」という、先程より強いアタッチメントに加え、「声を発する・聞く」という要素を加えることでお互いの関係を近づけていく。

写真② みんなでハイタッチ！

④次に「みんなだいぶ仲良くなったね。もう親友だ」などとコメントをして、「最後は会った人とハイタッチだ！」と言って筆者が突然「イエーイ」とか「ウオー」とか大声を発しながら近くの学生とハイタッチをする(写真②)。笑い(失笑?)が起こる。「歩きながらだと気分が出ないから、スキップしながら！」と勢いよく再開。ウォークの中で、最も盛り上がる瞬間である。

この活動の良さは、目線を交わす、言葉をかける、互いの距離を縮める(物理的にも心理的にも)、握手する(触れる)といった、人間が親しくなる時の段階を短時間でしかもゲーム感覚で気軽に行うことができる点にある。

しかも、最初は片手だったハイタッチが次第に変わっていく。片手ですれ違いざまに行っていたのが、きちんと向き合って「両手」で行われるようになり、この活動を通して学生の関係性の変容を示すようで興味深い。

(2) つながる、楽しむ 〜列車オニ〜

　列車オニは2人ペアで行う鬼ごっこである。ペア行うことで仲間とふれあいながら関係性を深めるとともに、優劣をつけず体を十分に動かしながら楽しむことができる。

　①まずはウォーク（ここでは単にランダムに歩くだけ。いつものグループをバラバラにさせることが目的）から近くの2人でペアになってもらう。前になる人、後ろにくっつく人を決め、後ろになる人は前の人の肩に手を置く。準備完了。

　②ペアの中からある一組をオニに指名する。ルールは次のとおり。「オニから逃げるよ。オニに触られてしまったペアは、オニの後ろにくっついていく。オニから逃げてる時に、ペアが離れてしまったらダメだよ。前の人は後ろの人も気にしながら逃げてね。2人の協力が重要です。オニは、オニが長くなったら、オニを2つに分けることもできます。最後まで残ったペアが優勝です。ではみんな、ペアで逃げる準備をしてください。」

写真③　列車オニの様子

　③「よーい、スタート！」で始めると一斉にオニから遠ざかり、逃げ始める（写真③）。みな一様に笑顔で動き回る。次第に、部屋の角に追い込まれて捕まるペア、座り込んでしまうペア、前の人の動きについていけず、分断されてしまうペアなど、様々である。前が男子で置き去りにされたのが女子の場合「女子をおいて逃げるなんて、男子の風上にもおけないね」などコメントをいれると盛り上がる。さらに盛り上がるのは、オニが2つに分かれてから。

　この時、空間は足音と叫び声で充満しているので、発表者が「オニが2つに分かれまーす」と全体に聞こえるように補助する。2つの長いオニに追い詰められ、徐々に生き残りペアが減って、最後の一組だけになった時

点で終了。「みんな最後まで残ったこのペアに拍手‼」と言い、大きな拍手で優勝者を祝福したあと、「ではペアの人にお礼を言ってください。ありがとうございました。」と言って、和やかに活動をしめる。

　この活動のポイントは、①鬼ごっこなのでアクティビティ自体のゲーム性が高く、上手い下手が存在しないため、楽しんで参加することができる。②ペアワークで、かつ仲間に触れながら協力関係を作ることで、自然にお互いの距離を縮めることができる、といった点があげられる。

(3) 協力、裏切り、スリル　～白身と黄身～

　白身と黄身は3人組でおこなうアクティビティである。列車オニの場合はペアが変わらないが、白身と黄身は3人組がめまぐるしく入れ替わり、短時間で様々な人と関わることができるのが大きな特徴である。

　①まずはウォークから近くの者同士で3人組を作る。2名（白身役）が向かい合って手をつなぎ、1名（黄身役）が真ん中に入る（写真④）。

　②オニを1名決め、ルールを説明する。「オニは次の3つの掛け声の中から1つを選ぶことができます。「黄身」、「白身」、そして「爆発」です。「黄身」とコールがあったら、いま黄身なっている人、そこにはいられません。抜け出して、別の白身の中に入ってください。「白身」とコールがあったら、いま白身になっている2人、そこにはいられません。別の人とペアになって、今とは違う黄身を囲んでください。最後に「爆発」。「爆発」とコールされたら、誰もそこにはいられません。新しい3人組を作って、卵を完成させてください。そのときは黄身の人が白身になっても、白身の人が黄身になってもかまいません。オニはコールしたあとどこかに入るから、余ってしまった人が次のオニになるよ。」

　③「ではファースト・コールをどうぞ」と言ってスタート。だいたい最初は「黄身」とコールし、一斉に黄身が今の白身の

写真④　白身と黄身の様子

中から抜け出し、オニは近くの白身の中に黄身として入る。すぐにオニが代わり、次のコールへ。最初はみな手探りなので次は「白身」とコール。一斉に今の白身がバラける。新しいペアをみつけ、手を繋いで黄身を囲む。いよいよ「爆発」のコール。すべての3人組が一斉にバラけて全員が動き、新しい3人組になる。すぐに白身と黄身になれるところもあれば、そうでないこところも。

 5コールくらいすると、みなルールがわかってきて動きがスムーズになりはじめる。次第に、なかなか空いている場所が見つけられない黄身の学生に「ここ空いてるよ！」と声がかかったりし始める。活動の間、みな笑顔が絶えない。盛り上がるのは、余っている2名の黄身が1名しか入れない黄身のポジションをめぐって、押しのけ合ったり、引っ張り合ったりして、そのポジションを獲得しようとする場面。また爆発コールのあと黄身を探している2組の白身（計4名）ができることがよくある。この場合この中の誰かが、いま手をつないでいるペアのことを裏切って黄身になるしかない。裏切りが起きたときが、もっとも盛り上がり、もっとも笑いが起こる。

 頃合いを見計らって、「ではラストコールをどうぞ。ラストはもちろん……」と促すと「爆発!!」と元気よくコールされ、最後の3人組を作る。当然ひとり余るわけだが、「たまには黄身が2つある卵もあるよね」といいながら、最後に余ってしまった1名を近くの卵に押し込み「じゃあ自分たちに拍手」といって活動を終了する。

 この活動のポイントは①ペアがめまぐるしく代わるため、短時間で非常に多くの人と交流することができる。②オニは走って誰かを追い回したりすることなく、またすぐに交代できるため、オニになる心理的な負担がすくない。③爆発の際、新しい3人のペアの中で瞬時に白身と黄身の役割を決めるため、役割分担などのトレーニングになる、といった点が挙げられる。

6　考察

(1)「遊び直し」・「ウォーミングアップ・アクティビティ」の効果の検証
①学生同士の関係性の変容

　数回の授業を重ねていく中で、学生同士の関係性に変化が見られてくる。グループをつくる際のスピードが速くなる。またうまくグループに入れない学生に対し「一緒にやろうよ」と声をかける学生が現れ始め、グループのメンバー構成に多様性が見られようになる。

　「歩きながら作るグループは、毎回違う人とのグループだから、たくさんの人と話すことができた」という学生の感想からもわかるように、短時間で多くの人と交流をする活動は、グループのメンバーの多様化が促し、またお互いの心理的距離を縮める効果があると思われる。

②授業への積極性を促す

　特に、運動を苦手とする学生は数回の授業を経験すると、「上手にできなくもいいんだ」ということを理解し、授業に積極的に参加するようになり始める。印象的だったのは、ある学生が「オレ、フットサルって苦手なんだよね」と苦笑いして独り言のように言いながらも、笑顔で楽しそうにプレーしていたことである。

　ある学生は「最初は、実技は汗もかくしいやだなと思ってたけど、気づいたら全部出席してました」と感想を述べている。これは体育の好き嫌いの問題だけでなく、ウォーミングアップ・アクティビティなどの活動を通して、同じ授業を受ける仲間とよい関係が育まれたことも大きく関与していると推察できる。

③学生と教員の関係性の変化

　学生が授業の空間や教員との関係に安心感を抱きはじめると、次第に学生からリクエストが出てくるようになる。次に行って欲しい種目、実際に行っている種目のルールの変更など、様々な要望が教員に寄せられるようになる。これは「何かやりたいことがあったら教えて」「試合時間やルー

ルは自分たちが楽しめるように工夫して」と日頃から伝えていることも少なからず影響しているであろう。

　ある学生は「先生は種目を一方的に押し付けるのではなく、一緒にやってみようというスタンスだったのが嬉しかった」と述べている。本来「遊び」は自発的なものであり、活動の主役は学生である。学生たちが彼ら自身で「どうするともっと楽しくできるか」を考え、ルール等を変化させていくことは、学生の主体性を伸ばすことにもつながると考えられる。

(2)「遊び直し」や「ウォーミングアップ・アクティビティ」をしない場合との違い

　筆者が川崎市立看護短期大学で授業を受け持ったはじめての年は2010年度であった。遊び直しをテーマに授業を行い始めたのは2011年度からである。以下に記述する両年の違いは、あくまでも主観であるが、その違いについて考えてみたい。

　一言でいうと、上記の3つの効果の逆であった。つまり、グループがいつも同じになってしまい、そのメンバーでは盛り上がれるのに、メンバーの構成が変わるととたんに動きが悪くなってしまうということが多々みられた。

　また自分の得意な種目には積極的に参加するが、不得意な種目や、経験のない種目に関しては強い拒否反応を示す学生が多くいた。これは、学生の持つ「上手い下手で評価されがちなこれまで体育」の先入観を壊せなかったことや、幼い頃の遊び心を取り戻す手助けが十分でなかったことが原因だと考えられる。

　これらのことから授業の早期に、お互いをよく知り合い、柔らかな人間関係を構築するための「ウォーミングアップ・アクティビティ」を行い、勝ち負け、上手い下手の垣根を越えて仲間と協力して楽しむ「遊び直し」の活動を行うことは、非常に重要だと痛感した。

(3) 特に大きな変容が見られた3名の学生

　学生は授業に対して多かれ少なかれ何らかの不安を抱えていることは先

に述べたが、なかでも特に授業に対して不安を抱えていた特徴的な3名を挙げる。アクティビティや遊び直しが3名の学生にとってどのような効果があったのか、それぞれの学生が抱えていた不安と、その変化、そして最終的に体育に対する捉え方の変化をどう書き綴ったかをみてみる。

Aさん……1年次後期に休学した学生。学年が違う学生と本授業に参加することになり、皆とうまく付き合っていけるか強い不安を抱えていた。

　授業で最初に行ったレクリエーションをきっかけに、次第に笑顔が見られるようになり、周囲とうまく馴染んでいく様子が見て取れた。特に、大縄跳びでは、グループが目標回数を成功したときは、周りの学生みんなとハイタッチもしていて、学年の垣根を越えて、仲間と一体となる喜びを感じている様子がみられた。その後の授業ではグループの輪から外れることなく、授業を楽しんでいる様子が伝わってきた。授業の感想を次のように書いている。

「他学年と一緒だったので不安でいっぱいだったが、この授業で一緒に体を動かして楽しむことができた。特に最初に方にやったゲームでお互いを知ることができて、馴染むことができた。」

Bさん……運動が苦手で体育では嫌な思い出しかない学生。「スポーツができないこと」がトラウマになっている。体育の時間にいじめにあった経験があり、ボールに対して恐怖心があった。

　最初のうちはこちらから見ても「本当に体を動かすことが好きではないのだな」とわかるくらい、何をするのも億劫そうにしていた。しかし、授業を重ねるごとに少しずつ馴染んできたのか、ウォーミングアップ・アクティビティなどを笑顔で行うようになってきた。さらに、次第に周りからのサポートが大きくなったことで、球技などの種目もグループのメンバーに半ば強引に引っ張られる形ではあるものの、笑顔で参加するようになった。

最終的には「運動が苦手」というキャラクターが周囲に定着することで逆に人気者となり、後半に行ったフットサルではゴール前で仲間からパスを受けて、シュートを決め（偶然のようにも見えたが）、「生まれてはじめてシュートを決めた」と喜んでいた。感想を次のように綴っている。

　「体育は苦手で、楽しかった思い出がありませんでした。授業は『生涯スポーツ』ということで、楽しむのがメインというのも最初は半信半疑でした。しかし、いろいろなゲームなどを通して同級生と仲良くなれたり、無理せず運動できて、実際はとても楽しかったです。私はパスが来ても取れないし、飛んでくるボールもこわいので、パスとか来ないし、集中攻撃されてました。けど、先生は均等に機会を作ってくれて、周りのみんなもとりやすいパスや打てるボールなどを工夫してくれて、はじめて体育（スポーツ）を楽しいと思えました。」

Cさん……40代で主婦、育児をこなしながら学校に通っている学生。資格の必要性を感じ入学したが、この授業に対して体力面でも、また若い学生ばかりの中で授業についていけるか不安を抱いていた。
　実際には、ほとんどの種目を若い学生とともに行い、大縄跳び、馬跳び競争で途中少し休んだ程度であった。それでも少し休むと自ら率先して再び参加していた。特にバドミントン、卓球、ドッジボールは「小さい頃、よくやったんです」という本人の言葉通り、非常に上手で、周囲から喝采を浴びる場面もよく見られた。感想を次のように述べている。

　「この授業を通して、若い同級生と仲良くなれ、たくさんの刺激を受けました。特に懐かしい遊びは幼少期を思いだし、またおなじ遊びでも若い子たちと若干ルールが変わっていることなどは地域性や世代間の違いを感じながらも楽しむことができました。私は小児

科の看護師になりたいなと思っており、授業を通して行った様々な遊びはルールも簡単で、皆がすぐに打ち解けることができ、実際に子どもたちとやったら面白そうだなと思いました。ほかにもあのようなゲームがあったら教えて欲しいです。」

(4) 遊び直しの意味と意義

　実践を通して、あらためて遊ぶことの意味、またその意義について考えてみたい。まず、「遊び直し」は文字通り小さい頃に経験したであろう種目を、大人（本実践では大学生）になってもう一度体験することである。そしてその体験をこれまで行ってきた体育やスポーツ経験と照らし合わせ、小さい頃と比べどう感じ方が違ったのか、また、新たな気づきがあるかどうかを省察することである。したがって、この「遊び直し」の意義、またその効果を検証するには、省察をすることが非常に重要であるといえる。

① 大人になって遊ぶことの重要性

　学生はいわゆる学歴社会の中で、優劣や勝ち負け、また他者からの評価を敏感に、時には過剰に感じ取りながら成長してきた。その弊害として、不得意なことはなるべく避け、周囲から高い評価が得られるものばかりを選択するようになってきていると感じる。大人になって遊ぶことの意義は、活動を通して過去と現在を往復しながら、勝ち負けだけにこだわらずその物自体を楽しむという感覚を取り戻すことにあると思われる。

　学生からは「童心に返って単純に楽しめた」「昔やった遊びって楽しかったんだと改めて感じた。ただ童心に返るだけではなくて、今の楽しい時を大事にしようという気構えができた」「自分としては苦手だと思うことも、遊びの要素がたくさん入ることで、体を動かすことの楽しさや、面白さを発見できた」という感想があげられた。

　過去と現在を往復し、自分を相対化して見つめることで得られたこれらの学生の気づきは、「虚構と現実を自由に往還しながら全身で学ぶ」という、演劇的な要素を含んだ「遊び」から得られたものであると思われる。

②看護を目指す学生にとって「遊び直す」ことの重要性
　「遊び直し」の活動は看護を目指す学生にとってどんな意味があるのだろうか。
　1つ目は、活動を通して仲間と協力する楽しさの中から、協調性や対人関係能力を向上させることである。看護師は、医師をはじめ同僚の看護師と連携を図りながら、そして何より多くの患者と接しなくてはならない。「遊び直し」や「ウォーミングアップ・アクティビティ」はグループ活動が中心で、互いに話し合い、協力し合いながら進めていく。したがって、活動を通して、看護師に必要な資質を育成するのにおおいに役立つと思われる。
　次に、先の感想にもあったように「心から楽しむ」ことはストレスの緩和にもつながる。看護を目指す学生の授業は過密であり、また実習も多いため、非常にストレスフルな生活を送っている。これは実際に看護師になってからはより一層強まるのではないだろうか。しかし過密なスケジュールをこなす現実の世界にいながら、ある一時「子どもに頃に戻ったつもりで心から楽しむ」ことは、日頃のストレスから解放される貴重な時間であろう。また、こうした経験を積み重ねていくことは、勝ち負けや評価などにこだわらない自分に合ったスポーツや運動を見つける一助にもなるだろう。ある学生は「私は走るのは好きなのですが、足が遅いので、タイムを計るマラソンは嫌いでした。けれど今回タイムを気にせず走ってみて、あらためて走るのは気持ちいいなと感じました」と述べている。こうした経験は学生が余暇時間に自分のペースで体を動かしたり、仲間とスポーツをすることなどを促進し、ひいては学生のストレスマネジメント能力の向上にもつながっていくと思われる。

(5) まとめと今後の課題
①実践を通して感じたこと
　「遊び直し」の実践に用いている昔ながらのさまざまな種目やウォーミングアップ・アクティビティは、学生同士の物理的な距離、そして心理的な距離の両方に作用し、学生たちの交友関係を広げ、その密度を濃くして

いくのに役立つ。

　アクティビティや遊びの要素をふんだんに含んだ活動は、学生たちが自発的に身体活動を行い、他者と自然に関わることで、彼らの身体性の変容を促すきっかけとなる活動だと実感している。

②体育の授業以外でも可能なのではないか
　こうしたアクティビティや遊び直しは体育以外の教科でも効果を発揮するのではないかと思われる。今回おこなったアクティビティは体育の授業を前提として、主に身体の活動量の多いものを選択している。これらの他にも、教室でも行えるアクティビティは多数ある。(『学びへのウォーミングアップ　70の技法』　渡部淳＋獲得型教育研究会編：旬報社を参照)。たとえば「指相撲」や「あやとり」また「にらめっこ」などはペアで行う活動であり、椅子に座ったまま近くの生徒、学生と短時間で実践できるものはたくさん見つけることできる。こうした活動が頭を働かせるためのウォーミングアップとして教室でも行われることは、その後の活動によい影響を与えるのではないだろうか。

③小学校・中学校での実践
　今回は大学での実践を報告した。ではこれが、小学校や中学校で行われた場合はどのような効果が期待できるのであろうか。
　体育嫌いが増えるのはちょうどこの年代であり、また思春期を迎える子どもたちは男女を過剰に意識しやすい時期である。こうした時期に、ウォーミングアップ・アクティビティや遊びをふんだんに取り入れた授業を行うことの効果を検証していきたい。

④アクティビティや遊びの引きだしを増やす
　対象となる生徒、学生によって、授業の目的やねらいは当然異なってくる。目的やねらいに合致したアクティビティや遊びが選択されることで、より高い効果が期待できる。今後はもっと多くのアクティビティや遊びの実践を行い、ストックを増やして行きたい。

注

(1) ホイジンガ（高橋英夫訳）(1973)『ホモ・ルーデンス』中公文庫, 73.
(2) ロジェ・カイヨワ（多田道太郎・塚崎幹夫訳）(1990)『遊びと人間』講談社学術文庫, 40.

資料

【川崎市立看護短期大学の14回の授業プログラム】

第1回	授業ガイダンス
第2回	・ウォーク（空間を意識する）→①指で挨拶 　　　　　　　　　　　　　　②名前をいいながら握手 　　　　　　　　　　　　　　③ハイタッチ ・ジャンケン列車 ・列車オニ ・白身と黄身 ・大縄跳び（目標20回、2組で）
第3回	・ウォークで二人組を作る→柔軟体操 ・背中を合わせて立ち上がる（声あり、なし） ・白身と黄身 ・うちの猫しりませんか ・ニュースポーツ（フリスビー）
第4回	・ウォークで二人組を作る→柔軟体操 ・手押し相撲 ・人間知恵の輪 ・卓球とバスケットボール（ウォークで2組に分ける）
第5回	・ウォークで二人組を作る→柔軟体操 ・トラストゲーム（後ろに倒れる） ・だるまさんがころんだ ・バドミントンと卓球（ウォークで2組に分ける）
第6回	・ウォークで二人組を作る→柔軟体操 ・白身と黄身 ・ドッヂボール
第7回	・ウォークで二人組を作る→柔軟体操 ・手押し相撲 ・馬跳び競争（3チームで） ・バレーボール
第8回・第9回	ヨガ体験（外部講師を招聘しての授業）
第10回	フリスビー2回目（リクエスト）
第11回～第13回	学生たちが自分たちでグループを作り、好きな種目を話し合って行う
第14回	授業のまとめ

第3章

公開シンポジウム
「学びの身体を問い直す」
(2) コメント及び総括篇

1 「教室性」はいかに解体されたか
〜異文化間教育からのコメント〜

横田雅弘

　私が渡部淳先生とはじめてお会いしたのは、1980年代の終わり頃、元異文化間教育学会理事長で当時国際基督教大学（ICU）におられた星野命先生の下に集う「文化と人間の会」でのことだったように思う。ICU高校で教鞭をとられていた渡部先生が主催されたワークショップに参加させていただき、そのダイナミックな教育手法と考え方に感銘を受け、その後名著『教育における演劇的知』（2001）を読んで、これは紛れもない異文化間教育の実践であると確信した。2007年には、渡部先生にお願いして異文化間教育学会の第5回研修会「学びを全身化する方法——演劇的手法によるワークショップ」を獲得研の全面的な協力のもとで開いていただいた。獲得研は、その後も活発にセミナーやワークショップを開催されてきたが、今回私が異文化間教育学会の理事長を退任するこの大会において、同じ日本大学文理学部の会場で再び獲得研によるシンポジウムを開催していただけたことは、私にとってたいへん印象深く、この上ない幸せである。

1　問題意識

　今回、『学びの身体を問い直す』実践に異文化間教育からコメントするにあたって、私は後述する「教室性」の解体という観点から述べたいと思う。その前提として、最初に「異文化間」「教育」「学び」そして「教室」に関しての問題意識を2点述べたい。

　第1の点は、「異文化間」のやり取りには、使われる言語や社会的な背景の違いなど多様な要素がからまって、常に政治性や権力性の問題が、し

かもそれがそれと分からない形で入り込んでいるということである。そして、実は「教育」にも、教える側と教えられる側という暗黙の了解を教師と生徒が共有することによって、気づかないうちにこの政治性や権力性が受け入れられてしまうという現実があり、さらに、教育の内容そのものが往々にして文化的な規範を含んでいることによって、そこにも政治性や権力性の問題が含まれることが少なくない。今回発表された実践は、「国際」が関わる異文化間の状況ではないが、この問題は依然として「教室」のもつ重要な要素と考えている。

第2の点として、「学び」に関してコミュニティ心理学の祖とも言われるセイモア・サラセンが述べている次の指摘をあげたい(サラセン、1990)。サラセンは、学校を人間の能力が育まれたり損なわれたりしうる1つの社会場面とみなしていた。その学校での子どもたちの観察から、教室の活動の中には、子どもの好奇心に価値を置いたり、子どもの多様性を尊重するものがほとんどないことを見いだした。彼は、子どもが教室の外でより多くの好奇心を示したり、より早く学習することに気づいたのである。すなわち、「学び」は内発的な欲求(好奇心)やニーズのあるところで、それが妨げられない状況にあるときに最も生まれやすい。このように考えると、教室は学ぶために設定された場であると同時に、ある種の学びについては学び難い場でもあるという逆説的とも言える特性をもっている。この特性をここでは「教室性」と呼ぶ。

2 教室性を解体する2つの方法

さて、それでは教室は必然的にこのような特性(「教室性」)を持つものなのだろうか。本シンポジウムでも報告されたように、このような教室の中でも、生徒が多様な個性を認め合い、受入れ、そして創造的な学びを展開させていくために教師は数々の工夫を凝らしている。

教室性の解体には、前提として教師がこのような教室性に気づいていることが必要であるが、その上で授業の置かれた状況に応じて大きく分けると2つの方法があるのではないかと考える。1つは、生徒が実際に教室の

外に出て教室性を解体する試みであり、もう1つは教室の中にあって教室性を解体する試みである。本日の3つの発表は教室の中での実践であるから後者に該当するものであるが、初めに前者の概念から述べたい。

3 教室の外に出て教室性を解体する試み

　たとえば、外国人留学生に対する日本語教育の授業を日本で行うことを考えると、日本語教育が行われている教室の外には、日本語の実践の現場がある。そしてその現場にこそ、学生のリアルなニーズがある。そのリアルなニーズに重きを置いて授業を組み立てることはできないのだろうか。従来の教室における教育では、フィクションであるテキストから学び、それをどのようにして自分自身の生活の現場に適用するかは学生個々人に任されている。実際にはなかなか適用できないことが多い。しかし、学生が現場で体験してきたことを持ち寄り、互いにシェアしながら、助け合い、学び合い、必要に応じて教師のアドバイスをもらって主体的にその体験から学ぶこともできるのではないか。これによって、教室は生活の現場と直結する。これまでのように、授業が行われる教室に入ったとたんに自分自身のリアルな生活から離れ、マインドセットがリアリティのない、いわゆる勉強モードになってしまうことのないように組み立てるのである。当然のことながら、学生の個人的な体験は多様であるが、しかしそこには共通の課題も見いだされるであろう。学生は、その体験のもつ包括的な意味の中で、個々の日本語表現を位置づける。日本語力がまだ初歩的なケースでは、言葉というよりもむしろ写真や動画などのビジュアルな手段を駆使してその体験を表現するという活動になるかもしれない。

　言葉の学習は表現するという目的のために設定されるので、生き生きと表現されることが言葉の学習よりもさらに重要なこととみなされる。細川（2002）は、言語と文化の関係について非常に重要な指摘をしている。すなわち、文化は個人の外に存在するのではなく、個人が経験したものを「自分をくぐらせて」自分の言葉で表現することによりはじめて他者にも理解され得る1つの個の「文化論」となって存在することになるというのであ

る。この表現された「文化論」に対して、また新たな解釈（文化論）が他者によってもたらされ、それが対話となる。対話の重要性は日本の学校教育の分野でもしばしば指摘されてきたところであるが（多田、2006など）、米国では、2000年代から反転授業というやり方が急速に広がってきたという（朝日新聞、2013年9月24日）。それは、これまで教室では先生が生徒に一方的に講義をしてきたが、実は生徒の主体的な表現に重きを置いた対話こそが学びを引き出すのではないかという考え方に根ざしている。講義（先生の話）は録画したものをiPadなどを利用して自宅で見て、授業では生徒の質問やディスカッションが展開される。高等教育においても、2012年8月に開催された異文化間教育学会の大会特別講演で、異文化コミュニケーションの大家の1人であるジョン・コンドン教授は、今の米国の大学教員の役割は、講義をすることよりも学生同士のピア・ラーニングを促進することに大きく比重が変わってきたと述べた。ここでは大学の教室も、学生が自ら主体的に持ち寄る課題を互いにシェアし、ディスカッションを通して探求する場なのである。

　さて、先の日本語教育の授業では、留学生が生活現場で発見してきた課題が、今度は教室の中で仲間に日本語で語り、解決への道が模索される営みとなる。それは単に体験の回想ではなく、自分にとって大切な課題解決の営みであると同時に、少しアカデミックに分析を行う新たな学問的体験でもあろう。このような教育実践は、リアリティを失ったテキストの仮想世界ではなく、生活実践とつながったリアルな学びの場の一部となる。

（留学生が街に出て日本語力をつけた事例）
　ここで、筆者が目の当たりにした留学生の日本語習得の事例を1つ紹介したい。筆者は、国や民族に関わる「国際」という枠組みだけでなく、世代や地域での役割、ジェンダーや性的指向性など国内的にもさまざまな「文化際」的多様性にあふれる場としてのまちに興味を持っている。すなわち、学生が年齢も背景も多様な人々と具体的なニーズに基づいたまちづくり活動に参加することが、異文化間教育の1つの実践になるのではないかと考えている。その一環として、一橋大学に在籍していた頃に国立市の

行政や市民と協力して「まちづくり」という授業を開講していた。その活動では、学生はまちに出て1人の市民として責任をもってまちの活動に参加する。その活動は自転車共有実験から音楽祭の開催、留学生の小学校派遣や商店街活性化の活動と幅広いものであったが、ここではその中から現在まで続く国立の富士見台団地商店街での店舗経営の実践での一事例を紹介したい（KF書籍化プロジェクト、2012）。それは、経営していた4つの店舗の中の1つであるコミュニティカフェ「ここたの」（「ここに来ると楽しい」を意味する）に日本語のおぼつかない交換留学生が2人参加したことに始まった。当初、彼らは日本語が不自由であるためにお客さんへの対応が難しかったので、キッチンの皿洗いを担当することになった。しかし、国立在住の陶芸家が作ってくれたコーヒーカップが割れやすく、乾燥させるための籠にうまく置くことができないなど、皿洗いの実践からさまざまな問題解決のニーズが発生したのである。彼らは、その解決の必要に迫られて、市民と学生が日常的に行う店舗スタッフの会議で身振り手振りを交えて発言し、次第にお客さんにも知られる存在になり、ランチメニューに母国のエスニック料理を出すまでになっていく。この経験を通して、彼らの日本語力は飛躍的に向上していったのである。これは、1つには、完全な日本語イマージョンの環境、すなわち、すべてが日本語で、しかも現場のニーズが関係者全員にとって差し迫るものであるために、なんとかコミュニケーションを取らざるを得ない環境であることから起こったことであろう。また、彼ら2人の留学生が、皿洗いという責任を担って割り振られた入門者の仕事現場に参加したところからスタートし、より複雑でコミュニケーションを必要とする次の仕事へと階段を昇っていく徒弟制度のようなプロセスで学習していった経過だとみることができる。それはまさに正統的周辺参加（レイヴ&ウェンガー、1993）の理論が当てはまる事例であった。

　この事例は、授業として行われたものではないが、学生が物理的な教室を出て、しかるべき活動に従事し、それを教室に持ち帰って分析的に学んでいくことの総体をカリキュラムとして想定し、必要なコーディネーションを地域と連携して展開することは、主体的な学びを育む1つの方法として可能であろう。

4 教室の中で教室性を解体する試み
〜本日の実践報告へのコメント〜

　教室の外と中をつなぐ上記の試みと同様の意図をもつカリキュラムは、教室の中に外の世界（あるいは物語の世界）を持ち込んだり、生徒の真摯な自己開示によって教室が内側から解体する演出によっても実現する。

(1) 宮崎充治の実践「ドラマワークで物語を読み、ひらき、つながる」

　桐朋小学校の4年生に実施した宮崎充治の実践は、まさに教室の中に物語の世界を持ち込み、教室が物語世界と二重構造になって、さらにその物語が「ゴッコ遊び」の形で展開されることで、「その遊びの感覚が子どもたちの感性、知性が働きやすい条件をつくる」(宮崎、2013)ことに成功している。先に紹介したサラセンの観察と問題点の指摘を具体的な教育実践の中で解決していく取り組みであると言えよう。宮崎は、子どもたちは「それぞれに異なった文化背景を背負って学校に来ている」のであり、「教室はそれらの文化が交錯し、衝突し、融合する場所」だとみている。そしてそういった異文化間の教育の場では、これまで学校教育において大きな位置を占めてきた「読む」、「書く」といった「文字の文化」（リテラシー）だけでなく、もっと身体感覚そのものや身体にベースを置く「声の文化」（オラリティー）を扱わねばならないと述べている。この観点からすれば、ドラマ技法はまさに「声の文化」を導入する優れた方法であろう。また、宮崎は「子どもたちを見ていると、『言葉による表現』あるいは『身体による表現』『ものによる表現』など、その子、その子にとってとくいなものがある。それらのモードを駆使していくことは子どもたちのコミュニケーション・チャンネルを増やすことでもある」と述べている。この指摘は、渡部 (2001) の言う「全身的な学び」と「共同的な学び」への子どもたちの開放であり、藤井洋武がシンポジウムで述べた「上手い下手で評価されない」環境をつくり、自分なりのやり方で表現すればよいというスタンスにもつながっているだろう。

　宮崎の実践の発表で、筆者が特に感心したのは、教師もまた持ち込まれ

たドラマの登場人物の1人として迫真の演技を見せるティーチャー・イン・ロールの一幕であった。「隣の村まで戦争が来ている！」と緊迫感のある声で演じる宮崎は、子どもたちをリアルなドラマ世界に誘い、「教室」における「勉強」に身体化された子どもたちのスタンス（マインドセット）をある種のエネルギーをもって解き放っている。この教師の実践は、教師がリードしてドラマを「本物」にした瞬間であり、まさに教室性を解体する教師の力である。その意味では、ドラマの演技者・出演者（もちろん演出家・監督でもある）としての教師には一定の力量が求められるであろう。教師教育の中にこのような力量を養うプログラムが組み込まれてもよいのではないかと思われる。

(2) 小松理津子の実践「こころとからだをひらく教育実践」

　秋田県立秋田明徳館高等学校定時制の家庭科教員である小松理津子は、家庭科という科目の狙いを「生活をマネジメントする力、すなわち主体的に生活を創っていける力を養い、生徒が自ら学ぶ力・実践する力を身につけさせる」（小松、2013）ことであると述べている。そして、やんちゃで扱いにくく、学力も低いと言われ、定時制であるということで下に見られることの多いこの学校の生徒の中に眠る素晴らしい個性を引き出し、彼らの表現欲求にしっかりとした場を与えたいという強い想いをもってこの実践を行っている。この強い想いにぴったりと当てはまったのが獲得研のあかり座との出会いであり、学校の演劇部顧問としての活動であった。

　報告された児童虐待をテーマとした絵本『ぼく　あいにきたよ』（明川、2005）の読み聞かせは重く、多様な背景をもつ生徒の多い定時制高校では、実際に当事者経験のある生徒もいる。今回の実践で絵本の読み手となった演劇部部長の学生もその当事者経験をもっており、読み聞かせの後のグループの話し合いで、自分も虐待を受けていたと自己開示する。もちろん、そのような自己開示は生徒の主体的な意思によって行われるのであり、教師はそれがなされうる場を提供するだけである。この実践では、導入部に子ども時代を思い出す楽しいアクティビティが配置されている。教師は、子ども時代の経験が必ずしも楽しいものではないことを知りつつも、その

中に楽しい想い出もあることに気づかせ、そこを入口としてできるだけソフトに時間を遡らせる。続いて絵本の読み聞かせによって教室に物語の世界を持ち込む。しかし、それは物語の世界でありながら、児童虐待という生徒の世代に近い深刻なテーマであり、生徒によっては当事者性も高い。彼らは自らの問題としてこのテーマに浸ることになる。この実践では、日ごろから演劇部の活動を通して関わりのある演劇部部長の学生が自らの虐待経験を語り始めている。この語りによって、教師も「教師」という立場だけでいるわけにはいかなくなる。教師と生徒という立場から離れて、1人の人間として相対することになる。来談者中心のカウンセリングで著名なカール・ロジャーズは、教師が生徒の前で1人の人間として真実であるときに、生徒はその空間があるがままの自分になってよい場であると感じとり、語り始めるという。教師はカウンセラーではないけれども、生徒の語りを尊重し、その語りから生徒の内面を理解していくことが求められると述べているのである（ロジャーズ、1983）。この展開によって教室性は一時的に解体され、教員も生徒もその立場を超えて人間同士の語り（自己表現・自己開示）が行われる空間となる。

　しかしながら、そこが実際には教室であり、決められた時間で終了する授業であるとすれば、このような開示を自由に展開させるわけにはいかない。語りは、それがリアルであればあるほど、教師が意図するところを超えてグループ・セラピー的なプロセスになってしまう可能性がある。インパクトが大きいことはうまくいったことの証でもあるが、そこに居合わせる生徒たちの自己開示は簡単にはコントロールできない。1人の自己開示が周囲の開示を連鎖的に生みだす場合もある。教師はいつもこの場の変化に気づき、自分の扱える範囲を知り、安全に着地させるスキルを磨かねばならないだろう。小松はこの実践の最後に、『1年1組　せんせいあのね』（鹿島・灰谷、1981）という小学校1年生が書いた詩を用いてほっとする時間を配置し、その場をもう一度学校の「教室」に戻す「儀式」を行っている。これは非常に重要なプロセスであろう。

　ここで紹介された実践は定時制高校という場で展開されたものであり、先に述べたように、小松もこの授業の目的をいわゆる学力の伸長に置いて

いるわけではない。だからこそこのような授業ができるのだと考えるかもしれないが、実のところ、皆と同じであることが暗黙のうちに求められている現在の普通高校の現場でも、というよりもむしろそうであるからこそ、ありのままの自分自身でいること、多様であってよいことを受け入れられる場（授業）が必要なのである。定時制高校は多様であることを受け入れなければ成り立ち得ない場であるが、そのことを肯定的かつ積極的に生かしていこうとする定時制高校の教育実践は、これからの全ての教育に求められる先駆的な試みとも言えるのではないだろうか。

(3) 藤井洋武の実践「大学体育で学び直す」

　藤井洋武の実践は、四年制大学・看護短期大学の体育実技の授業で行われたものである。藤井（2013）は、「現在多くの大学では体育実技は選択科目となっており、……（中略）……『大学での体育は必要なのか』という議論が今日でもなされている。したがって体育を行うにあたっては、単に球技などのスポーツを行うだけではなく、また健康増進に関わる知識を教えるだけでもない『身体的なアプローチによる教育活動』や『体育・スポーツの枠内に留まらない活動』という視野をもって授業を展開することが求められている」と述べ、そこに「遊び直し」というテーマを据えて実践を行っている。筆者は、このような大学における体育の事情を知らなかったが、実はそれが体育実技であることには大変重要な意味があると思われる。それは、体育が身体を動かして体と心を解き放つという側面を持つと同時に、身体化というプロセスをもって感覚を身体に閉じ込めるという側面も持っているからである。斉藤（1997）は、偏見と差別の身体化を論じた「半歩踏み出す身振りの技化」というちょっと変わったタイトルの論文の中で、その論文を書くに至った経緯について自分自身の経験したある体育の授業でのエピソードを（なんと実名で）次のように述べている。少し長いが引用する。

　　「高校時代のある日、体育の授業の終わりの集合時間に、たしか増本というクラスメートが一人だけ姿を現さず、みんなで整列した

まま5分ほど待ったことがあった。そして、彼があわてながら集団に加わったときに、野島という野球部の監督をしていた体育教師は、苦々しい口調で、『おい、みんなを見てみろ。みんなおまえ一人を待ってたんだぞ。おまえのおかげでみんな早く帰れなくて大迷惑したんだぞ。なあ、そうだろ、おまえら。みんなへのつぐないとして、5分×50人分、一人でグラウンドに立ってろ。では、解散。』と命令した。僕たちは、とまどいながらも、一人欠け、二人欠け、というようにして、結局は、全員が彼をグラウンドに残したまま教室へと戻ってきてしまった。増本がその後どうしたのか、今は思い出せない。わかっているのは、あの時、僕らは増本をたしかに見捨てたということだ。彼に同情はしていたが、僕らは何もしなかった。何もしないということで、野島をサポートしたのだった。それから二、三年たったある日、ふとその事件を思い出し、無性に腹立たしくなった。教師の権力的な振舞いに対して全面的な抗議をすることができなかったとしても、なぜ、あの時、せめて、『俺は増本を5分待ったのをなんとも思ってないから、俺の5分は引いてくれ。』と言えなかったのか。僕がそう言えば、他のやつらもその流れに乗ってきただろう。みんなあの教師のやり口には、常日頃から批判的だったのだから。しかし、現実には、半歩踏み出すどころか、野島が与えた、仲間を見捨てることの訓練に参加し、彼を残して引き揚げるという行動によって、仲間を見捨てるとはどうすることなのかということを体で学んでしまったのだ。」

　斉藤は、偏見と差別は身体化してしまっているのであり、いざ差別の状況が目の前に現れたときに何もできずに傍観してしまう「傍観する身体」を脱身体化するためには、新たな体験に基づく訓練が必要であるという。
　さて、現代の体育実技に求められている「身体的なアプローチによる教育活動」の教育の内容とはどのようなものだろうか。本実践において、藤井（2013）はこの「遊び直し」が「管理されることに慣れ、与えられたものをこなすことを繰り返し、また運動やスポーツを『上手い下手』で評価

されることで『受身の身体』になってしまっている大学生の身体を解きほぐし、仲間との協力や競争を楽しみ、上手い下手の垣根にとらわれず積極的にチャレンジしていく身体性を育む」ものであり、社会に出る直前の学生たちにとって重要なことだと述べている。この現代の教育が子どもたちの体に閉じ込めてしまった「受身の身体」を身も心も解きほぐすことこそ、体育実技に求められるどころか、現代の学校教育への1つのアンチテーゼであるようにさえ思える。

　藤井は、体育実技の初めに自由な遊びに近いワークをいろいろと用意して、授業外の日常生活場面と授業をつなぎ、教室性の解体を行っている。しかも、そこには単に過去に楽しんだことのある遊びという要素だけではなく、「上手い下手」で評価されない活動のもつ楽しさを示唆するという重要な要素がある。模範となる形を示すことは、うまくできるとはどういうことかというイメージを具体的に提示してそこに向かって努力する姿勢を作り出す。これはもちろんその形に向かわせるためには有効な方法であろう。しかし、その方向に向かわせることがそもそも本当に良いことなのかと疑問を呈したり、あるいは全員がその1つの方向に向かうべきなのかと疑うことも必要である。レイヴとウェンガー（1993）は、正しい実践はかくあるべしという指示的教育は、「正しい」実践の要求に従うことを促し、実際に学生の生活現場で進行している実践への参加を先取りして、本来ならばその学生がとっていたかもしれない個性的な実践とは異なる実践を生み出してしまう可能性があると指摘している。

　一方で、彼らは学習のカリキュラムと教育のカリキュラムとは区別せざるを得ないとも述べている。なぜなら、学習のカリキュラムは学習者の視点から見た日常生活における資源が置かれている場であるが、教育のカリキュラムは新参者を教育するために構成されている全く別のものだからだというのである。しかしながら筆者は、このように2つの場を別のものと区別せずに、できるかぎり重ね合わせた新たな場の創造こそがこれからの教育に求められているのでないかと考える。その方法論として、また背景となる教育の考え方に関して、今回のシンポジウムは大きな示唆を与えてくれるものであった。

引用・参考文献

明川哲也（2005）『ぼく　あいにきたよ』文藝春秋．

朝日新聞，2013年9月24日（朝刊）．

鹿島和夫・灰谷健次郎（1981）『一年一組せんせいあのね〜詩とカメラの学級ドキュメント〜』理論社．

KF書籍化プロジェクト（2012）『学生まちづくらーの奇跡』林大樹・横田雅弘監著，菱沼勇介・田中えり子編著，学文社．

小松理津子（2013）「こころと身体をひらく教育実践」シンポジウムのための未発表資料．

斉藤孝（1997）「半歩踏み出す身振りの技化」栗原彬『講座 差別の社会学4　共生の方へ』弘文堂．

ジーン・レイヴ，エティエンヌ・ウェンガー（1993）『状況に埋め込まれた学習〜正統的周辺参加〜』佐伯胖訳，産業図書．

多田孝志（2006）『対話力を育てる〜「共創型対話」が拓く地球時代のコミュニケーション〜』教育出版．

藤井洋武（2013）「大学での学びと身体性」シンポジウムのための未発表資料．

細川英雄（2002）『日本語教育は何をめざすか』．

宮崎充治（2013）「身体を使って物語を読み、ひらき、つながる」シンポジウムのための未発表資料．

渡部淳（2001）『教育における演劇的知』柏書房．

Rogers, C.R.（1983）Freedom to Learn for the 80's, E.Merril Pub.（邦訳　友田不二男監訳（1984）『新・創造への教育1　自由の教室』，伊藤博監訳（1985）『新・創造への教育2　人間中心の教師』，友田不二男監訳（1985）『新・創造への教育3　教育への挑戦』岩崎学術出版社）．

Sarason, Seymour,（1990）"A celebration of the Man and His Ideas", American Journal of Community Psychology, 18（3）．

2 プロセスとしての表現　教育方法学の視点から

渡辺貴裕

1 教育方法学とはどんな学問か

　「学びの身体を問い直す」というテーマのもと、宮崎、小松、藤井の三氏から実践報告が提供された。それらを教育方法学の視点からどのように読み解くことができるだろうか。

　まず、教育方法学とはどんな学問分野なのかについて述べておこう。

　教育方法学とは、文字通り、教育の方法を扱う分野である。授業のやり方、カリキュラムの組み立て方、教師に必要な力量とその形成の仕方…。ここで教育方法学の学問分野としての特徴を2点指摘することができる。

　1つ目は、国語科教育、理科教育などのように、特定の教科や領域に限定されたものではなく、また、小学校教育、中学校教育などのように、学校段階によって分けられたものでもないということである。教育方法学では、それぞれの特性の違いは考慮するにせよ、教科や領域、学校段階の区分を超えた、授業（あるいは他の教育活動）一般に通用する原理や法則があると考えるのである。一見まったく異なるように見える授業、例えば、国語の物語の朗読と体育のマット運動との間に、共通する原理・法則を見いだすのである。

　2つ目は、教育実践への直接的な寄与を志向するということである。「方法」を掲げるというのはつまり「いかにして行うか」という具体的な問題意識を常に持っているということである。もちろん、教育哲学、教育社会学、教育心理学などの他の教育学分野も、最終的には教育実践への寄与を目指しているといえるかもしれない。しかし、教育方法学の場合は、より直接的にそれを志向する。困難を抱えている教師、困難を抱えている

子どもを前に何ができるかが問われる学問分野なのである。

2　「ドラマ」を用いる授業形態

　それでは今回の3つの実践報告について見ていくことにしよう。

　3つの実践は、扱っている教科は、国語、家庭科、体育と異なり、また、学校段階も、小学校、高等学校、短期大学と異なる。しかし、授業形態という点からは、共通するものがある。それは、身体を使って架空の世界（虚構）を生みだしそこでふるまう活動を含んでいることである。本書で「ドラマ」と呼ぶものである。

　例えば、宮崎実践において、教室はもちろん実際にはアフガニスタンのバザールではない。しかしそこがアフガニスタンのバザールへと変容し、子どもたちは戦争に翻弄される村人たちになる。小松実践の場合、もちろん実際には、虐待を受けて亡くなってしまった子どもと言葉を交わすことなどできない。しかし小松氏の授業では、亡くなった子どもとの対話が行われる。藤井実践の場合、もちろん実際には大学生は列車でもなければ黄身でもない。しかし、「列車オニ」「白身と黄身」といった活動のなかでは、そうした見立てのもとで遊ぶことになる（これは単なるゲームのルール上の呼称ともとれるが、藤井氏の「たまには黄身が2つある卵もあるよね」と言ってあぶれた学生を「白身」の中に入れるという働きかけは、この見立てを活かすものである）。

　「ドラマ」を用いた授業に関して、従来の授業形態と比較した際に特徴的であるのは、身体を使って架空の世界を生み出しているということ、つまり身体性を基盤とした虚構性である。

　授業形態として、これまでさまざまなものが存在してきた。最もオーソドックスなものとして人々が思い浮かべるのは、教師が話し、生徒が聞き取ったり答えたりするという形であろう（図3-2-1a）。講義形式あるいはチョーク＆トークと呼ばれるものである。言葉による説明や問いかけによって授業が進み、コミュニケーションは教師－生徒間に限られる。この形態において抜け落ちる要素を取り戻すため、各種の授業形態が開発されてきた。まず、言葉のやりとりに限らず視覚や聴覚などの感覚も使って学

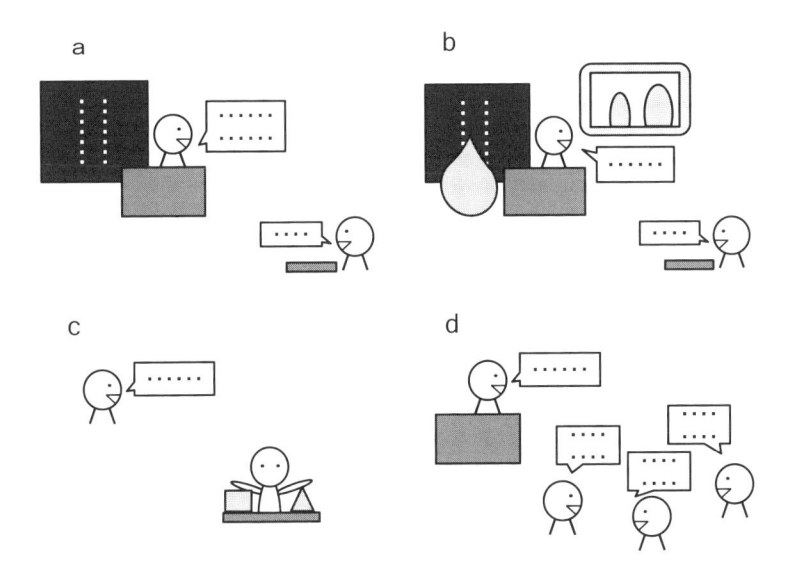

第3章　公開シンポジウム「学びの身体を問い直す」(2)　コメント及び総括篇　　111

図3-2-1

べるように、実物や視聴覚機器を活用するというものがある（図3-2-1b）。また、体験を通して学べるように、実際に手足を動かす活動を活用するというものもある（図3-2-1c）。さらに、生徒同士のかかわり合いから学べるように、クラス全体での話し合いやグループワークなどを活用するというものがある（図3-2-1d）[1]。

　「ドラマ」を用いる授業形態は、視聴覚などの感覚を活かすという点ではbと、実際に身体を動かすという点ではcと、生徒同士のかかわり合いを用いるという点ではdと共通している。しかし、身体を使って架空の世界を作り出しそのなかでかかわり合うという点は、「ドラマ」ならではである（図3-2-2）。

　この特徴により、「ドラマ」を用いる授業形態には次の2つの強みがあると考えられる。

　1つ目は、現実の自分から離れたものや縁遠いものを、自分の感覚を働かせながら探求することができるということである。現実とは異なる架空の世界を生み出し、その世界を経験することを通して、物語の世界やある

図 3-2-2

問題の状況などを探求できるのである。宮崎実践では、「せかいいちうつくしいぼくの村」の物語の世界（また、内戦下のアフガニスタンの世界）を探求するし、小松実践では、被虐待児童を取り巻く状況を探求する。

　2つ目は、安全な空間でそれを行えるということである。「ドラマ」によって生み出されるのは、あくまでも架空の世界である。そのため、現実にはなしえないようなさまざまな試行や挑戦をそこで行うことができる。例えば、小松実践において、虐待を黙認していた「おかあさん」役の生徒は、「どうして自分の子どもをかばおうとしなかったの？」などの質問を浴びたホット・シーティングに関して、「まるで自分が実際に体験して責められているようで辛かった」と感想を述べている。こうした問いについて考えることは、児童虐待の問題に迫るうえで重要であろう。しかし、もしこれが、現実に誰かを責めるようなものであれば当人は到底耐えられないし、質問する側もそもそもそんな質問をぶつけないだろう。虚構という仕掛けによって守られながら、ある状況に関して安全に探求を行っているのである[2]。また、藤井実践の「白身と黄身」において、藤井氏は、2組の「白身」のなかの1人がペアを「裏切って黄身になる」ときに、「もっ

とも盛り上がり、もっとも笑いが起こる」と述べている。「裏切り」をこのように笑って楽しめるのは、これが架空の世界の出来事だからである。安全な環境だからこそ、現実には体験したくないものの人間社会の確かな一側面である「裏切り」を楽しむことができるのである。

3　2つのタイプの表現

　もっとも、ここで次のような疑問の声があがるかもしれない。今までにも、演じたり身体を使って表現したりする活動はあったではないか、というものである。確かにその通りである。国語科の物語文、社会科の歴史、総合的な学習の時間の発表などにおいて、「動作化」や「劇化」、「表現活動」などと呼ばれる活動が行われてきた。「○○の気持ちを考えて、音読のしかたを工夫して読んでみましょう」「身ぶりをつけて表現してみましょう」「○○の出来事の表現の仕方を考えて発表しましょう」といったものである。こうした活動とはいったい何が違うのだろうか。

　その違いは、背景にある表現観にある。従来の活動は、次のようなモデルの表現観に適合するものが多かった。「プロダクトとしての表現」と呼びうるモデルである[3]。

　「プロダクトとしての表現」のモデルでは、あらかじめ頭で考えておいたことを身体や声を使って外に表す、という発想に立つ。例えば、物語文の授業の場合、ある場面の情景およびそこでの登場人物の心情に関して、まず「読み取り」を済ませ、解釈した内容の表し方（声や表情や身振りなどの使い方）を考え、それを実行してみせるといったようにである。先ほど挙げた「○○の気持ちを考えて、音読のしかたを工夫して読んでみましょう」という指示の仕方にはまさにこの発想が表れている。ここで表現として求められているのは、解釈した結果を形に表したものであり、いわば完成品（プロダクト）が求められているのだといえる。

　一方、今回の3つの実践における「ドラマ」の活動はこれとは異なる。いずれにおいても、解釈した結果としての表現は求められていない。むしろ、表現を行うことを通して解釈を深めたり楽しみを見いだしたりするこ

とが求められている。

　宮崎実践の場合で見てみよう。例えば、「パグマンの村」の「音や声」を作る活動。子どもたちはここで、どんな音や声が聞こえてきそうか、あらかじめ考えて書き込むという活動を先に行ってはいる。しかし、この時点で個々の子どもたちが想像していたのは個別の音や声であって、必ずしも「パグマンの村」全体の状況ではないだろう。そこで「サウンドスケープ」の活動を行い、それぞれが考えた音を重ね合わせていく。「タタンタタン、タタンタタン」という「馬のひづめの音」を聞きながら、「小川の音」や「風の音」、会話を重ねていくことで、村全体の様子が浮かびあがってくる。誰かが出す音を聞いてそれに触発されて新たな音を出すこともあるだろう。こうして表現をしながら「パグマンの村」へのイメージを広げていく。また、「村に戦争がやってくる」場面。子どもたちは「村人」としてグループごとに「家族」になっている。そこに教師が「兵士」としてやってきて、「村人」たちに決断を迫る。ここでも、この状況を見事に演じることが目的にはなっていない。完成品を演じさせることが目的であれば、もっと時間をかけ、リハーサルを行い、というやり方をとるだろう。そうではなく、ここでは、「ここの一家はどうするんだ？」「たたかうなんて簡単にいえるのか？女はどうする？」と次々に質問を投げかけやりとりを行うことで、切迫した状況、戦争に翻弄される状況を経験させ、この状況へのイメージをもたせようとしている。架空の世界のなかで動いてみることを通して理解を深めていく。

　こうした活動は、従来の活動の場合に多かった「プロダクトとしての表現」のモデルでは捉えられない。動いたり声を出したりした結果ではなく、動いたり声を出したりする過程（プロセス）そのものに重きが置かれているという意味で、これを「プロセスとしての表現」のモデルと呼ぶことにしよう。

　2つのモデルの間には、他にも違いがある。まず、演じることによって生み出される架空の世界をどのようなものとしてみなすかが異なる。「プロダクトとしての表現」では、架空の世界は、さまざまなやり方で表現してみせる対象であって、その世界を生徒が経験するということは想定され

表 3-2-1

プロダクトとしての表現		プロセスとしての表現
あらかじめ頭で考えておいたことを身体や声を使って表す	活動の捉え方	動きながら感じ、それによって次の行動が引き起こされる
理解が表現を一方的に規定	理解と表現の関係	表現が理解を促し、理解が表現を促すという相互循環
「完成品」がしばしば求められる	求められる表現	「完成品」は必ずしも求められない
架空の世界を自分の感覚を働かせて経験しない	架空の世界	架空の世界を自分の感覚を働かせて経験する
身体はコントロールの対象	身体の捉え方	身体は架空の世界を感じその世界を生み出す媒体
	イメージ図	

ていない。一方、「プロセスとしての表現」では、生徒は、自分の感覚を働かせて架空の世界の出来事を経験することになる。また、身体の捉え方も異なる。「プロダクトとしての表現」では、身体は、頭で考えたことに基づいてコントロールする対象である。身体を動かすのである。一方、「プロセスとしての表現」では、身体は、架空の世界を感じその世界を生み出す媒体となる。身体で感じ作り出すのである。これらの違いをまとめたものが表3-2-1である。

すでに述べたように、従来の「動作化」や「劇化」「表現活動」の場合、「プロダクトとしての表現」のモデルに該当するものになっていることが多かった。表現する、演じるとはそういうことなのだという思い込みが広く行き渡っているのである。しかし、本来身体がもっている可能性はそれにとどまらない。今回の3つの実践は、新たな身体の可能性、架空の世界を感じその世界を生み出す媒体としての身体にチャレンジしようとするものであった。

こうした「プロセスとしての表現」のモデルにあてはまる実践は日本に

おいてもこれまでにも存在した。鳥山敏子の「なってみる」授業などである[4]。しかし、どのようにして「プロセスとしての表現」を実現することができるのかのノウハウが共有可能な形で蓄積されてきたわけではなかった。

4 「プロセスとしての表現」を可能にするための仕掛け

「プロセスとしての表現」を実現し、理解の深化に結びつくような「ドラマ」の活動は、どのようにすれば行えるのか。そのための仕掛けが、イギリスのドラマ教育においては、ドラマの「技法」(convention)として蓄積されてきた。日本の教育現場においても、そうした「技法」の活用を図る試みが行われてきている[5]。

今回の宮崎実践、小松実践は、まさにそうした「技法」を活用してあるテーマを探求する授業を行ったものである。宮崎実践では、「サウンドスケープ」「ティーチャー・イン・ロール」「フリーズ・フレーム」など、小松実践では、「ホット・シーティング」「フリーズ・フレーム」などの「技法」を用いている。

「技法」の1つ、「ホット・シーティング」を取りあげて、「技法」の働きや注意点についてさらに掘り下げて見てみることにしよう。

「ホット・シーティング」は、誰かが役になって椅子（「ホットシート」と呼ばれる）に座って質問を受け付け、出された質問に対して役の状態で答えるという「技法」である。質問する側は、何らかの役になる場合とならない場合とがある。

小松実践において、「ホット・シーティング」は、「おじさん」から虐待を受けて亡くなった「ぼく」、その虐待を止められずに息子の「ぼく」を死なせてしまった「おかあさん」の2人が「ホットシート」に座る形で行われている。（「おかあさん」へ）「どうしておじさんを止めようとしなかったの？」「止めたかったけど、自分も嫌われたくなかったから」、（「ぼく」へ）「どうしておかあさんを責めなかったの？」「……ぼくの、おかあさんだから」などのやりとりが生まれ、被虐待児童が置かれている状況への想

像が広げられている。

　このように「ホット・シーティング」では、ある役になっている人への質問とそれへの応答というやりとりによって、その役のキャラクターや取り巻く状況について想像を広げていくことができる。決めておいた事柄をやってみせるのではなく、架空の世界でふるまいながら理解を深めていくという点で、まさに「プロセスとしての表現」を可能にするための仕掛けである。

　ここで、わざわざこのようなことをしなくても「普通に」話し合えばよい、つまり、児童虐待の例であれば、「『おかあさん』に関して何か疑問に感じたことなどありますか？」「どうして『おかあさん』は『おじさん』を止めようとしなかったのでしょう？」といった問いをもとにして話し合いをしても同じであると考える人がいるかもしれない。しかし、それは違う。自分が質問をすれば答えてくれる人が目の前に座っているという状況が持つ力は強い。目の前に答えてくれる相手がいるからこそ質問を出しやすくなるし、他の人の質問に触発されて自分も質問を出すこともできる。例えるならば、「イチロー選手が電子メールで質問に答えてくれるそうですのでみんなで質問を考えましょう」という場合よりも、目の前にイチロー選手が座っていて「何か僕に聞きたいことがありますか？」と言っている場合のほうが思考が強烈にかき立てられるであろうのと同じである。「ホット・シーティング」はそうした状況を擬似的に生み出すのである。

　ただし、「ホット・シーティング」を使えば自動的に「プロセスとしての表現」が達成され、理解が深まっていくというわけではない。筆者が見聞きしてきた範囲で言えば、むしろ日本の学校で「ホット・シーティング」の活用を試みた事例では、うまくいっていないものが多い。

　それはなぜか。たいていの場合、教師が、話し手の子ども（「ホットシート」に座って役の状態で質問に答える子ども）に「上手に」あるいは「正しく」演じさせようとしてしまうからである。そうなると、話し手の子どもは質問に答えることを負担に感じるようになり、やりとりが停滞してしまう。出される質問に即興的に役の状態で適切に答えるなどというのはプロの役者であっても手強い課題であり、そこに焦点を当てたら行き詰まるのは当

然である。「プロセスとしての表現」を可能にするための仕掛けであるはずの「ホット・シーティング」においても「上手に」「正しく」演技することを求めてしまう傾向からは、学校現場における「プロダクトとしての表現」という表現観の強固さがうかがえる。

　それでは、活動を効果的に行うためには、教師は何に配慮すればよいのだろうか。

　「ホット・シーティング」は、先に見たように、架空のインタビューという状況によって問いを引き出し、考えを深めていくためのきっかけをつくることができるという点にポイントがある。したがって、話し手の側がうまく質問に答えられなくてもよい。「誰か交代できる人いる？」と別の子どもにその役を挑戦させてみてもよいし（あるいはもともと複数名で1つの役をやらせてもよいし）、「後でみんなで考えてみましょう」と質問を学習の材料として残しておいてもよい。

　また、問いの喚起という点にポイントがある以上、話し手を教師が務めるという選択肢もある。実は宮崎実践においてその形が登場している。宮崎氏が「片足の男（戦傷者）」となって現れ、「ヤモ」役の子どもたちから質問を受ける活動である。子どもたち（「ヤモ」）から「どこで、片足をなくしたんですか」「家族はどこにいるんですか」などの質問が出され、教師（「片足の男」）との間でやりとりが行われた。

　以上のような「ホット・シーティング」に関する状況からは、「技法」をめぐっての注意点が浮かびあがってくる。それは、たとえある「技法」を用いるとしても、その手順を機械的に適用すればそれでその持ち味を発揮できるとは限らないということである。その「技法」に応じた表現観が伴わなければならないのである。

5　「遊び直し」による身体性の回復

　一方、藤井実践で行っている「ウォーク」「列車オニ」「白身と黄身」といった「ウォーミングアップ・アクティビティ」は、ある事柄を探求していく際に用いる「技法」とは異なり、一種のゲームとしてそれ単体で楽し

むことができるものである。藤井実践においては、これらは、「遊び直し」の一環として位置づけられている。そうした取り組みの意義はいったい何だろうか。

　一言で言えば、それは、学習における身体の新たな可能性を準備するということになるだろう。体育は、現在の学校制度においてはほぼ唯一の、授業において身体活動を行うことが通例となっている教科である。しかし、そうした教科においてすら、授業を通して生み出されてきた身体像は、藤井氏が言うように、「上手い下手」で評価される、「指示されることに慣れすぎて」いるという、他者の視点によって縛られたものであった。

　藤井氏は、「遊び」を通して、そうした身体の縛りを解き放っていく。「ウォーク」「列車オニ」「白身と黄身」といった「ウォーミングアップ・アクティビティ」では、空間を感じたり見立てを行ったり他者と関わったりといった、従来の体育では前面に出てこなかった諸要素を体験していく。藤井氏の取り組みは、直接的には体育という領域におけるものであるが、そこで回復される身体性は、他の領域の学習においても下地となるものである。

6　「ドラマ」を用いた授業形態と「異文化」

　最後に、今回のシンポジウムの舞台となった学会のキーワードである「異文化」の視点から、「ドラマ」を用いた授業形態の意義について、1つ指摘しておくことにしよう。

　それは、多様な特性や背景をもった子どもたちの学習への参加のしやすさである。物語文を読み味わうのであれ社会問題について考察するのであれ、(先の図3-2-1a「講義形式」の授業形態のように) 言葉による意味の伝達にもっぱら頼って授業が進められると、それが不得手な子どもは、まったく授業についていけなくなりかねない。しかし実際には、彼らが単に言語という手段での理解や表現が苦手なだけで、授業で扱っている内容への関心や発想力はもっており、別の手段が用意されれば授業に主体的に参加し貢献できるということは十分あり得るのである。例えば学級に、母語が異な

るなどの理由のために教室での使用言語の習得レベルが低い子どもがいるとする。物語文の読みの授業をただ教師による解説と話し合いのみで進めた場合、その子にとっては何の話をしているのかちんぷんかんぷんになるかもしれない。しかし、「ドラマ」を用いた授業形態で、物語の一場面をみんなで実際に動きながら教室内に生み出し、それをもとに登場人物の行動や心情について考えていくのであれば、その子もその作業に参加しやすくなる。このように、多様な特性や背景をもった子どもが学習に参加しやすくなるための土台を「ドラマ」は提供することができるのである。

「ドラマ」を用いた授業形態は、社会の変化と子どもの変化の両方の理由から、今後よりいっそう必要とされるようになっていくだろう。今回の三氏の実践報告は、その可能性と意義を考えるうえで刺激的なものであった。そうした題材を提供してくださったことにあらためて感謝の意を表して、本稿を終えたい。

注

(1) これらはあくまでも理念型であり、実際の授業においては複合した形で現れる。また、後の「ドラマ」を用いる授業形態も含めて、授業形態そのものの間に固定的な優劣があるわけではない。どの授業形態がふさわしいかは目的や文脈によって変わってくるものであり、それらを使い分けられるよう教師が選択肢としてもっておくことが重要である。

(2) ただしこのことは、「ドラマ」の活動を行う際に心理面での安全性を配慮する必要がないということは意味しない。たとえ架空の状況下であっても、そこで経験する感情の動きはリアルなものになり得るのであり、そこで生じ得る危険性については十分配慮する必要がある。この点については、尾上明代『子どもの心が癒され成長するドラマセラピー　教師のための実践編』(戎光祥出版、2011年) が参考になる。小松実践においても、このホット・シーティングの活動の後、「詩を使ったクールダウン」を行っている。

(3) 「プロダクト」(product) と「プロセス」(process) という用語は、イギリスのドラマ教育においてしばしば対比的に用いられてきた (セシリー・オニールが提唱する「プロセス・ドラマ」など)。「プロダクトとしての表現」「プロセスとしての表現」という表し方もそこから着想を得ている。

(4) 鳥山実践の分析については、拙稿「〈なる〉活動はいかにして文学作品への理解の深まりをもたらすか　——鳥山敏子の実践記録を手がかりに——」(全国大学国語教

育学会編『国語科教育』第64集、2008年9月、19-26ページ）や「鳥山敏子とイメージの世界 ——生き生きとしたからだをとりもどす——」（田中耕治編著『時代を拓いた教師たちⅡ　実践から教育を問い直す』日本標準、2009年10月、39-50ページ）などを参照のこと。

(5) 小林由利子ら（2010）『ドラマ教育入門』図書文化社．渡部淳＋獲得型教育研究会編（2010）『学びを変えるドラマの手法』旬報社　など。

3 総括──ショーケースとしてのシンポジウム

和田俊彦

1 はじめに

　2006年に設立された獲得型教育研究会(以下、獲得研)は、毎年春に開催するセミナーで実践と研究の成果を公開してきた。手探りで始まった共同研究は、8年かけて実践を積み重ね、理論を深化させている(Watanabe 2011)。本シンポジウムは、現在の研究状況をより正確に提示できるよう、半年以上前より念入りに準備が進められたものである。筆者も司会者の1人として、準備段階から本シンポジウムに関わってきた。そこで、本節では以下の2つを課題としたい。1つは、獲得研の研究成果を公開する取り組みのサンプルとして、シンポジウムの成立過程を振り返ること。もう1つは、シンポジウムの参加者から寄せられた質問を整理し、それに関連した若干の考察を行うことである。

2 シンポジウムの成立過程

　獲得研のメンバーがシンポジウムで発表することは、2年前から予告されていた。しかし、実際に誰が担当するのかが正式に伝えられたのは、シンポジウムの半年前にあたる毎年恒例の新春合宿の席においてであった。事前に内諾はとっていないのだが、やむを得ない場合を除き、割り振られた仕事を断るメンバーはいなかった。メンバーは多忙な現場を抱えているものの、その課題に取り組むことが最終的に自分自身の役に立つと経験上学んでいるからだ。また、担当に当たらなかったメンバーからも月例会やメーリング・リストなどを通じて建設的な意見がもらえるので、1人で悩

まなくて済むことも大きな安心材料になっている。今回もすんなりと発表者の選定について合意が得られた。会議では続けて発表の方向性が話し合われたが、これについては後ほど取り上げる。

(1) 発表者のプロフィール

発表者の宮崎充治（桐朋小学校）、小松理津子（秋田県立秋田明徳館高等学校）、藤井洋武（日本大学）の3名は、全国から多様な校種と教科の教員が集まる獲得研を代表するメンバーとして選ばれた。その特徴をまとめたのが表3-3-1だ。

表 3-3-1 発表者とその属性

発表者	性別	実践報告した教科	校種	公立・私立	所在地
宮崎	男性	国語科	小学校	私立	東京
小松	女性	家庭科	高等学校	県立	秋田
藤井	男性	体育科	大学他	県立・都立・私立	神奈川他

宮崎は従前から教育におけるドラマに関心を寄せており、脚本家としても活躍している。メンバーきっての理論家であり、オピニオン・リーダー的な存在だ。出前授業で高校生に数学を教えたり、休日には100キロマラソンに出て完走したりするなど、マルチな才能を発揮している。小松は前任校に赴任して演劇部の顧問になるまで、演劇の経験はなかったが、生徒に寄り添い指導法を模索する中で脚本を書き始めた。小松の脚本はどの部員が演じる役なのかを念頭において書くことを特徴としている。学校外ではスキーのブロック技術員・パトロール員の資格を持つ。例会にはじめて参加したときに自校の紹介をラップで行ったのは今でも語り草となっている。藤井は元高校球児であり、甲子園出場へあとわずかまで進んだ猛者だ。そのためか、いざことに臨むときに見せる行動力は特筆に値する。現在は幼稚園、高等学校、複数の大学で非常勤講師として勤めているが、この経験が「遊び直し」の提唱へとつながっている。

（2）発表内容の変遷

　獲得研はこれまでの研究結果を 2 冊の本にまとめてきた（渡部と獲得型教育研究会 2010, 2011）。その企画段階で問題になったことに、作品は各執筆者の原稿をとりまとめた組曲なのか、あるいは統一感を持たせた交響曲なのかというものがあった。出版に際しては、研究会の運営委員が編集委員を兼任することで、統一を図った。日本児童演劇協会事務局長の石坂慎二氏からは「私はこの種の『本』をたくさん見てきたが、こんなに丁寧な『本』に出会ったことはない。」（石坂 2012, p.174）との評を受けている。

　今回のシンポジウムも 3 本の報告が相補的に作用して、獲得型教育のイメージを立体的に描き出すことが求められた。しかし、東京・世田谷にある日本大学文理学部で行われる月例会や合宿でしか会うことができない発表者たちが交響曲を奏でるのは容易ではなかった。

　合宿の時点で発表者が持っていた問題意識は次の通りだった。宮崎は、発表が異文化間教育学会のシンポジウムにおいて行われるものであることに触れて、教室はさまざまな異文化を抱えた子どもたちが触れ合う異文化接触の場であるとの認識を示した。そして、教室では文字言語が過度に重視されており（鈴木 2002）、身体を用いたアクティビティを通じて、全ての子どもに新しいコミュニケーションの回路が生まれるのではないかとも述べ、このことを示す事例を集めておきたいと結んだ。

　小松は、ドラマを授業に取り入れることが、固かった生徒の身体を解放していく過程を説明したいと考えていた。メンバーからはその過程が教員の働きかけによって生じるものなのか、また、演劇部の顧問であることが授業展開に影響を与えているのかについて知りたい、との意見が寄せられた。さらに、学校を挙げて獲得型授業を研究しようという意向があるようだが、実際の動きはどうなのかとの問いも投げかけられた。

　藤井に対しては、遊び直しの概念が授業でどのように実践されているのかについてシンポジウムの参加者が理解できるような事例の紹介が必要との意見が出た。また、大学での体育の授業にアクティビティを導入することが、いかに他者との関係作りに役立っているのかを説明する必要があると指摘された。これについてはアンケート調査を実施する予定だとの回答

があった。

　これらの情報は10日ほどで記録にまとめられ、コメントを交流できるようにメンバー用のメーリングリストを通じて獲得研の全会員に配信された。しかし、その後は小学校から大学までのメンバーがそれぞれの時期に入試などの学校業務や附章で紹介されている高校生プレゼン・フェスタの対応などに追われ、発表者が各自で準備を進める状況が続いた。

　次に動きがあったのは、3月例会のことだった。そこで、宮崎、藤井がそれぞれの発表の概要を述べた。小松も秋田から資料を送付していたので、当人抜きではあったが俎上に載せることができた。

　宮崎は合宿で示した内容に加え、インターネットによる情報アクセスが容易な現在、学校の役割は1つの目標に向けて子どもたちをつなぐことだとの見解を示した。取り上げる実践については「歯型」(宮崎 2009)、「就農セミナー」(渡部と獲得型教育研究会 2010)、本シンポジウムで報告した「せかいいちうつくしいぼくの村」などを検討していると結んだ。

　小松の資料には、シンポジウムで報告された児童虐待の授業と今回は取り上げられなかったバリアフリーについての授業の2つの実践が併記されていた。例会の参加者からは、学校や教科の様子をより丁寧に伝えた上で、注目させたい実践や生徒の変化に焦点化する必要があるとの助言があった。

　藤井もこの段階では、大学の体育におけるアクティビティの活用に関するものとヨガの講師を招いて行った授業に関するものの2つの実践を取り上げようと考えていた。しかし、ヨガは藤井自身の実践ではないために却下された。小松に対してと同様に、シンポジウム参加者のために背景知識を十分提供するべきという声があがった。また、アクティビティを用いた授業を行ったことで学生の間にどのような変化が起こったのかを、客観的なデータをもって伝える必要性も指摘された。

　この時点では、3人の発表内容はお互いに関連を意識していない組曲の状態だった。そこで、筆者はシンポジウムの趣旨提案にある「学びのスタイル」「学びの質」「教師が果たす役割」などのキーワードについて発表者同士で意見を交わすことを提案した(和田 2013)。しかし、発表者たちはそれぞれの発表準備にかかりきりで、他の発表との関連を考慮する余裕はな

かった。

　3月例会で受けた指摘を整理する間もない4月1日は発表抄録集の原稿締切となっていた。書式は3月4日に事前送付してあったが、3月27日に宮崎が、3月28日に小松と藤井がそれぞれ初稿をメーリングリストに投稿している。

　これらに最初に反応したのがシンポジウムでもう1人の司会を務めたメンバーの吉田真理子（津田塾大学）だった。用語の定義に関するものが主だったが、それぞれの発表者に対して次のような内容に関する指摘もしている（吉田2013）。宮崎に対しては発表タイトル「身体を使って物語をよみひらき、つながる」の意図について問うた。小松には3部制を敷く定時制高等学校での勤務、藤井には幼稚園から大学までの掛け持ちの勤務という、参加者にとってあまり馴染みがなさそうな環境についてより詳細な説明が必要ではないかと投げかけた。

　吉田のコメントを受けて、宮崎は自身の発表タイトルについて次のような発言をしている。すなわち、「読み」の次に続く語の候補として「解く」「深める」「広げる」などが考えられるが、分析的に読むのでもなく、特定の一作品だけに限定するのでもなく、拡散させるのでもない。したがって「ひらく」という語を用いたいのだが、「読みひらく」なのか「読み、ひらく」なのかについても2つの動作が連続するものなのか、同時進行するものなのかを逡巡しているというのである。

　他にも上のようなやり取りをいくつか経て、発表者全員が抄録原稿を入稿した。しかし、とりあえず原稿を提出した安心感と学年当初の忙しさから、またしても議論は下火になった。小松も参加したことを受けて、渡部は4月例会で各発表者に対して次の視点から発表内容を精査してはどうかと助言した。

　　①実践場面の様子
　　②教科の教育目標との関係
　　③学習者の身体性、認識、関係性の変化
　　④上の変化が授業外に持つ広がり

⑤実践上および理論上の課題

　また、実践をありのまま報告するだけでは、論点が見えず議論が成立しないこと、ならびに論点整理をするのは実践者本人であることも併せて指摘された。最終的に5月例会までに発表時の読み上げ原稿を作成することが確認された。

　例会に参加していたメンバーの青木幸子（昭和女子大学）は、発表者が学会のシンポジウムでの発表であることを意識し過ぎて、話の内容が抽象的になっていることを懸念していた。翌日にはメーリングリスト上で次のような発言をしている（青木2013）。

> 「ちょっと、どんくさい・・と思うくらい教室風景を描写し、その中で、ご自身が気になった人・こと・モノにフォーカスしていく、そこをガンガン掘り下げていく中で、そこから普遍につながるなにかがちょこっと、きらりと見えた・・って感じが、私は好きなのですが・・・。」

　5月例会にはシンポジウムのコメンテーターの1人であり、当時、異文化間教育学会理事長の横田雅弘氏（明治大学）を招聘して予行演習を行った。既にメール上で数ヶ月にわたるやり取りをしていたため、司会者が横田氏の紹介をうっかり忘れてしまうほど白熱した議論が行われた。

　宮崎は、この段階で「せかいいちうつくしいぼくの村」の実践を報告することに決めかけていたものの、子どもたちの変容のどの部分に焦点を当てるかについて結論には至っていなかった。

　小松は例会に先駆けて、11枚のスライドと読み上げ原稿を送付していた。具体的な資料の提示を受けて、メンバーは画像や論理の組み立てのより効果的な使い方について意見を交換した。また生徒の変化を語る際に、検証可能な説明が必要だとの指摘もあった。横田氏は、アクティビティの効用を説くと同時にその限界や注意点を指摘する必要性に触れた。

　藤井は、例会の場に印刷した読み上げ原稿を持参した。会議の場では、

学生数やアクティビティの解説などの基本情報や授業で得たものを授業外で活用しているかなどを明確に提示する必要性が指摘された。体育科と普通科をもつ高等学校に勤務するメンバーの両角桂子（埼玉県立ふじみ野高等学校）は、体育科の生徒は違いを楽しみつつ助け合うことが身に付いているようだと述べ、同じくメンバーの高山昇（私立和光高等学校）も藤井の言う柔らかな人間関係の定義と測定基準を明らかにすると良いと続けた。

このような経緯を経て、本シンポジウムは行われた。担当者がチームを組み、試行錯誤を重ね、周囲に支えられながら問題を解決していく姿は、附章で取り上げられている獲得研の活動に共通して見られる光景である。このような活動を8年間継続してきたことで、獲得研は学会シンポジウムの運営に携わるだけでなく、内容も提供できるようになった。その道程が厳しかった分、メンバーが得た達成感はより大きなものとなった。

3　シンポジウムの参加者から寄せられた質問

当日は、表3-3-2に示す通り、会場の14人の参加者から17項目の質問が寄せられた。その内容は、大きく4つに分類される。すなわち、実践場面に関するより詳細な情報や解説、アクティビティを導入するにあたっての工夫や留意点、実践研究の方法や手続き、そして獲得型教育の哲学である。大方の項目については、その場でシンポジストたちから応答がなされたが、時間の制約から、十分に展開できない点も残された。そのことが、本書出版の動機の1つにもなっている。

セミナーやシンポジウムで研究経過を公開し、その場で得られた反応をもとに研究の方向性を確認・修正するのが獲得研の研究スタイルである。その点からすると、寄せられた質問は、獲得研メンバーにとってなによりも貴重なものである。

ここでは、表中の2～3のごく基本的な質問のみにしぼって、3人のシンポジストの実践とからめながら私見を述べてみたい。

表 3-3-2　質問の対象者とその内容

No.	渡部	宮崎	小松	藤井	質問の内容
1		○			「せかいいちうつくしいぼくの村」で記念写真を撮ったのは、どのタイミングだったのか。
2			○		このような活動を他の単元でも行っているのか。複数回行った方が効果的と思われるが、ふり返りの時間も確保しなくてはならないので、取り入れるには工夫する必要があると感じた。
3	○	○	○	○	大学の第二外国語の授業にアクティビティを取り入れようとしているが、学生の語いなどが足りず、盛り上がらない。どのような対処法があるか。
4				○	アクティビティのねらいを伝えるのに、事前・事後でどのような差が出るのか。また、初対面の人が感じるであろう身体的接触に対する抵抗感にはどのように対処すればよいのか。
5		○			これまでの実践に外国につながる子どもが参加していたことはあるか。また、日本語が少ししかできない子どもがいたとしたら、どのような工夫ができるか。
6			○		児童虐待というテーマは重い。生徒自身の体験と重なるようなテーマを扱う際に、特に留意すべき点は何か。
7			○		ホットシートに座った生徒には、その個人的な背景を知った上で役を与えたのか。これはリスクの高い活動だと思われるが、どのように考えているか。また、このテーマを扱う上で、どのようなことに留意しているか。
8			○		参加していた生徒が途中でつらくなった場合、どのように対応するのか。
9		○			「5年後の家族写真」に際して、教師はどのような投げかけをしたのか。また、完成した家族写真を、子どもたちはどのように説明したのか。この実践を通して、子どもたちはこの物語をどう身体的に読んだと考えているか。
10			○		もしあれば、他の本を使った事例も教えて欲しい。
11	○	○	○	○	獲得型教育は、参加者にアクティビティを通して体験させて学びを生むという点で、経験学習と関連があると感じた。共通点と相違点を教えて欲しい。例えば、経験学習ではふり返りを重視するが、獲得型教育ではどうなのか。
12				○	この授業を通じて、学生が自らの教育体験をふり返り、評価する機会はあるのか。
13				○	この授業はどのように評価を判定するのか。
14		○			ドラマ教育実践後の子ども集団の変化、子ども同士の関係性の変化、個人の変化などについて教えて欲しい。
15			○		「生徒の心に何らかの変化が生まれたのではないか」と仮説を立てていたが、その後、インタビューなどの検証作業は行ったのか。具体的な変化があれば教えて欲しい。
16	○				理論的枠組みを元に実践をした後、いかに研究につなげていくのか。その方法論を教えて欲しい。
17	○	○	○	○	シンポジウムで発表されたアクティビティから、どのような演劇的「知」が立ちあがり、獲得されていくのかを教えて欲しい。

(1)「せかいいちうつくしいぼくの村」で記念写真を撮ったのは、どのタイミングだったのか

表内1番の質問である。宮崎はこの授業実践の最後に置かれた「記念写真撮影」を以下のように位置づけている。つまり、この授業の中で、戦火にさらされる疑似体験をした児童の中には、この「物語の中に深く入り込んでしまう子どももいる」。そのつらい気持ちをそのままにして終わらせたくない。より明るい気持ちに「書き換え」を行うために、「5年後に家族は再会し、その時の記念写真を撮る」というアクティビティを設定したのだ。(本書第2章-1宮崎論文参照)

このようにアクティビティにはねらいがある。そのねらいが達成できる「仕掛け」がこの場合の「家族写真撮影」であり、その実施タイミングはこの場合ドラマワークの最後に置かれてこそ、ねらいを達成することができたのであろう。

「せかいいちうつくしいぼくの村」で記念写真を撮ったのは、どのタイミングだったのかという質問を、さらに「アクティビティを使うタイミングや頻度をどう決めれば良いのか」のように敷衍してしばらく述べてみたい。

藤井は「遊び直し」をキーワードとして、全ての授業の冒頭にゲーム的要素をもつアクティビティを使っている。小松は、ホット・シーティングを授業の肝となる部分に用いて、生徒の内面に迫っている。宮崎は、数多くのアクティビティを組み合わせて3日間の授業を構成している。このように3人とも、各アクティビティのねらいを設定し、「仕掛け」を作り、そしてタイミング設定をして実施していることがわかるだろう。アクティビティの効果を吟味し、ねらいをもって実施するかぎり、いわゆる授業の導入・展開・まとめのどのタイミングでも活用が可能だといえるだろう。

頻度について筆者は、可能な範囲で、できるだけ多く試してみたいと思っている。アクティビティは「学習者が取り組むさまざまなゲーム、ロール・プレイ、シミュレーション、プレゼンテーションやディスカッションなどの諸活動の総称」(渡部1997)と広く定義されるもので、教師がその活用に習熟していくには、相応の経験が必要になる。渡部はその過程

を4つの段階に分類している（ニーランズと渡部 2009）。第1段階であればアクティビティの働きや効果を理解するだけで済むのだが、第4段階では、与えられた環境に合わせて独自のアクティビティを創造することが求められる。こうしたステップを踏むには、なによりも豊かな実践経験が不可欠だ。

2008年夏のキジムナーフェスタ（国際児童青少年演劇フェスティバル沖縄）で、ニーランズが「窃盗」をテーマとするドラマワークを行った。この時ニーランズは、参加者にまず「だるまさんが転んだ」に類似したゲームを経験させている。先の展開を知らされていない参加者たちは、オニに見つかることなく物を取ってくるスリルと興奮を楽しんだ。

窃盗が罪であることは全ての参加者に共通した認識である。しかし、後になって、このアクティビティと窃盗が同じ延長線上にあると理解したとき、参加者は、自分にも窃盗する側の心理に通じるものがあるかもしれない、と気付かされることになる。コメンテーターの渡辺貴裕（東京学芸大学）が指摘した、先に体を動かして感じてみることの意義が鮮明になった瞬間だった。

これは分かりやすい例だが、アクティビティを取り入れた授業のデザインは、教師という仕事の醍醐味である。授業の目標や流れ、生徒側の心理的な準備状況、使える時間や場所など、様々な制約条件を考慮しながら工夫を重ねることで、授業全体を俯瞰して眺めることもできるようになってくるからである。

継続的にアクティビティを取り入れることは、学習者側の準備状況を整えることにもつながっている。筆者の例だが、ペアワークの浸透していない高校で、和文英訳のペア活動を1か月継続させたことがある。最初こそ生徒側に戸惑いがあったが、事後調査の満足度はとても高いものだった（和田 2009）。小松の授業を履修する生徒たちは、じっと座ったままではいられないのが小松の授業だと認識しているという。藤井の例にみられるように、学習者がアクティビティを用いた授業の醍醐味を知るにつれ、学ぶ側から次のプログラムへの注文がでるケースもみられる。獲得研メンバーの実践報告にふれていると、こうした教師と生徒が刺激しあう関係が生ま

れるケースをいくつも確認できる。

(2) ウォーミングアップ・アクティビティをどう位置づけるか

　次に表内3番と4番の質問に関連していささか述べてみたい。つまり授業が「盛り上がらない」、授業でアクティビティなど試みるが参加者の「抵抗感」が強い、などという問題である。

　行われようとするアクティビティへの抵抗感を和らげ、参加のレディネスを形成するためにはウォーミングアップ・アクティビティが有効である。

　新しくアクティビティを用いた授業に取り組む場合、まずはウォーミングアップ・アクティビティから試してみるのが一般的だろう。今回の発表者に目を向けると、どちらかといえば藤井実践が、このウォーミングアップ技法の活用に焦点を当てたものといえる。宮崎実践と小松実践の場合、もちろんウォーミングアップもしているが、活動の中心にドラマ技法を据えている。宮崎と小松の実践を比べると、実施期間やアクティビティの種類において、宮崎実践の方が大規模である。しかし、小松実践が宮崎実践に劣るという訳ではない。授業のねらいによって、ツールの数が違うのが当然だからである。

　獲得研がウォーミングアップ技法を大切にする理由は色々あるが、ここではとくに次の2つを指摘しておきたい。1つは、ニーランズの「だるまさんが転んだ」の例で見たように、入念に計画されたウォーミングアップは、それに続く主要なアクティビティの効果を一層高めることにつながるということである。

　もう1つは、獲得研の設立経緯に関わるものだ。渡部が、第1章、第6章で述べている通り、獲得研の前身は「米国理解研究会」（略称：あかり座）である。現会員43名のうちの15名は、もともとこの研究会に所属していた。このチームで、アクティビティ満載の米国理解教材（渡部淳と米国理解研究会 2005）を完成させている。メジャーリーグ野球の紹介から、女性大統領誕生の可能性を問うものまで16のテーマで構成された教材[1]である。

　米国理解研究会の活動の特徴は、完成した教材を持って北海道から沖縄までの出前授業（あかり座公演）に取り組んだ点にある。この経験で明らか

になったことがある。それは、初対面の学習者を学びの世界へ誘うスキルがまだ私たちに乏しい、という事実だった。授業の最初の数分、いわゆる「つかみ」の部分が大切だと知ってはいるが、なかなか思うようにいかないという反省があったのだ。この反省から、ドラマ技法と同時にウォーミングアップ技法にも注目することになったのである。

渡部（2009）が、ドラマワークによる獲得型の学びは「学びのプロセスのマネージメント」によって具現化されるとしたうえで、ファシリテーターとしての教師の資質を、以下の4つの側面から規定している。それは、学びの旅路へ誘う「表現者／プレゼンターとしての資質」、学びのルートを選択する「リーダー／観察者としての資質」、参加者の象徴的表現を引き出す「クリエーター／演出家としての資質」、学びの旅路をふり返る「リーダー／話し合いの組織者としての資質」である。

ここではウォーミングアップとの関係で、とくに「リーダー／観察者としての資質」に注目したい。教師が学びのルートを選択するにあたっては、いまこの場でおこっていることを洞察し、絶え間なく判断を重ねて、無数の小さな岐路を通過していく必要がある。それが可能になるように、リーダーとしての教師が、あらかじめウォーミングアップで学習者同士の関係を解きほぐしたり、彼らとの信頼感を醸成したり、学びに参加しやすい環境を整えたりする必要がある、ということだろう。協同の学びが実現するには、まず学習者それぞれが、自分の思いを声に出す勇気、動き出せる身体を手に入れることが不可欠だからである。

このように教員にはさまざまな資質が必要となるが、これらの資質は試行錯誤をくり返す中で身に付けていくことができる。獲得研の授業を受けて、小松の生徒がこう言ったという。「こういう授業なら毎日でも受けたい」。どんな苦労も吹き飛ぶ一言である。

4　獲得型教育の射程

多忙な現場を抱える教員にとって、シンポジウムでの発表はハレの舞台であると同時に大きなチャレンジである。それでも3名が、示唆に富む発

表まで漕ぎつけられたのは、本人の努力はもちろん、支えてくれる仲間の存在によるところが大きい。今回は発表に当たらなかったメンバーであっても、自分が当たらなくて良かったと思う者はおらず、月例会やメーリングリスト、電話などさまざまな方法を使って、発表者を支えようとしていた。教員である獲得型メンバーが、このような空間の中に身を置くことは重要な意味を持つ。それはまさしく獲得型教育を志向する教員が、教室ひいては社会全体に作り出したいと願っているものだからだ。

　渡部はしばしばアクティビティをコンピュータのOSに例えるが、獲得型授業を支えるのは1990年代に話題となったLinuxに代表されるオープン・ソースのOSだ。商用のOSの多くは完全なブラック・ボックスで、どのように設計されているかを調べることは使用許諾において禁止されている。一方、オープン・ソースのOSではどのような機能を盛り込むかは出入り自由な開発者たちの合意により決められる。また、スキルがある者は自分でプログラムを組むことも許されている。

　他人に任せた方が楽だからと尻込みせず、自分が暮らす社会に自覚的、積極的に関わろうとする市民を育成することが獲得型教育の目指すところである。獲得研のメンバーは、しばしば「楽苦しい」ということばを口にする。それは楽しいけど苦しい、苦しいけど楽しいとの意味だ。苦しいだけでは続かないし、楽しいだけでは学ぶところがない。アクティビティを用いた授業もそのバランスの上に位置している。

注

(1) 東京大学学科別分類による推薦図書のサイト（2010）にアメリカ地域文化の推薦図書3冊中2冊としてガイドブックと共に挙げられている。

参考文献

青木幸子（2013）獲得研メーリングリスト上の発言（2013年4月21日付）
石坂慎二（2012）「書評　学びを変えるドラマの手法」『げき10』晩成書房，174-175.
鈴木聡（2002）『世代サイクルと学校文化』日本エディタースクール出版部.
J.ニーランズ，渡部淳（2009）『教育方法としてのドラマ』晩成書房.
東京大学学科別分類による推薦図書のサイト（2010）http://u-tokyobooks.com/top.html

（2013 年 12 月 22 日アクセス）
宮崎充治（2009）「子どもの中にドラマをおこす～フリーズフレームを軸にして，丘修三『歯型』を読む～」『授業づくりネットワーク』10 月号．学事出版．
吉田真理子（2013）獲得研メーリングリスト上の発言（2013 年 3 月 30 日付）
渡部淳（1997）「授業をどう変えるのか」河内徳子・渡部淳他編『学習の転換』国土社．
渡部淳（2001）『教育における演劇的知』柏書房．
渡部淳、米国理解研究会（2005）『中高生のためのアメリカ理解入門』明石書店．
渡部淳、米国理解研究会（2005）『中高生のためのアメリカ理解入門　ガイドブック』明石書店．
渡部淳、獲得型教育研究会（2010）『学びを変えるドラマの手法』旬報社．
渡部淳、獲得型教育研究会（2011）『学びへのウォーミングアップ』旬報社．
和田俊彦（2009）「英語授業におけるグルーピング――ドラマワークへのはじめの一歩」『日本私学教育研究所紀要第』45 号．日本私学教育研究所．101-104．
和田俊彦（2013）獲得研メーリングリスト上の発言（2013 年 3 月 17 日付）
Watanabe, J.（2011）. "An adventure around educational methods: Teachers' explorations for application of dramatic activities" in *Educational studies in Japan: international yearbook: ESJ*（6）, 33-45.

第4章

ドラマ技法活用講座
(1) ウォーミングアップ篇

本書の第4章、第5章に収録された2本の実況中継と2本の論考は、2013年6月7日（金）に日本大学文理学部百周年記念館で行われたワークショップ「獲得型授業をめざす教師のためのドラマ技法活用講座」をもとに、改めて稿を起こしたものである。
　本ワークショップは、異文化間教育学会第34回大会のプレセミナーとして実施され、「ドラマを通して考えるハックルベリー・フィンの冒険」がテーマとなっている。ここでは、ドラマワーク体験を通して、参加体験型学習のデザインと運用、異文化理解について、参加者が一緒に考えることが目指された。
　研究大会のプレセミナーと公開シンポジウムは、ともに開催校企画となっている。そこで今回は、両者の内容を有機的に関連づけるべく、ドラマ技法の検討を共通コンセプトに掲げることにしたものである。
　当日の担当講師は以下の通りで、いずれも獲得研の会員である。

●講師
　吉田真理子（津田塾大学学芸学部英文学科教授）
　高山昇（和光高等学校、日本大学、桜美林大学、中部大学非常勤講師）
　田ヶ谷省三（立川市生涯学習指導協力者）
　武田富美子（立命館大学生命科学部准教授）
　青木幸子（昭和女子大学総合教育センター・日本語日本文学科准教授）
　関根真理（啓明学園中学高等学校国際交流コーディネーター）

　3時間半のワークショップを、2会場で同じプログラムが同時進行する方式で実施した。Aグループは、高山、田ヶ谷がウォーミングアップを担当し、メイン・プログラムの「ハックルベリー・フィンの冒険」を吉田が担当した。同じくBグループは、青木、関根がウォーミングアップを担当し、メイン・プログラムを武田が担当した。
　2本の実況中継でお分かり頂ける通り、きわめて活発なワークショップとなっている。学会員以外にも開かれたセミナーであることから、学生からベテラン教師まで、さらには獲得研のワークショップにはじめて参加する方から春のセミナーの常連参加者まで、多様な背景をもつ人々の集うセッションになったことも、特徴といえるだろう。
　　　　　　　　　　　　　　　　　　　　　　　　　　　　　　　　　　　　（渡部淳）

1 実況中継「ウォーミングアップAグループ」

関根真理、田ヶ谷省三、宮崎充治

　2013年6月7日金曜日の午後、異文化間教育学会のプレセミナーが日本大学文理学部百周年記念館で行われた。新緑が美しい午後で、日本中から教育関係者が集まった。このAグループの参加者は14人で、少々緊張した面持ちだ。

　ワークショップ第1部のウォーミングアップは、研究会のメンバーである高山昇がファシリテーター、田ヶ谷が司会を担当した。第2部の「ハックルベリー・フィンのワークショップ」の前に、場の雰囲気をときほぐすためのワークショップだ。壁にそって、いすがおかれ、参加者がすわっている。参加者の前に、広く、動ける空間がつくられている。参加者にむけて、高山が話し始めた。

(1) スタート　3分

　高山：みなさん、こんにちは。これからウォームアップを始めます。この活動を通して、皆さんが相手を見る、しゃべる、聞く、そしてさらにはやってみようという気持ちになるようにするのが私の役目です。でも途中で、やりたくないなと思ったら、そっとぬけてもかまいませんよ。

ウォーミングアップのプログラム

		実際の時間
1	スタート	3分
2	メイキリング	5分
3	共通点探し	8分
4	早口カルタ	12分
5	ホット・シーティング	15分
6	ふり返り	10分

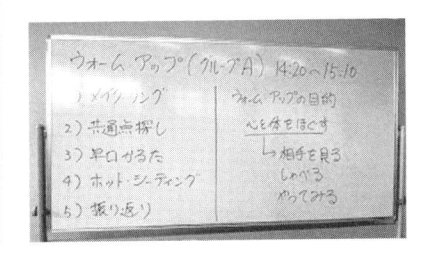

高山はゆっくりと語りかける。質問があればいつでも手を上げていいこと、最後にはふり返りの時間を持つことも伝えた。こうして、会場はあたたかい空気に包まれた。

　　高山：お互い、楽しみながらやっていきましょう！

(2) 参加者はどこから来ているのかな？　〜メイクリング〜　5分

　　高山：ではまずメイクリング、輪をつくることから始めます。背の順、誕生日順など色々な輪をつくる方法がありますが、今日は、家からこの会場へ来るのに近い順に並んでみましょう。確認するには、まずアイコンタクトを持ち、相手と話をして確かめる必要があります。輪のスタート地点はここです。今日は敢えて、何分かかったという時間は使わずに、どこから来たかという情報交換をして、時計まわりに並んでみましょう。では、早速始めましょう。ここが一番近いですよ！じゃ、始めましょう！どうぞ！

　　高山は参加者にアドバイスをしながら、輪をつくることの手助けをさりげなく行う。

「広島から来ました。」
「僕の方が近いです。奈良ですから。」
「私は埼玉です。」
「そりゃ、近いや！」

　　参加者は、お互いにどこから来たかを確認しながら、1分30秒ほどで、

なごやかに輪をつくっていった

　高山：この輪を使って、グルーピングがしたいんです。今日は、3つのグループをつくるので1、2、3、1、2、3と番号を言ってください。

　こうして女性2人・男性3人のグループ①、女性4人（途中から1人増え、5人になった）のグループ②、女性4人のグループ③の3つのグループが出来上がった。いすをもってきて、グループごとで輪になってすわる。

(3) どんな人がいるのかな？　～共通点さがし～　8分

　高山：次は、共通点探しをします。グループの中でできるだけ多くの共通点を見つけてください。目に見えるものでもいいですし、見えないものでもいいです。3分時間をとりますので、できるだけ多く見つけてください。さあ、共通点探し～スタート！

「え～、ビール好きです！」
「好き、すき！」
「暑いのは苦手かなあ……」
「え、私は寒いのより好きですけど……」
…………

　高山：はい、ストップです。じゃあ聞かせてください。ああ、なるほどねと思ったら拍手しましょう！
　では始めましょう！

高山は、ストップウォッチをもちながら、各グループをまわっている。3分が経って、各グループから発表をしてもらう。

　　グループ①：「日本語を話す、全員人間、左手に腕時計、えっと全員　　　教員関係、全員ショートカット！」
はい、おみごとでした！では次のグループ、さらっといきましょう！

　　グループ②：「昼食は外に食べに出る、ズボンをはいている、甘いも　　　のが好き、お酒も少々好き！」
ははは、この少々というところがキーワードですね。（笑い）
　　　「それから何でしたっけ？　あっ　みんな忘れん坊です！」
ははは、いいですね（拍手）。はい、じゃあ最後のグループお願いします。

　　グループ③：「全員女性、自転車に乗る、果物が好き、ベランダに花　　　がある、自宅にパソコンがあってFacebookにアカウントを持って　　　る。　携帯がガラケーです。」
なるほどね。ベランダに花があるなんてところはすてきですね。ありがとうございました！（拍手）

　笑い声が生まれ、やわらかな雰囲気になってくる。

（4）声を出してみよう：グループで朗読
　　　　　　　　　　〜はやくち・どうぶつかるた〜　12分

　高山：では、ちょっと難しくなります。"はやくち・どうぶつかるた"です。グループ朗読みたいなものですが、そう簡単なものではありません！「どうぶつかるた」はひらがなだけですから、かえって難しいですよ。
　この3グループ全体で朗読をしていただきます。それぞれのグループで分担してぐるぐる回って輪読をしていきます。段落が9つありますから、順に1段落ずつ読んでいただきます。順番が来たらグループのメン

バー全員で音読してください。
　そうして一番最後の一行、『わらわれて　わらえぬ　わらいかわせみ』というのは全員で読んで終わります。
　では、しばらくグループごとに練習してください。どこで区切って読むのかが大切ですので、確認してください。

　それぞれのグループで確認しながら読んでみる。意味が通るように読むのはなかなか難しい。間違えて読んで、笑い声があがったり、教え合ったりとにぎやかな練習だ。練習がすすんでくると、お互いの頭を寄せ合って、距離が近くなってくる。

　　「きりんの　きりぬき　きりがない」
　　「のねずみの　の　あ、水の中！アハ、ハ、ハ！」
　　「こぶた　ぶったら　たんこぶできたブウブウ‼」
　　「めつき　のわ　あ、めつきの　わるい　めぎつね！」

　高山：はい、練習はここまでにします。　ABC, ABCといきます。じゃ始めましょう！　皆さん、立ってください。良い声が出るようにお願いします。本番は１回だけです。せ〜の！

　　A：「あんぱん　ぱくぱく　ぱんだの　ぱんや
　　　　いかが　かにに　ちょっかい　いか　いかった
　　　　うしろで　ウロウロ　うるさい　うし」
　　B：「かばくんの　かった　かばん　ばかに　でかかった」
　　　　　……

　5人が声を合わせて読んでいく。AからB、Cとグループの順番が移る時

はやくち・どうぶつかるた

岸田 衿子
きしだ えりこ

あんぱんぱくぱくぱんだのぱんや
いかがにいちにちょっといかいかないか
うしろでうろうろうるさいうし
えびえんぴつでえんぴつきよく
おっとせいのおとうさんおっとせいのび

かばくんのかったかばんばかにでかかった
きりんのきりぬききりがない
くまこままわしめをまわす
けむたがるけむしにけむりをむけるな
こぶたぶったこぶたこぶできたぶうぶう

さざえのさんすうざえがきゅう
しまのひまなしまうまのしまのうんこ
すずかけにすずめすずなりゆうすずみ
せみうるよみせをみせによる
そっとこぞうがそうにぞうにやる

たすきがけのたぬききたんすにはたきかけ
ちょっときょうようえんによったちょうちょ
つきのうさぎもちっついてしりもちついた
てんとうむしとおでとうとうてんとりむし
とんでるとんぼぽんとばしてとる

ないてるなまずのなみだもみのなか
にわにわとりにわのとりっこににらめっこ
ぬーっとでたぬまのぬしぬまがえる
ねつきのわるいねつねっきねっきねっきねつね
のねずみずのめみみのむな

はげたかいつはげたかげたはげたか
ひょうはきょうびょうきでひよろひよろ
ふくろうくろいふくめんしてふくどろぼう
へびのおびにおびえるおに
ほしがらすほしほしがらす

まんまとまとったまんとひひ
みのむしみなしのみにみのなし
むささびむしばにむせびなく
めがねざるめがねがさめる
もぐらむりにもぐってくらくら

やぎのやきいもやのやきたてのやきいも
ゆでだこかったかいかたいかいかいな
よなかななかくきゃくのいいぬ
れすばんするりすするりするずらかる
れこーどねこねころんでよろこんできく
ろばのろうばろばたでたばこ

わらわれてわらえぬわらいかわせみ

『どうぶつ はやくちあいうえお』（きしだえりこ作　かたやまけん絵　のら書店）より作成

も、特に指示はなく、間を読んで呼吸を合わせていく。ひときわ声の大きな人、声優のようにきれいな声の人、間違えないように紙をしっかり見て読む人など、声が混じり合って部屋中に響く。ことば遊びを、楽しいリズムとともに味わうひとときだ。

　　C：「らくだの　くらは　まくらに　らくだ」

さあ皆さんで

　　ABC全員：「わらわれて　わらえぬ　わらいかわせみ」

高山：お疲れ様でした〜！（盛大な拍手）はい、お座りください。

(5) なってみよう、聞いてみよう「桃太郎」 ～ホット・シーティング～
15分

　高山：このあとは、ホット・シーティングという手法を皆さんに少し体験していただきます。これが最後のメニューになります。
　桃太郎の話をちょっと思い出してください。

　と、投げかけ、桃太郎のストーリーを簡単に説明する。

　高山：私たちが知っている桃太郎に出てくる登場人物に質問をしていこうというのがこのホット・シーティングです。まずは、桃太郎に聞いてみたいと思うことを質問してみてください。お話に書いてあることは、私たちは知っていますが、それ以外のことは知りません。わからないけれど、桃太郎役になった人は、わかったつもりになって答えてもらいます。桃太郎になって答えていただく方は、この椅子に座っていただきます。
　桃太郎役は１人ではなく、２人いてこちらの椅子に座っていただきます。たとえば、それぞれの桃太郎に『なんで異常な成長をとげたんですか？』と聞いてみましょう。まじめな答えでもいいですし、ふまじめでも良いです。１人目の桃太郎が答えたら、もう１人の桃太郎に聞きます。例えば１人目の桃太郎は、『当時はいい薬がありましてねえ』と答えたとします。その答えを聞いて、もう１人の桃太郎役の人は同じような答えでもいいですし、『いいや、違うんです。私は、地球の桃太郎ではなく、成長の早い宇宙人の桃太郎だったから異常な成長があったのです。』と答えることもできます。物語を自分たちなりに質問を考えて、答えていくという技法です。もちろん硬い文学作品でもできますし、自分たちで考えたこと、身の回りにおきたことでもできます。まず、桃太郎にどんな質問をしたらおもしろいか、考えてみてください。

　５分ほどの説明の後、グループごとに質問を考え始める。おもしろい質問に沸き立つグループもある。みな楽しそうだ。

＜グループ内活動＞
　Q：「どこから来たんですか？」
　A：「岡山です！」　　（あはは……）
　A：「広島です。岡山に桃太郎伝説があるけれど、広島にもありますからね。」

＜全体の場で＞
　わずか2分ほどの話し合いの中で、様々なアイデアがうかんだようだ。高山は、まん中のグループの1人を桃太郎役に指名し、さらに自身も桃太郎役になって、みんなの前に並べられたイスに座った。
　高山は、しばしば、鬼役と桃太郎役を混同してしまうのだが、それが、かえって場の雰囲気を和らげていく。

　高山：できるだけ、質問も答えもわかりやすいものでお願いします。質問は○○はなぜですか？　答えは○○だからです、のようなシンプルなものをお願いします。では、桃太郎への質問です。どうぞ。

　左はじの男性の手が真っ先に勢いよく上がる。

　Q：「名字は何ですか？」
　参加者：「桃山桃太郎です。」
　高山：「名字はないんです。」

　まん中のグループ奥の女性から質問が続く。

　Q：「桃太郎さんて、同世代の友だちっていたんですか？」
　参加者：「いません、おじいちゃんとおばあちゃんと村人だけです。やっと犬さんとキジさんとサルさんに出会って友だちになり、家来になってもらいました。」
　高山：「宝を持って帰ってきたあとに、友だちがたくさんできました。」

どっと笑いが起こる。いくつか質問と答えのやりとりが続く。いす（ホットシート）にすわっている2人の答えは同じではない。それぞれが、それぞれの桃太郎の答えを言うことがおもしろい。このモデルを示した後、参加者に鬼役をうながす。

　高山：次に鬼をやって下さる方！赤鬼と青鬼を引き受けてくださる方お願いします。
　男性1人、女性1人が手をあげる。

　高山：じゃ、お願いします。では、いきなりいきましょう。赤鬼さんと青鬼さんに質問がある方！

　Q：「お2人はどういう関係ですか？」
　青鬼：「共同作業者です。」
　赤鬼：「はい、そうです。」（鬼役同士が顔を見合わせる）
　Q：「なんで色が赤と青なんですか？」
　青鬼：「いつも気が落ち込んでいてブルーなんです。」
　赤鬼：「私は、あがり症なんです。」
　Q：「他には何色の鬼がいるんですか？」
　青鬼：「黄色とか、緑とか、黄色もいます。」
　赤鬼：「紫さんもいましたよ！」

　いくつかのやりとりが4分近く続いたが、参加者はよどみなく即興で答えていく。

　高山：はい、ありがとうございます。もう1つだけやります。物語には登場していないんですが、赤鬼さんと青鬼さんの奥さん。桃太郎にやっつけられた鬼の奥さん役です。お願いします。さて、この方たちに何を聞きたいですか？

Q：「その後、鬼はどうなったんですか？」
　鬼の奥さん：「今、裁判しています。こちらにも弱みがあるので有名な弁護士をつけています。」
　鬼の奥さんB：「夫は、ハローワークに通っています。」
　Q：「じゃ離婚はしてないんですね。」
　鬼の奥さんA：「とんでもありません。最愛の夫です。悪い夫でも愛してます。」
　鬼の奥さんB：「はい、気持ちがまだ落ち着いていません。離婚も考えています。」

　高山：では、最後の質問です。どんな言葉でプロポーズされましたか？
　鬼の奥さんB：「一生守ってみせる！僕は、喧嘩には絶対負けない。」
　鬼の奥さんA：「幸せになろうね！」

　このやりとりも、よどみなく、4分ほど続いた。質問者も次第に、ホットシートに座った鬼の奥さん役が創り上げている設定を受け入れながら、それに応じた質問をつくりだしている。ホットシートは、前に出た「演者」だけではなく、フロアの人たちも協力して、ドラマの空間をつくっていくのだ。

　高山：はい、ご協力ありがとうございます。これですべてのアクティビティは終了です。デパ地下の試食みたいに少しずつ色々なことをしましたが、お互いを知るということを中心にしました。「ここに私もいますよ」「あんな人もいるんだ！」というような雰囲気が皆さんの中に生まれていたらうれしいです。

(6) ふり返り　10分

アクティビティが終わり、4つのプログラムのふり返りを行った。

参加者①：はやくちかるたは、ゆっくりでもかまいませんと言ってましたが、"はやくちかるた"という名前ですし、実際はどうなんですか？慣れてきたらなるべく早く、すらすら読めた方がいいのでしょうか？

田ヶ谷：生徒たちはどんどん上達していきますね。グループのその時のメンバー次第でいいと思います。なるべく慣れたら早口でした方がいいですね。早いと失敗しますが、間違いも面白さを増す要素なので、それも楽しいですよね。

高山：間違いなくスラスラ読むことが目標なんですが、得意な子とそうでない子がいます。これは大人にも言えることですが。遅い人に合わせることも大切です。1人でも遅ければ、その子のペースにみんなで合わせる、心を合わせる、息を合わせるということも大切です。

参加者②：母語が違う場合もやりますか？

高山：基本的にやりません。母語が違う場合は、世界共通の数字などを使ったものにします。息を合わせられれば、なんでもいいですね。母語が違う時には手拍子でやります。1、2で手をたたいて、3の倍数になったら手をたたかないX、（やって見せる）1、2、X、4、5、X。これは、数字がわかれば出来ます。これも得意の子と得意じゃない子がいて、「グループでゆっくり息を合わせて30までやりましょう！」と言ってやります。

参加者③：順序がよく考えられているなと思いました。並ぶためには、左右の人と言葉をかわすことが必要ですね。他にどんなリングの並び方がありますか？

高山：名字、名前などを使うことは親しくなるのに有効です。五十音順にすることもあります。背の高さや手のひらの大きさ、これなどはお互いをよく見ることになります。しかも言葉を使わずにやる方法もあります。お互いに自然と近づくように、目を合わせるように仕掛けを

しています。

参加者④：共通点探しではどんな工夫が必要ですか？

高山：目に見えること、見えないこと、これを聞いたら驚くようなことなど、段階をつけてやるといいでしょう。条件をつけると難しくなります。でも、生徒たちは難しくすればするほど、探せば探していくほど乗って来ます。答えが見つからなくても情報をお互いに得ることが出来るのが良いです。初期のグループ作りの時によく使う手法です。

参加者⑤：今日参加した方々は、教える立場の人たちが多かったのですが、今日やったようなワークは、私たちは普段していないことが多いと思いました。「せ〜の」と掛け声をして始めるのではなく、今日のように息を合わせること、言葉を切るところを他の方と合わせてやることは難しかったのですが、とても大事なことだと思いました。呼吸を合わせて他者と一緒に何かをやることは、とても気持ちが良いことを発見しました。実は、私自身このような素朴なことを普段学生にやらせていなかったと思います。これからは他者と関わりながら出来るようなワークをもっと自分の授業に取り入れてみたいと思います。

この後、5分間の休憩をはさみ、次のワークショップに移った。休憩時間中も話し声が絶えなかった。ウォーミングアップの目的であった「場の雰囲気をときほぐす」ことはできたようだ。

2 ウォーミングアップ・プログラムの デザインと運用

青木幸子、高山昇

1 はじめに——ウォーミングアップ・チームの役割

　獲得研のワークショップでは、まず担当チームを決め、それぞれのセッションの性格にあわせて、毎回、新しいプログラムを提案する方式をとっている。今回の担当チームの特徴は、先行している本編担当の吉田真理子・武田富美子チームを追いかけるかたちで、ウォーミングアップチームがつくられたことにある。

　高山昇、田ヶ谷省三（Aチーム）、青木幸子、関根真理（Bチーム）の4人がウォーミングアップ担当に選ばれた。どちらも初顔合わせのコンビで、4人でチームを組むのも初めてである。個性の強いメンバー同士でどんなコラボレーションができるのか、それも楽しみの1つとなる。

　このメンバーは、大きくわけて2つの役割を担っている。1つは、もちろんウォーミングアップを通じた和やかな場づくり。もう1つは、プログラム全体の司会進行と本編のセッションのサポートである。

　ここでは、ウォーミングアップのプログラムをどうデザインし、プログラムの運用にあたってどんな工夫をしたのかを中心テーマとして、今回の経験を振り返ってみたい。

2 プログラムのねらいと工夫

　4人のチームが本格稼働したのは、5月に入ってからである。討議は、

まずプログラムのねらいを以下の通り共有することからはじまった。

参加者にとって「居心地の良い場づくり」が目標となる。それには、とにかく参加者の気持ちをほぐし、和気あいあいとした空気をつくりあげていくこと、そして同時に、後半の「ハックルベリー・フィンの冒険」のドラマワークに向け、参加者同士で協力して取り組めるような体制をつくりたい。

問題は、アクティビティの選定である。参加者の意識やニーズに思いをはせるのだが、実際には、直前まで参加メンバーが確定しない。それでも想定だけはしておく必要がある。おそらく、ワークショップの参加経験が多くない大学の研究者が多数派になるのではないか、常連参加者の多い、いつもの獲得研のセミナーとは顔ぶれも違うことだろう。とすれば、かなり懇切なプログラムにする必要がある、という結論になった。

これを受けて、アクティビティの選定基準を2つに絞ることにした。①参加者の心理的距離を近づけるプログラム：日常の話題をベースにして、自然な会話が交わされるようなものが良いだろう。②物理的な距離を縮め、身体の緊張をほぐすようなプログラム：参加者がフロアを歩き回るなかで、お互いの声を聞きあい、自然に距離が縮まるようなものを選びたい。

だれも試したことのない技法を選ぶのはリスクが高い。少なくとも4人のなかのだれかが自分のプログラムに入れたことのある技法、その有効性を実感できたことのある手堅い技法を使おう、ということになった。その方が、参加者が持ち帰って自分で使えるだろうし、さらには新しい展開を工夫できる可能性もある。

そして、最終的に決まったのが、1「メイク・リング」⇒2「共通点さがし」⇒3「音読：はやくち・どうぶつかるた」⇒4「ホット・シーティング」（質問コーナー）⇒5「ふり返り」という流れである。

「メイク・リング」と「共通点さがし」は、どちらも『学びへのウォーミングアップ』に収録されているもので、獲得研のワークショップではおなじみのアクティビティだ。

今回の「メイク・リング」では、「どこからいらっしゃいましたか？」など出発地を尋ねあうことで参加者の距離を近づける。このアクティビ

ティでできた輪を活用して、数を1〜5まで順に数えて、同じ番号のメンバーが3つの小グループをつくることとした。

「共通点さがし」は、自己開示の互恵性を利用するアクティビティである。一緒のものをみつけるとなんだかうれしい、親しみを感じる、というプロセスが経験できる。3分という時間の短さが会話を活性化し、輪になって座り、顔をみながら話すことで、グループとしての連帯感が生まれやすくなるだろう。

今回とくに工夫したプログラムが、「音読」と「ホット・シーティング」である。

「はやくち・どうぶつかるた」（きしだえりこ）の音読は、青木が提案したものである。すべてひらがな表記のため、想像力をフル回転させないと、スラスラ読めない。逆にびっくりするような頓珍漢な読み方がでてきて、雰囲気が一気に和やかになる効果もある。群読を取り入れることで、グループのまとまりや連帯感が生まれやすくなるのも魅力である。

最後の「ホット・シーティング」は、「〇〇になってみる」活動だが、こちらは本編とのつながりを考えていれた。設定した人物になりきって、考えたり、感じたり、動いたり、発言したりすることで、その人の気持ちを体感できるアクティビティである。

素材を「桃太郎」にしたところが今回の最大のポイントである。では、どの登場人物をホットシートにすわらせるのか。もちろん桃太郎本人は欠かせないだろう。さらに色々な候補の中から、「犬」と「鬼の奥さん」に登場してもらうことにした。「犬」からみた桃太郎の世界というのが魅力的だし、本来の物語には出てこない「鬼の奥さん」からみた物語は、さらに意表をつく世界である。果たして、本番でメンバーからどんな「問い」がでてくるのか。予測不可能だが、ひょっとしたら新たな「桃太郎」の創造体験になるかもしれない。私たちファシリテーターにとってもワクワクものである。

3 運用上の工夫

　もう1つ話し合ったのは、進行にあたって考慮すべきことは何かということだ。これについては、以下の3つの点でまとまった。

　第1は、すべての参加者が楽しめるように、活動の最中でも必要なサポートを行うことである。アクティビティの内容を分かりやすく説明するのはもちろんだが、参加者の戸惑いをそのままにせず、できるだけ疑問に応えられるようにしたい。第2は、柔軟な運用に努めることだ。限られた時間ではあるが、メニューの消化を自己目的にするのではなく、時間配分を組み替えるなど臨機応変の対応をしていく。3つ目は、ふり返りの時間を大切にすることだ。このワークショップは、私たち自身の学びの場でもある。参加者に評価してもらうこと、参加者の声に耳を傾けることが、何より私たちの今後の糧になる。

　山場はホット・シーティングである。ロールプレイは体験したことはあっても、ホット・シーティングははじめてという参加者が多いだろう。そこで、活動のポイントについて丁寧に説明するだけでなく、ここでデモンストレーションを入れることにした。

　ホット・シーティングでは、「問うこと」と「役になって答えること」の応答により想像力が刺激され、思いがけない展開が起こる。だから、何を聞くかという「問い」がなにより重要である。この点を理解してもらえば、ホットシートに座る人の緊張感もいくぶんか軽減できるだろう。応答の中から新しいなにかが生まれてくる、その瞬間をぜひ実感してもらいたい、と考えた。

4　ワークショップの実際——分析と考察

　ウォーミングアップチームは「居心地の良い場づくり」を共通目標としてプログラムを工夫した。では、実際のワークショップはどのように展開していったのだろうか。ここでは主に4章-1の実況中継と、当日の「ふり返り」からでてきた論点にそって考察することになる。

ただし、同じプログラムだとはいっても、実況中継で報告したAグループと別の場所で同時進行したBグループでは、グループの雰囲気も違えば、ファシリテーションの仕方も違っている。そのため、当日のDVD資料も参照し、随時、両グループの様子を比較検討する方式ですすめていく。

　本番での役割分担だが、Aグループでは、高山がウォーミングアップを中心となって運営し、田ヶ谷が全体の司会・進行と本編のサポート、そしてウォーミングアップの補佐を担当した。同様に、Bグループでは、青木がウォーミングアップを中心となって運営し、関根が全体の司会・進行と本編のサポート、そしてウォーミングアップの補佐を担当した。そのため、ここではAグループを「高山グループ」、Bグループを「青木グループ」と便宜的に表記することにする。

　プログラムをデザインするにあたって、私たちが重視したのは、参加者がどのような「心持ち」を抱いて会場にやってくるかということだ。当日は、オープニングまでの場づくりにも配慮した。不安な面持ちで入ってくる人々がほっとした気分になれるような雰囲気づくりとして、まずは、入ってきた人へのちょっとした声かけや対話のやりとり、その際の声のトーンや笑顔などを意識した。

　ファシリテーターやスタッフの自己紹介の後、ウォーミングアップ・メニューとタイムスケジュールをホワイトボードで示し、活動のアウトラインを説明した。ファシリテーターは、「○○となりますが、質問はありませんか？」「△△です。大丈夫ですか？」など、自身の話がしっかり伝わったどうか確認を行っている。

(1) メイク・リング

　このアクティビティでは、ファシリテーターは輪の起点となって参加者と活動の様子を観察する。積極的に話しかけている人、話しかけられることの方が多い人。アイコンタクトに抵抗のある人、ない人。参加者の緊張は頬の筋肉と目線にあらわれる。緊張状態では頬の筋肉が硬直し、口元が上がらない。視線も落ち着きがなく、キョロキョロしてしまうことが多い。

　ただ、動きだしてすぐに分かったのは、他者と関わることに慣れている

人が多いことである。誰もが気軽に話せる内容にしたこともあったのだろう。実にスムーズに輪が出来上がり、参加者同士のファースト・コンタクトが無難に進行した。

　ひとつ残念だったのは、参加者の並び順（参加者の自宅から会場までの距離）の確認が出来なかったことである。高山グループの中には奈良や広島から来ている方がいた。そういう情報をもっと多く共有できれば、さらに親和性が高まったのではないかと思われる。青木グループでは、一番遠くが沖縄からの参加者である。これが確認され、歓声があがることで、場の雰囲気が一気に温かくなったからである。

(2) 共通点さがし

　今回は目に「見えるもの」や「見えないもの」などの指定をせず、「何でもあり」の共通点さがしだったが、実際には目に見えない共通点をさがす方が、より自己情報の開示が必要となり、ハードルが高くなる。

　高山グループの会場で、小グループ同士の興味深い違いがでてきた。男女混合のグループがさがした共通点は、「日本語を話す、人間、左手に腕時計、教員関係、ショートカット」の5つだが、この中で自己開示が必要なものは「教員関係」の1つだけである。このチームの内訳は、男性3人と女性2人。年齢も推定20代から60代までと幅がある。

　もう一方の女性だけのグループは、「女性、自転車に乗る、果物が好き、ベランダに花がある、自宅にPCがある、Facebookにアカウント、携帯がガラケー」の7つである。「女性」以外はすべて自己情報の開示が必要な共通点だった。このグループは偶然に年代も近かった。

　当日は共通点を確認しただけで次のアクティビティへと進んでしまったのだが、ここで立ち止まり、男女混合のグループには「さらに目に見えないものを3つお願いします」などの追加課題を提示する方法もあっただろう。もしくは、最初からそのように指定しておけば、グループごとの自己開示のばらつきが小さくなったかもしれない。

(3) 音読「はやくち・どうぶつかるた」

　このアクティビティでは、失敗すること、間違えることをみんなで笑い合えるような状況を想定していた。ただ、実況中継でお分かりの通り、高山グループの場合、どのグループもお手本のように上手に読み上げてしまっている。これは想定外である。参加者の集中力、適応力が高かったともいえるのだが、ちょっとした失敗と達成感を演出する、という当初のねらいからみると、物足りない結果だった。

　一方の青木グループは、かなり様子が違っている。正確に理解しよう、正確に読もう、と1人になって小声で練習するメンバーに向かって「失敗OK、間違えOK、一緒にみんなでやりましょうよ」と声をかける人がでてきた。「ヘルプでーす」と言って、ファシリテーターに援助を求めたり、「訳わからな～い」とみんなで失敗作を披露しあって笑い飛ばしたりするグループもあった。

　こうしたことから、正確さを求めるよりも、失敗を共有できるような精神的な余裕を大切にすること、そして余裕にみちた空間が生まれるようにファシリテーターが配慮すること、それが場の雰囲気を和やかにすることにつながっていくように見える。

(4) ホット・シーティング

　ファシリテーターの個性の違いが一番はっきりでたのが、ホット・シーティングである。

　ホット・シーティングは、ここまでのアクティビティに比してハードルが高い。参加者全員で行うことから、質問役も回答役も、否応なくたくさんの視線を浴びることになるからである。会場に笑いでも起こるくらいが望ましいが、「スベり」が怖くて緊張するようでは、せっかくできた柔らかい雰囲気が固くなってしまう。

　そこで慎重なファシリテーションを身上とする高山は、ここまでの流れを受けて、3つのセイフティーネットを張ることにした。第1は、事前に質問内容をグループ単位で話し合ってもらうこと。第2は、質問を受ける役を2人にしたこと。第3に、ファシリテーターの高山が、まず桃太郎役

をやって質問にこたえること、である。これは参加者が一番緊張しそうな場面を自分も引き受ける、という意志表示である。

　それでもなお高山は、果たして「鬼の奥さん」への質問がでるのかどうか不安を感じていた。その結果、「鬼」と「鬼の奥さん」を順番にホットシートに座らせれば、きっと質問が出やすくなるだろうと判断し、予定していた「犬」の役をなくし、それを「鬼」の役に振り替えることにした。

　もっとも、実況中継でご覧の通り、そうした配慮が杞憂だったのではないか、というくらいに面白い質問や回答が続出している。どんどん質問の手が挙がり、テンポ良く活動が展開したのである。

　このように、大きく流れを変更した高山と対照的に、参加者の自発性に重きを置く青木は「桃太郎」「犬」「鬼の奥さん」の順で、打ち合わせ通りに進行した。

　「桃太郎」役の5人がズラリと椅子に座るや否や、次々と手が挙がって質問が続く。「どうしてあなたは桃から生まれてきたんですか」「どうして人を家来にしなかったのですか」「なぜ鬼退治をしようと思ったのですか」「宝物は持ち帰ってどうしたのですか」といった具合である。

　「犬」役の5人にも、「なぜ、きびだんごで家来になったのですか」「3匹の動物に家来の上下関係はあったのですか」「鬼は怖くなかったかのですか」「桃太郎にであう前までは何をしていたのですか」と意表を突く質問が続いた。

　ハイライトとなる「鬼の奥さん」の登場でいよいよ場が活性化し、「なぜ鬼と結婚したのですか」「正直、桃太郎と鬼とどっちについて行きたいですか」「桃太郎に対して、どんなことを思っていますか」などの質問がでて、これをきっかけに意外な鬼の夫婦愛が披瀝されたりしている。

　結果的には、どちらのグループも本編につながる「居心地のよい場」をつくったのだが、そこにいたるルートも参加者のテンションも、かなり異なったものになった、といえるだろう。

(5) ふり返り（質疑応答）

　実況中継の通り、ふり返りも、和やかな雰囲気のなかで行われた。私た

ちが提案したアクティビティについて、バリエーションを考えたり、セッション全体の流れを検証したり、次の展開を考えたりというような、積極的な発言が目立った。このことから、ファシリテーター側が、参加者の意気込みを強く印象づけられる結果となった。

青木グループのふり返りの中で、ホット・シーティングについて「うけをねらった答えがでたり、反応しやすい子だけの活動になってしまったりすることはないのでしょうか。また、そんなときは、どのように修正すればよいでしょうか」という質問があった。現場で活動している教師ならではの、とてもリアリティに富む疑問である。

正答はないだろう。ただ、いくつか方策は考えられる。その場で回答したことだが、たとえば、教師が介入して一度流れを切ってみたり、流れを作り直す工夫をしたりすることがある。また、だれもホットシートに座らずに、架空の人物にむけてみんなで問いを投げかけるという方法も考えられるのではないか。

5　実施してわかったこと・今後の課題

私たちが大切にしたことは、参加者同士の心理的距離を縮めること、楽しい場づくりをすることであった。授業でも、研修でも、そしてもちろん多様な現場においても、「楽しい」そして「居心地が良い」と思える雰囲気でなければ豊かな学びは実現できない、というのが私たちの実感である。

そのような場ができてはじめて、参加者同士の心理的な距離が近づき、思いを声に出すことができるし、メンバー同士の協力が促進され、新しいものを創りだす楽しさも味わえる。今回のセッションを通して、「居心地の良い・楽しい雰囲気の場づくり」の重要性を再認識した。

その上で、今後の課題として以下の3点を記しておきたい。

第1に、ファシリテーターとして、もっと参加者に伝えられることがあったのではないかということだ。

ファシリテーターは、参加者のようすを観察し、参加者の声に耳を傾け、その場で起こっていることに敏感なまなざしを向け、洞察し、いかに対応

すべきかを瞬時に判断している。また、自らの内面にも目を向けながら、場づくりを行っている。例えば、活動の途中で「これをやることに、どんな意味があるのですか」という質問にであうと、焦りや不安が湧いてきて、つい言い訳をしたり高圧的な態度になったりする可能性がある。

そんな質問に遭遇したときは、そうした発言を受容してくれる相手として、こちらを認識してくれているのだ、と受け止められれば、冷静に対応ができるだろう。

そのようなファシリテーターの胸の内、また活動の中でどのように判断し、何を工夫したかなどを、より具体的に参加者に伝えることができるようになれば良いのだが、と考えている。

2つ目としては、参加者からの「ドラマワークをもっと体験したい」「もっとホット・シーティングをやりたかった」という声に応えることだ。参加者の多くが、明日からでも実践に使えるようなアクティビティを求めている。今回は「はやくち・どうぶつかるた」の音読の後に、フリーズ・フレーム（静止画）でその場面を表現するプランもでたが、時間の制約で断念した。限られた時間の中で、どうやったらより多くのアクティビティを経験してもらえるのか、それは今後の大きな課題である。

最後に、プログラムをより充実させることだ。今回取り上げたアクティビティは、ロング・ホームルームなどで使用することは可能だが、必ずしも教科学習に即した内容ではない。参加者の多くが実践に使えるアクティビティを求めているのであれば、日々の授業で使えるものをもっと開発する必要があるだろう。

また、ファシリテーターが提供するメニューを参加者が体験するだけでなく、みんなで発展型を考えたり、新しいアクティビティの開発に挑戦したりするセッションも考えられるのではないか。

第5章

ドラマ技法活用講座
(2) ドラマワーク篇

1 実況中継
ハックの冒険をもとに人生のジレンマを考える

田ヶ谷省三、関根真理、宮崎充治

1 はじめに

　ウォーミングアップのあと、ファシリテーターはバトンタッチをし、吉田真理子（津田塾大学）による「ハックルベリー・フィンの冒険」のワークショップがはじまった。参加者は「異文化間教育学会」が主催するワークショップなので、大学の教員、日本語教育にたずさわる人などが多い。もともとの知人同士もいれば、今回はじめて知り合ったようすの人たちもいるが、第1部のウォーミングアップで和ら

ワークショップ「ハックルベリー・フィンの冒険」のプログラム

		実際の時間
1	ねらい	1分
2	台本配布、説明	5分
3	読み合わせとリハーサル	15分
4	1回目の上演	20分
5	ジグソー法によるリサーチワーク	15分
6	元のグループで情報共有	15分
7	シーン2の練習	5分
8	2回目の上演	15分
9	アンケートの記入と話し合い プログラムについてのふり返り	30分

いだ雰囲気ができ、なごやかな会話が聞こえてくる。

　にこやかに挨拶が交わされ、今日のねらいが話される。早速、ワークショップがはじまった。

2　ワークショップの概要

(1) ねらい（1分）

　吉田：今日のねらいを簡単に言いますと、『ハックルベリー・フィンの冒険』というマーク・トウェインの作品を題材にして、異文化を体験するということです。時間がたくさんあるようですが、やる内容が多いので、こちらの指示を良く聞いて従ってください。これはどういう意味なのかと思いながら、与えられた情報の中で、出来る限りそれぞれ想像力を働かせてやっていただきたいと思います。

(2) 台本配布、説明（5分）

　ウォームアップで分かれた3つのグループをそのままグルーピングに使った。女性2人・男性3人のグループ①、女性5人のグループ②、女性4人のグループ③の3つだ。この物語の台本が配られる。台本は2つのシーンに分かれる。シーン1の登場人物は主人公のハックと黒人逃亡奴隷のジムの2人。舞台はハックとジムが同乗するいかだの上だ。それぞれの事情をかかえて逃げてきた。ハックは、逃亡奴隷を逃がす手助けをしているという「後ろめたさ」と、これまで2人でいっしょに行動してきた友だちだという「友情」のはざまでゆれている。

　シーン2では、2人が川岸のあかりをみつけ、そこが目的地のケーロウという町かどうかを確かめようとする。そのために、ハックはジムをいかだにおいて、小さなボートで川岸にむかって漕ぎだすというシーンだ。そこに逃亡奴隷を追いかけてきたパーカーとジョンが加わる。ハックは、漕ぎ出したボートが2人に見つかり、「いかだに乗っているのは黒人か、白人か」と尋問される。絶体絶命の危機でハックはどうふるまうのかというのがこのワークショップのハイライトになっている（以下、205ページを参

照)。参加者が台本に目を落としているところで、吉田が語りかける。

　吉田：台本を見ていただいて読み合わせをしていただきます。役決めはグループにお任せです。シーン２の役は全部で４人ですが、グループが５人いらっしゃるところは、１人がト書きのところをナレーター風に語るというのでもいいです。やり方はグループにお任せします。時間は15分です。その中で、読み合わせ、それから立って動いてどういうふうな感じで発表するのか話し合って決めていただきます。小道具とかは特に用意していませんが、シーン２のところで、「ジムが自分の古い上着をぬいで」という所があります。布を持ってきましたので、その場面でお使いください。

(3) 読み合わせとリハーサル（15分）
　グループに、60×90cmほどの茶色の布が配られる。台本に目を通し、集中する参加者たち。役決めをグループで行っていく。話し合いで役割を決めるところもあればジャンケンをしているグループもある。ほどなくして、声に出しての読み合わせが始まった。練習の合間に笑いが起こる。
　「これ、いかだに乗っている？」「寒そうにしているんだよね」セリフを読みながら、状況を確認し合っているグループがある。
　"金が貯まったら、まずかみさんを買い戻す"というセリフに対して、

「これ、架空の話かな」
「ホントなんだろう」
「ぼくは、ストーリーを知らないんだ」

という言葉が聞こえる。有名な小説だが、くわしく内容を覚えていなかったり、原作を読んだことのない人たちも多い。

「もし、子どもたちの主人が売らねえって言ったら、奴隷制反対派の人に盗んできてもらう」
「じぇじぇ」

と思わず声が出て大笑い。「まちげえねえ！」のセリフが訛ったり、アドリブが出てはまた笑うなど、実に楽しそうである。
　ファシリテーターの吉田はその様子、全体を見渡している。

　吉田：打ち合わせが終わったら、そろそろ立って動いてみてください。

　あるグループが「一列に並んで、読み合わせの形に少し動きをいれようか」と話していると、吉田から助言が入る。

　吉田：すみません、ドラマなので朗読劇じゃない形で、状況を取り込んで空間を使ってやってください。

　吉田は、言葉だけでなく、実際に動きをいれることでの変化を体験させたいのだ。
　グループ②の人たちが真っ先に立ち上がり、動きの相談が始まった。それを見ていた他のグループも立ち上がって直ぐに広がり、演じる場所と立ち位置の確認をしている。どのグループも、やっては止まり、あれこれ話し合っている。その声が交錯する。
　15分ほど経ったところで、吉田が練習の終了をつげる。

　吉田：そろそろ発表にうつります。発表をやっていく中で１つアクティビティが入るので注意してください。

（4）１回目の上演（20分）（シーン１と２を演じる）
シーン１：
　スリー、ツー、ワン、パン！（手を叩く）の合図で上演が始まる。グ

ループ①は男性3人、女性2人の5人組だ。女性の1人がナレーターとなる。"〜ハックとジムは、いかだの上でケーロウの町の明かりを探している"というナレーションに合わせ、四方の遠くを見やる2人。やがて2人の会話が始まる。セリフは台本のままだが、動きの指示、つまり、ト書きは台本にはない。各グループが考えたものだ。

　　ジム役が前方を指さす。
　　ジム：あれだ！
　　ハック：違うよ、ジム。あれは蛍だよ。
　　今度は別の方向を指さし
　　ジム：あっ、あそこ！
　　ハック、ジムのそばに近寄って指さす方向を確かめながら
　　ハック：あれはたき火の明かりだよ。

　手に持った台本をときどき見やりながらドラマは進行する。この場面のやり取りは複雑だ。自由が近付いた喜びに震えるジムと、優しくしてくれたおばさんのところから逃げ出したジムをこのまま自由州に行かせてよいのかと悩むハック。2人のセリフがその立場の違いを鮮明にする。

　　ハック、独白。ジムに背をむけている。
　　ハック：最初の明かりが見えたら、岸まで漕いでいって誰かに話そう。
　　　　　そうだ、そうすりゃいいんだ。

　ハックのセリフは独白の量が増す。ハック役は、このセリフをジムに背を向けて語る。短時間しか練習時間はなく、しかも一番最初の発表なのに、なかなかやる。教室全体が集中して演技を見守っている。

シーン2：
　　ト書きをナレーターが語る。

ナレーター：まもなく明かりが1つ見える。いかだにつないだカヌー
　　　　をジムが引き寄せ、自分の古い上着をカヌーの底に敷き、櫂をハッ
　　　　クに渡す。ハック漕ぎだす。

唯一の小道具である布がここで印象的に使われる。この何げない行為にジムの心情や2人の立場がよく表れている。

　　　ジムをいかだに残し、小さなボートでケーロウの町を確かめに漕ぎ出
　　　　すハック。
　　　ジム：あっしはもうすぐ自由だ。みんなハックのおかげだ。ジムは
　　　　けっして忘れねえ、ハック。おめえさまはジムの一番の友だちだ。
　　　　たった1人の友だちだよ
　　　ジム、叫びながら、後ずさりしていく。
　　　ハック、座ってカヌーを漕ぐが動かない。

ジムが遠ざかることでハックの前進が絵柄として把握できる。そこへ追手のパーカーとジョンの2人がやってくる。こちらはボートに乗っている様子を演じている。ハックのカヌーとの違いを際立たせるかのように「ドッドッド」と効果音を奏で、体を揺らす。

　　　ボート、カヌーの前で停まる。
　　　ハックを指さし、高圧的に訊ねる。
　　　ジョン：おい、向こうに見えるのは何だ？
　　　ハック：いかだです。

　　　2人の追っ手は交互に詰問する。
　　　パーカー：おまえのか？
　　　ハック：そうです。
　　　パーカー：だれか乗っているのか？
　　　ハック：はい、ひとりだけ

第 5 章　ドラマ技法活用講座 (2) ドラマワーク篇

ジョン：じつは、この岬の上のほうで、今晩 5 人の黒人が逃げたんだ。

追っ手が、このシーンの最も大事なセリフをハックに浴びせる。

パーカー：いかだのヤツは、白人か、黒人か？

ここでシーン 2 は終わる。

「内面の声」を聞く

吉田：はい、ありがとうございます。ちょっとそこにいてください。その布を敷いておいてください。これから 1 つアクティビティが入ります。グループのみなさん、集まってください。

吉田はグループのメンバーを集めた。緊張を解かないように、みんなが拍手をしようとするのを制する。

吉田：まだアクティビティは続いています。この布の周りにお互いに、背中を向けて座ってください。これから皆さんに、内面の声を考えていただきたい。ハックの内面の声です。1 人ずつやります。合図はタップです。パーカーのセリフで "いかだのヤツは、白人か、黒人か？" と私が聞きます。私が肩を触れた人は、次々に、そのときのハックの内面の声を即興で語ってください。その時の内面の何でもかまいません。感じたことをそのまま語ります。自分がハックだったらということで語ってください。

ここが今日のワークショップの最大ポイント。シーン 1・2 の流れを受けて、ハックはどんな心情を吐露するのか。演じた人はどう感じたかを語るアクティビティだ。

教室の緊張感は一層高まっていった。

　吉田：いいでしょうか。じゃあ、始めます。「いかだのヤツは、白人か、黒人か？」

　吉田は布の周りに背を向けて座っている参加者の肩に触れ、次の人へと移っていく……。

　「白人に決まってるじゃないですか。」
　「つ、ついに来たこの瞬間。どうしたらいいんだろう。」
　「もし、黒人といったら許すのだろうか。」
　「俺は、ジムを裏切ろうとしているのか。」
　「だめ、絶対に裏切らないぞ。がんばるぞ。」

　吉田：はい、ありがとうございました。では、席にお戻りください。そして、今、言っていただいた言葉をこのポストイットに書いて、こちらのホワイトボードに貼ってください。

　動きをスムーズにするために、ポストイットをスタッフが貼っていく。このアクティビティをグループ②、グループ③もくりかえす。
　同じグループでも、ハックの内面の声はそれぞれ違う。

　「黒人だって言えるわけがない。」【グループ②】
　「俺は最低なヤツだな。」【グループ②】
　「もう言うしかないな。」【グループ②】

　あるものは、沈黙してしまい、あるものは自己の内面のジレンマを言葉にする。

「・・・・。」【グループ③】
「誰かに言うつもりでボートを漕いだ。でも、今ここでジムが黒人だと言ったら、ジムはどうなるんだ。」【グループ③】
「どうすりゃいいんだ。やっぱりジムを裏切れない。」【グループ③】

(5) ジグソー法によるリサーチワーク　時代背景を知る（15分）

　3つのグループの内面の声が語られたところで、次の活動へと進む。先ずは、今のグループを解体して、新しいグループをつくる。グループ内で1から5までの数を順番に言っていく。各グループの同じ番号のもの同士が新たなグループをつくる。それぞれが新しいグループに分かれて座り、各グループには資料①～⑤（207～212ページ参照）のうち1つが配られる。

　①『ハックルベリー・フィンの冒険』あらすじ
　②ケーロウ
　③逃亡奴隷に関する法律
　④奴隷廃止運動と南北戦争
　⑤作家マーク・トウェイン

吉田：では、これから、15分間資料読みを行います。グループによって資料が違います。この新しいグループで読みこみ、どういう内容なのかをお互いに確認してください。そのグループで、内容を確認し、議論し、理解を深めてください。
　この後、皆さんは、今読みこんでいる情報を専門家として元のグループに持ち帰ります。グループの中でその情報をもっているのは1人だけですから、よく把握しておいてください。

　各グループは資料を読み始める。そのようすを吉田が見て回る。
　「この資料は返すんですか？」参加者の1人が質問をした。
　吉田：はい、後で回収します。
　期せずして「厳しい！」という声や苦笑いが起こる。ここでは、その中

の、奴隷廃止運動のグループの話し合いを拾ってみよう。

「南北戦争は1861年か」
「これって年号も関係するんですかね」
「覚えられません」
「ずっと年代順に流れてますね」
「時系列にね」
「北部は工業が発達して南部は綿花か」
「奴隷の人がいっぱいいたんだね」
「リンカーンは南部諸州の奴隷制は容認する立場にあった」
「うーん、そうだったのか、知らなかった。最初から反対していたと思った」
「奴隷制度は廃止なのに深刻化する……」
「その後、深刻化されるっていうのがミソかもね」
「これは、結構話し合う時間より、読む時間の方がかかる」
「内容が固いですね」

参加者たちは、ちゃんとメモしなきゃと懸命だった。
この時間帯は、ジグソー法の「専門家」グループにおけるリサーチワークだ。メンバーの一人ひとりは、それぞれの専門知識に責任を負うと同時に、得た知識を他の生徒に分かりやすく伝える工夫が求められる。それだけに真剣な読み合わせと話し合いが行われた。

(6) 元のグループで情報共有（15分）
　吉田：では、元のグループに戻ってください。では、忘れないうちにグループでシェアをしてください。自分が得てきた情報を分かち合ってください。

「シェアしましょう」の声。活発な話し合いが始まる。吉田は、予定の10分を過ぎたあたりでお互いの情報提供が終わったどうかを訊ねる。数

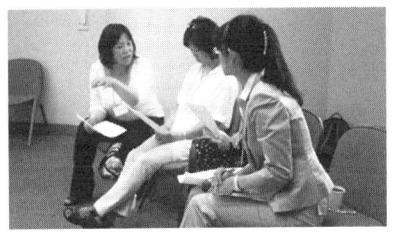

名から「まだです」の声に2、3分延長をする。

(7) 2回目の上演のための練習 (5分)

　吉田：もう1回シーン練習をしていただきます。10分から15分くらい練習をした後で発表します。

　と、次の活動を促すが、各グループ共に情報のシェアがなかなか終わらない。それを「時間が限られているので」と打ち切らせ、リハーサル・発表へと進んだ。2回目の発表は、時間の関係もあり、シーン2のみとなる。練習時間は10分。グループ②③はすぐに立ち上がり、練習を始めた。
　グループ①は全体の構成をどうするか話し合っていた。そこで、メンバーの1人が「裏切りバージョンでいこう」と提案し、グループ全体がその方向で決まろうとしていた、その時、吉田が「皆さんの気持ちが同じ方向になると、後のハックの独白に一人ひとりの個性が出にくくなる」と、アドバイスをした。グループ①は納得し1つの方向に固めるのをやめた。

(8) 2回目の上演 (15分)

　ほどなくして、発表が始まる。順番は②③①と変わる。段取りは第1回目の上演と変わらない。1つの上演が終わると、「内面の声」が絞り出される。声を記したポストイットは、第1回目のポストイットの横に並ぶ。各グループの発表は、力強い演技やセリフへと変化している。ジレンマで揺れ動くハックの心境を1回目の声と比較してみよう（次ページ表）。

「内面の声」の比較表

グループ	参加者	性	役	1回目	2回目
1	A	男	ジム	白人に…決まってる…じゃないか	そんな奴らに…言うもんか
	B	男	ジョン	つ、ついにきたこの瞬間。どうしたらいい…	やっぱり逃げきれないよな
	C	男	ハック	もしも、黒人だと言ったらどうなるんだろう？	やっぱり黒人なんていえない！
	D	女	語り	オレは、ジムを裏切ろうとしているのか？	どうやったら、うまくいくだろう
	E	女	パーカー	ダメだ。絶対に裏切らないぞ。がんばるぞ	ジムだってわかってくれるよ。仕方ないよ
2	F	女	ジム	白人に決まっている！	ジムは色は黒くても、心は白人だ！裏切れない！（自分にいいきかせる）
	G	女	ジョン	黒人です	やっぱり言えない、白人です
	H	女	パーカー	黒人だって言えるわけがない…	やっぱり明かりは追っ手だったんだ
	I	女	語り	俺はサイテーのやつだ	おばさんごめんなさい…悪いのはおれです
	J	女	ハック	もう言うしかないな	ジムだ
3	K	女	語り s1 ジョン	やばい。どうしよう！	こいつらに言ったら、ジムはどうなるか？
	L	女	ハック	俺は本当のことは言えない	もう、どうしたらいいかわからない
	M	女	語り s2 パーカー	誰かに言うつもりでボートをこいで来た。でも、ここでこの2人に黒人って言ったら、ジムはどうなるんだ？	誰かに言うつもりだった。でも、こいつらには渡せない
	N	女	ジム	どうすりゃいいんだ…やっぱりジムを裏切れない…	ムリだ！ムリだ！ジムを売ることはできない!!

注) s1、s2はシーン1、2を示す

(9) アンケートの記入と話し合い（30分）

　全グループの発表が終わって、このアクティビティは終了した。アンケート用紙に、発言をホワイトボードにはったポストイットで確認するなどして、できるだけ詳しく書いてもらった。そのあと、ふり返りを行った。

　吉田：皆さんどうもお疲れさまでした。このアクティビティを体験して

どんなことを感じたかを自由に語っていただけたらと思います。その後は司会者にバトンタッチし、このプログラムについて、異文化とは何か、異文化理解にドラマワークの手法を取り入れていくことなどについて語っていただき、また協議していただこうと思います。

　なるべく、その議論の実際の流れに沿いながら、参加者の受け止めや出された論点を紹介していきたい。

　　F：ジムの役をやった。ジムへの感情移入があったので、ハックは絶対裏切らないと思った。しかし、みんなが迷ったり裏切ったりするのが当たり前なのでガッカリ。「えっ、ホント。さみしい！」という気持ちになる自分がいた。
　　C：ドラマを演じる際に、ストーリーの時代背景を深く理解していたら、演技の質がかなり違うし、感情移入も、もっとよく出来るのではと、2回目の時感じました。
　　L：異文化コミュニケーションの授業を担当しています。相手の視点に立って考えることの重要性を改めて思いました。ハックを演じたが、1回目は「俺には本当のことは言えない」と書いた。グループワークで歴史のこと、逃亡奴隷の法律のことなどを学んだあと、ハックは、本当はどういう気持ちでいたのだろうかが分からなくなった。

　今回のワークショップは一度、ただ物語だけを受け取って演じることと、様々な歴史的背景などの情報を入れることによってもう一度演じ直すという手法をとっている。その中で、参加者は自分にもどったり、その人物を

「異化」して考えるという往復をするのだ。
　参加者の多くが、自分が演じた人物に感情移入をするというドラマを楽しんでいる。しかし、そのドラマのもつ力への不安や冷静に判断するためにはドラマの方法ではない方がいいのではないかという意見も出された。

> I：私はちょっと視点が違います。私も先ほどの方のように心がはいってしまうので、ちょっと怖い。こういった手法をとると、ゲームなのに参加者が泣き叫んだりするのを見ている。だから、それを学生たちにする怖さっていうのを感じる。そういう意味で、私はどのようにすればいいのか逆に質問したい。
>
> J：私はドラマで演じる方法ってあまり必要ないと思っています。そこに出てくる登場人物はいったいどういうことを考えているのかを深く読むために、別の方法を使うことが多い。その方が少し冷静になれる。自分自身は、動きながらやるよりも、このセリフの部分は、途中に入れた背景情報を読みこめば、私自身の気持ちがすごく変わったと思う。

　吉田はここで「とても貴重なご意見です。」とこれらの意見を受け止めながら、あとでそのことについて述べたいと議論をすすめた。次に出されたのは、この題材のもつ可能性についてであった。

> C：さっき、時代背景などが分かったら演技がよく表現できるのではと言った。その逆に、こういうドラマを通じて、ある時代の出来事とか何らかの社会現象を学ぶってことも出来る。ドラマ中心じゃなくて、ドラマを通じて、その時代、この場合だったら奴隷制度についてだかね。アメリカの歴史的な背景を学ぶってこと自体が目的になるってこともあるかと思います。
>
> E：私はこの選ばれた題材とシーンは、もうちょっと何か普遍的な、奴隷制とかアメリカ南部とかを超越した、今のこどもが瞬時に「分かる！」というような文脈を含んでいて、とてもいい選択だと思っ

た。資料の勉強が始まったときは、実はちょっとガッカリしたところがあった。私だったら、お勉強ぬきにして、本当にドラマとして創造したり、あるいは新しいセリフを考えたり、現代バージョンを考えたりしたい。背景とか固有の具体性につかまってしまい、1回目の方が他のグループを見ていてもよかったなと思いました。

　2つの意見は「真逆」の方向ともとれる。しかし、これはこの題材の2つの可能性、すなわち、ドラマを入口として学習につなげるという可能性とこの状況を演じながら、今にも通じる「問題状況」を演じるという可能性の2つにひらかれているといえるのではないだろうか。
　ついで、吉田は、先ほどの登場人物への感情移入という問題について語った。

　先ほどの話ですが、私自身も実は非常にドラマに感情移入するほうです。なので、これを作るときは非常に苦労しました。私はある時期までマーク・トウェインを研究していました。実際にこの地域を訪れたこともあります。ですから、今回はワークショップ・ファシリテーターとして、小説の舞台裏をどこまで説明するかという取捨選択を迫られている気分でもありました。
　感情移入してしまったあとに、どうするのかというケアはドラマをやるときに確かに問題になってくるところです。1つの方法として、今、みなさんとやっているように、こうやって話し合いをもつことが大事でしょう。こうなんじゃないか、ああなんじゃないか、私はこういうようにやるとあまり好きじゃないとか話し合いをもつ時間をとることが大事なんですね。
　それから、演じる役を変えて、いろいろな役をやって、いろいろな立場になってもらうことも大事だと思います。
　また、役からぬける1つの方法としては、今日やった役を置いて帰るやり方があるようです。
　「今日ハックルベリー・フィンの物語をやりました。私は主人公のハックをやりました。私はハックではありません。」

と声に出して、役を全部置いて、帰る。形だけのようですが、儀式として、こういう役があったなと、みんなで確認し合うというような方法でもあります。

　今日、皆さんからいただいたご意見で貴重だなと思ったのは、これを読んで発展させる方向へのサジェスチョンです。子どもたちがどういうふうに自分たちの日常にひきつけることができるかという方向に発展させる。あるいは、これを読み、何だかよく分からんぞっと言って、資料を読み解き、あっ、こういう背景があったというところで学んで終わらせるやり方もあると思います。

　教師の視点として何を目指すのかというと、この活動を学生にさせるときに、そもそも学生はこの物語が置かれていた状況を知らないのではと思うのです。だから、このような歴史があったという学びの１つとして行う。半年間ずっと、これを続けてやろうとは思いません。むしろ、動機付けとして、「じゃあ実際どうなっているの？」と学生自身の研究として調べていくきっかけになればと私は思います。

　今回は、ドラマの手法の１つとして『内面の声』にフォーカスしました。それを知った上で、ビフォア・アフターじゃないですが、内面の声って変わるのだろうか？という点を考えてみたかったのです。内面の声ですから、役だけではなく、自分自身と重なるところが当然出てきます。そうすると、疲れますね。皆さんもけっこう疲れたと思います。どうもお疲れさま、私もけっこう疲れました（笑）。無事終わってほっとしています。

　最後に、今日の流れが全て書かれたプログラムが配られ、ワークショップは幕を閉じた。参加者は、まだ、話し合いを続けたい様子で終了後も部屋に残ったり、廊下で話す様子が見られた。

2 ドラマを通して考える
ハックルベリー・フィンの冒険

吉田真理子、武田富美子

1 はじめに——『ハックルベリー・フィンの冒険』への道のり

(1) 獲得型教育とドラマ

　獲得型教育は、知識注入型教育の対極にある教育理念として渡部淳によって提唱された。「獲得型学習における教師の主要な役割は、知識の伝授にとどまらず生徒が『探求する場』『学びあう場』を整え、その活動を演出することにある」[1]。学び方を学ぶ獲得型の教育は「リサーチ」「ディスカッション／ディベート」「プレゼンテーション」「ドラマワーク」の4つのアクティビティを柱とし、人間関係の構築を意図したウォーミングアップを含めて構成されている。

　獲得型教育とドラマが結びつくのは、「知の組み替えはもう一方で身体性の問題と深くかかわっている」からである。「知識を受容する『受身の身体』から学びに参加する『能動的な身体』への移行である。ここでは思いを声に出す勇気、動き出せる身体を育むことが課題になる」[2]。また「そもそも教育における表現活動は、3つのモードに支えられている。コトバ（書き言葉／話し言葉）、モノ（ポスター、衣装、パワーポイントなど）、身体（表情、しぐさ、身振りなど）である」[3]。コトバはもちろんのこと、これら3つのモードのすべてを結びつける、言わば要になるのがドラマ技法であり、全身的な学びに欠かせない仕掛けとして取り入れられるのである。

(2) 題材

　異文化間教育学会のワークショップで、なぜ『ハックルベリー・フィン

の冒険』(以降『ハック・フィン』)が題材になったかについては、獲得型教育研究会(獲得研)メンバーの活動を数年遡って説明する必要がある。2011年、今回のワークショップAグループのファシリテーター(吉田)と大学4年ゼミ(英語教育)の学生たちは、同研究会メンバーの田ヶ谷省三が音楽の授業を指導していた東京都東大和市立の中学校の補習授業に参加し、中学生(1年～3年)有志約25名とともに英語劇をつくる活動をおこなっていた。このプロジェクトは、補習授業が「学習プラスワン」の名前で発足した2009年度から始まり、初年度の題材は『アラジン』、2年目は『クリスマス・キャロル』(芸術教育推進事業として文科省から助成金を受けてのプロジェクト)、そして3年目の2011年度は『トム・ソーヤの冒険』(以降『トム・ソーヤ』)であった。

　題材は、映画化・舞台化されて名前の知れている作品から選ばれ、ゼミの学生たちが原作を脚色して英語の台本を作成していた。『トム・ソーヤ』といえば、東京ディズニーランドに行ったことのある生徒であればその名まえやディズニーランドに浮かぶ蒸気船を思い出すだろうという期待はあった。その一方で、19世紀アメリカの西部開拓時代の秘境を舞台とした作品に、果たして21世紀に生きる日本の中学生たちが親近感をもつのかという不安もあった。しかし、劇中、町の厄介者扱いをされ一度は町を去り復讐を誓って町に戻るインジャン・ジョーの憤怒に体当たりで挑んだT君の迫真の演技と、リピーターの多いプロジェクト参加者一人ひとりの集中力と仲間同士の協力体制の構築、さらにはプロジェクト1年目に当時3年生として参加し『アラジン』のジーニー役で見事なムーンウォークを披露し会場を沸かせた卒業生G君が応援に駆けつけて、チーム全体に一体感が生まれた。リハーサルと二度の発表を経て、生徒一人ひとりの達成感と自信につながったこの半年間のプロジェクトを終えて、「冒険」は年齢や国境、性別、そして時代をも越えた普遍的なテーマであることをあらためて認識することとなった。

　同じく2011年度には、獲得研においても、研究会代表者渡部淳が"An Adventure around Educational Methods: Teachers' Explorations for Application of Dramatic Activities"(教育方法をめぐる冒険――演劇的手法を活用する教師たちの模

索)[4]と題する論文を発表し、まさに「冒険」がキーワードになる年度であった。

(3) プロダクトからプロセスへ

　前述した中学校と大学のゼミとのコラボによる英語劇づくりは、そのプロセスにおいて学習者の作品理解を助ける目的でドラマの技法を用いたアクティビティを幾つかおこなってはいるものの、最終的なゴールは半年間の準備期間を経て、プロダクトとして観客に見せるかたちの劇発表にあった。一方、獲得研の春のセミナーは、獲得型教育の実践とそれに基づく学習方法の体系化にそって企画され、一貫して「表現、コミュニケーション、ドラマ」が重視されてきており、完成されたかたちの発表（プロダクト）ではなく、ドラマの体験を通して考えること（プロセス）のほうに重点がある。

　2011年度「春のセミナー」（2012年3月）のワークショップの場合は、2時間という制約のなかで、「大学の授業に演劇的手法を活かす」可能性を考えることがテーマとなった。また、このワークショップでは、2人のファシリテーターが進めていくという新しい方法をとること、そして吉田と武田がペアを組むことが提案された。その後、2人の間で幾度か交わされた話し合いのなかで、「冒険」をテーマとすることについては早い段階で一致をみたが、題材については「桃太郎」も候補に挙がり、さらなる議論が続いた。最終的には、ファシリテーターの1人が前述した中学校でおこなった実習経験と、2012年1月獲得研新春合宿でのパイロットを踏まえて『トム・ソーヤ』を題材とすることで合意をみた。

　ドラマワークでは、単に小説のプロットを追うのではなく、個人レベルの経験に引きつけて考えるという、ドラマ教育の先駆者ドロシー・ヘスカットの考え方をとり入れるアクティビティを工夫した。簡単に紹介すると、まず小説のなかでトム・ソーヤが体験する冒険をいくつか取り上げる。次に、ワークショップ参加者一人ひとりが過去に体験した冒険を小グループのなかで語り合ったあとドラマの技法を用いて発表する。発表は語り手それぞれのエピソードを代表する1つのエピソードを選ぶのでも、幾つか

のエピソードを連続的に紹介する形式でもよい。このワークショップで使った技法は、静止画と「思考の軌跡」[5]である。ワークショップ後のふり返りでは、参加した大学生から、ドラマワークはグループでおこなうので人づきあいという「教科書で学べないスキルを身につけられる」し、「それぞれの役割を果たしてかたちにすることで達成感がある」などのコメントがあり、参加者には概ね好評であった。一方、発達障がいの学生などがいる場合、安全な場の作り方に工夫が要り、ファシリテーションの力が問われる、というコメントもあった。障がいをもつ人々にどのように参加してもらうかについては今後の日本のドラマ教育においてさらに経験と研究を重ねていく必要があろう。

　ワークショップを終えて、冒険を主題にしたこのワークをさらに練る案がファシリテーター2人の間で持ち上がった。その過程で注目することになったのが、『トム・ソーヤ』の著者マーク・トウェインが後に描いたもう1つの冒険小説『ハック・フィン』における語り手ハックのジレンマである。

2　ワークショップの構成——ドラマとジグソー法

(1) ジグソー法

　筆者らがペアで担当した2012年の春のセミナーでは、それまでの「コミュニケーション、ドラマ」に加えて、「リサーチワーク」が追及された。筆者らは、『トム・ソーヤ』のワークショップにリサーチワークを取り入れはしなかったものの、ドラマワークをリサーチワークとどう関連づけるのかという課題意識はあった。ハックのジレンマを取り上げようと決めたとき、ジレンマの背景を知るリサーチワークを取り入れたいと考え、その方法として浮上したのがジグソー法だった。

　ジグソー法は協同学習の1つであり、知の営みを個人だけのものとするのではなく、小グループで一緒に学び、さらにそれを全体で共有できる優れた方法である。

　協同学習が単なるグループ学習と異なる特徴として、バークレイら

(2009)は「計画的な学習」「ともに活動すること」「意味ある学習」を挙げている。意図的に具体的な活動を準備されたその学習プログラムは、メンバー全員が参加し一緒に活動できるものであり、さらに単に活動するだけではなく知識を増やしたり理解を深めたりすることのできる活動である必要がある[6]。グループのメンバーには「互恵的な協力関係」「グループの目標に対する個人の責任」があり[7]、主体的にグループ活動に参加することが求められる。言いかえれば、教師は、個々の学習者の主体的な活動をつくりださなければならない。杉江（2011）は協同学習について「主体的で自律的な学びの構え、確かで幅広い知的習得、仲間と共に課題解決に向かうことのできる対人技能、さらには他者を尊重する民主的な態度、といった『学力』を効果的に身につけていくための『基本的考え方』」と捉えている[8]。協同学習は、単なる学習方法ではなく、多くの場合、教育理念と結びついている。

バークレイらは、協同学習は、「教師は科目の専門家であり、クラスの権威者であるという、古くからの二つの役割を保持して」いると言い[9]、社会構成主義に基づいた「学生と教師が知識の創造に向けて共に学び合う」学習は協調学習であるとして区別している。このように、協調学習と協同学習を峻別する考え方もあるが、本稿では、グループのメンバーに「互恵的な協力関係」「グループの目標に対する個人の責任」が求められ、学習者が主体的にグループ活動に参加する学習方法として、どちらも協同学習として捉えている。ドラマワークは、多くの場合1つの結論を求めることはしないが、グループでの活動であり、グループの中でそれぞれの役割があり、相互に表現しあい、話し合うという点で、協同学習の1つと位置づけることが可能である。

協同学習の技法は様々な文献で数多く紹介されているが、以下に「協同学習の技法」[10]をベースにジグソー法の概略を紹介する。1グループの人数は4〜6人が適している。

① 教師は、学習する大きなテーマに対して、そのテーマを構成する小テーマを示す。

②学習者は全員が小テーマのどれかを担当する。担当するテーマごとに「専門家」グループを構成する。
③「専門家」グループはその小テーマについて資料を読み、または独自にリサーチをして、それを他者に教える方法を考える。
④次に、それぞれの「専門家」を含むジグソーグループをつくる。この中で、専門家は自分の「専門分野」について他の人に教える。これをもとにジグソーグループで大きなテーマに取り組む。
⑤最後にグループで発見したことを、クラス全体でふりかえる。

この方法を成功させるためには、グループで考えるに値する課題（大きなテーマ）を適切に設定することと、それにふさわしい資料（小テーマ）を的確に用意する必要がある。

(2) 獲得研例会での実験的試み

獲得研の11月例会（2012年）でのワークショップに向けて、『ハック・フィン』の長い物語のどこを取り上げるかがプログラムづくりの糸口となった。選択したのは第16章「自由州に続くケーロウを目前にした逃亡奴隷ジムの高揚とハックの葛藤、それに続く銃を持った男たちの登場」の場面だった。

このワークショップの目的は、「ハックの葛藤をドラマの技法を通して体験すること」とした。さらに、このことを通して、時代や制度がどのように個人に影響を及ぼすかを考えたいと思った。ジグソー法を取り入れることで、当時の状況や物語の背景について情報を提供することができる。

焦点になる場面を台本によって参加者自身に演じてもらうことにしたが、ここでは演じてみせることが目的ではない。ただ、いかだの大きさや川の流れ、お互いの動線や置かれている状況を想像しながら実感を持ってもらう必要がある。そのため、台本を持ったままで、体を動かしながら読んでもらうことにした。

ウォームアップののち、3グループに分け、A4判3ページ分の台本を渡したのち、台本の場面に至るまでの物語を簡単に紹介した。この台本を、

それぞれが黙読する、役を決めて座ったまま読み合わせる、立って位置を考えながら読む、台本を読みながら演じる…というように、4回読んだ。そのあと、グループ毎に上演。上演後直ちに、上演したメンバー全員がファシリテーターの「いかだのヤツは、白人か、黒人か」の問いに続いて『ハックの心の中のセリフ』を用意した椅子に向かって語り、語ったことをポストイットに書いた。ジグソー法で資料を共有したのち、台本の後半からもう一度演じ、『ハックの心の中のセリフ』を前回と同じ方法で述べ、またポストイットに記入した。その後、感じたことをわかちあった。

　このときの獲得研例会では、このプログラムについて主に次のような意見が出された。

　1つ目は台本に関することだった。この時の台本は、ほぼ原作通り。原作は、ハックの一人称で綴られている。したがって、大半がハックの独白である。参加メンバーから、「台本なしでも演じられるような台本にしたら…」という声があった。筆者らには原作を尊重したいという思いがあり、台本を手放して役になりきって演じてもらうことは考えていなかった。けれども、「ハックのセリフが長くて集中力が保てない」というコメントを受け、参加者が演じやすいよう、独白を対話型に作り変える必要性を痛感し、A4判2ページにまとめることとなった（205ページ台本参照）。

　2つ目は、ジグソー法の資料について。あるものは量が多く説明が難解、あるものは関連性がよくわからないなど、資料の精査の必要性を指摘された。

　3つ目は、心の中のセリフを椅子に向かって言う方法について、その必要性と妥当性が議論に上った。

　4つ目は、ふり返りでワークをどのように深めていくかということだった。ハックの葛藤を体験することを通して、現代の社会や制度に捉われている自分への気づきを促すことも視野に入れたワークのつもりだったが、「現代の私たちとどう関係するのか」という問いかけが唐突で、ハックの物語にそって十分に深めないうちに、個人的な体験に話がそれてしまった感があった。

　このプログラムについては、実施直後だけでなく、その後の獲得研例会において、異文化間教育学会直前の5月まで検討が続けられた。筆者らの

間で焦点となったのは、資料と「ハックの内面の声」の引き出し方だった。

「いかだのヤツは白人か、黒人か」と迫られる場面で、頭で考えこむのではなく、心の中のセリフがどうしたら引き出せるか。「内面の声」を椅子に向かって語ってもらったのは「緊急事態に直面しているハック（＝椅子）に、ハックの内面の声が語りかける」という構図を椅子によって明らかにしたかったからである。この椅子を、最初からハックの乗るカヌーとして使うという案から発展して、ジムがハックのためにカヌーの底に敷く「ジムの上着」として、布を用意するアイデアが生まれた。演者に、布の上に座ってもらうことでハックの内面の声になってもらうことができると考えたのである。

異文化間教育学会では、表5-2-1のようなプログラムを用意した。

表5-2-1　異文化間教育学会プレセミナー（2013.6.7）

```
「ドラマをとおして考えるハックルベリー・フィンの冒険」

《導入》約5分
二部の開会の宣言（司会者）
ファシリテーターにバトンタッチ

 1．今日のねらい：「ハックルベリー・フィンの冒険」を題材に異文化を体験する

《Activity 1》約40分
 2．台本の提示
 3．役決めと練習
 4．上演と「ハックの内面の声」
    ポストイットに記入

《Activity 2》約25分
 5．グループ内で資料①、②、③、④、(⑤)の担当を決める。それぞれの番号に分かれ、
    資料を読む。（「専門家」グループ）
 6．元のグループで情報共有（ジグソーグループ）

《Activity 3》約35分
 7．【シーン2】の上演と「ハックの内面の声」
    ポストイットに記入。先に書いたポストイットの横に貼る。
 8．話し合い「ことばや気持ちが変わったか」「ハックの世界を体験して感じたこと」
 9．ワークショップ終了

《ふりかえり》約15分
司会者にバトンタッチ
    「このプログラムについて」
    「異文化理解にドラマの手法を取り入れることについて」

終了
```

(3) ジグソー法の資料

　ジグソー法はどのような課題と資料を用意するかが、その成功の決め手となる。課題に即して学習者が調べる方法をとることも多いジグソーであるが、今回の場合は限られた時間のなかでおこなわれる単発のワークショップであり、参加者が準備する時間と手段が限られているため、ファシリテーターのほうで資料を用意することとなった。結果的にはワークショップにむけての準備で最も時間を割いたのが、台本と資料作成である。

　アメリカの奴隷制を論じる場合、「大西洋クレオール」というアフリカ生まれの、複数の言語を繰る、交易の仲介役を務めた「第一世代」から始まり、「プランテーション世代」「革命世代」「移住世代」「解放世代」と五期にわたる捕囚の足跡を辿らなければならないと、合衆国奴隷制研究の第一人者であるバーリン (2003) も述べている[11]ように、物語の背景にある奴隷制の歴史は数世紀に及ぶ複雑なものである。それをワークショップ参加者が30分ほどの時間内に読みこなして話し合い、他の人に伝えられるようにするため、分かりやすくしかも情報が凝縮された資料をつくるのは並大抵の作業ではない。本稿の執筆者でもありファシリテーターも務めた2人は、獲得研例会でのパイロットとフィードバックをもとにさらなるやりとりを重ね、ワークショップで提示した資料は①物語のあらすじ②ケーロウという地名③逃亡奴隷に関する法律④奴隷制廃止運動と南北戦争⑤作家マーク・トウェインについて、の5種類であった (207～212ページ参照)。以下に資料の補足説明をおこなう。

　少年ハックは『トム・ソーヤ』にも登場する (資料①)。しかし、そこでは海賊ごっこなどの遊びに興じるときも、トムが殺人事件の目撃者として巻き込まれるときも、トムの相方として登場し、作品のなかでの描かれ方は脇役的存在である。一方、『ハック・フィン』では、冒険の主役がトムからハックに移る。そして、この小説の大きな特徴は、ハックが物語の語り手となっていることである。旅で遭遇する様々な事件は、すべてハックの目を通して読者に語りかけられている。アルコール依存で暴力をふるう父親から逃れて、カヌーで無人島にたどり着いたハックは、そこで逃亡奴隷のジムと出会う。ジムは、ハックもお世話になっているダグラスおばさ

んの妹ミス・ワトソンの所有する奴隷である。黒人売買人が横行するなか、ミス・ワトソンが姉（ダグラスおばさん）に、「ジムが800ドルで売れると言われると大金なのでつい手が出そう」と語るのを偶然耳にしてしまったジムは、ニューオーリンズに売り飛ばされると思い、逃げ出してきたのである（資料①）。ニューオーリンズを含むディープサウス（南部奥地）と呼ばれる一帯は、綿花とさとうきびのプランテーション革命により、逃れようのない酷使と虐待が待ち受ける地域として奴隷たちから特に恐れられていた。ハックとジムはそれぞれの自由を求めて、ミシシッピ川を一緒にいかだで下っていく旅にでることになるが、それは常に危険と隣り合わせである。

台本【シーン1】で、ジムが必死に探すケーロウの町は、イリノイ州（自由州）南端に位置する（資料②の地図参照）。ミシシッピ川はここでオハイオ川に合流する。オハイオ川は、南北戦争以前、北部の自由州と南部の奴隷州の境界となった川である。『ハック・フィン』の冒頭でハックがダグラスおばさんの家から飛び出して砂糖の空樽をねぐらとしている場所は、ミズーリ州（奴隷州）のセント・ピーターズバーグで、対岸がイリノイ州（自由州）である。ハックが父親から逃れてカヌーでミシシッピ川を下ってたどり着くジャクソン島は、ミズーリ州とイリノイ州の中間に位置し、この無人島で逃亡奴隷ジムに出会う。一方、ジムがどのように島にたどりついたかについては、本人の口から次のように説明がある。「歩いて逃げたって、犬にあとをつけられるし、舟をかっぱらって川を渡ったって、連中が舟がねえのに感づいて、わしがむこう岸のどこらへんに上陸したか分かって、足跡をたどって来るさね。それで考えただ、いかだを探そう、いかだなら足跡が残らねえ」[12]。

ちなみに、いかだは（台本【シーン1】）松材で、幅が12フィート（約3.6メートル）長さが15〜6フィート（約4.5メートル）、床板は水面上6〜7インチ（約15センチ）も上にあったと描かれている[13]。同様に、カヌーも（台本【シーン2】）ミシシッピ川が増水したときに流れてきたもので、長さが13〜14フィートぐらい（およそ4メートル）のものである。トウェインは若い頃、蒸気船のパイロットとして活躍しており（資料⑤）、ミシシッピ川や沿岸地域の地形や町の様子にも精通している。それがハックとジムの旅にリアリ

ティを与えている。

　台本【シーン2】で、ハックは、銃をもった2人の白人の男たちに呼び止められる。この男たちは、5人の逃亡奴隷を追っている。当時の新聞に掲載された逃亡奴隷に関する記事には（資料③）、逃亡奴隷5人を捕らえた場合の賞金「200ドル」が見出しのトップに大きく掲げられている。ちなみに、この記事は、家族で逃亡したケースで、それぞれの名まえや容姿と肌の色、白人が彼らのシカゴへの逃亡を介助していることも記載されている。前述したように、蒸気船のパイロットだったトウェインの稼ぎが月250ドルで、かなりの高給だった時代の貨幣価値から考えると、『ハック・フィン』の物語の最初のほうで語られる奴隷ジムの売値800ドルがミス・ワトソンとってどれほどの「大金」であったか想像に難くないであろう。

　バーリン（2003）によれば、19世紀になって南部の奥地で起こった綿花と砂糖革命が引き金となり、100万人以上の男女が強制的に集団移住させられ、奴隷は実際に大陸横断の行進を強いられたという。大西洋奴隷貿易は、1808年に連邦法の施行により打ち切られていたにもかかわらず、違法な売買により何千人もの奴隷がアフリカやカリブ海地域から南部の奥地に運び込まれ、1830年代には、30万人近くの奴隷が故郷から引き離された。そのような過酷な状況のなか、北部自由州に命がけで逃げ出そうとする奴隷は後を絶たず、また彼らの逃亡を援助する非合法組織「地下鉄道」が作られた（資料④）。奴隷制廃止論者たちが中心となるこの組織には、かつて自力で逃亡に成功した自由黒人たちも協力しており、「黒人の女モーゼ」と慕われたハリエット・タブマンもそのひとりである。1793年に連邦議会で成立した逃亡奴隷取締法は1850年にはさらに強化されたが（資料④）、タブマンは自分の子ども2人と妹を脱出させることに成功して以来、南北戦争に至るまでのおよそ10年間に300人もの奴隷を逃亡させたといわれている[14]。

　1850年の逃亡奴隷取締法の強化に憤りを覚えたハリエット・ビーチャー・ストウは『アンクル・トムの小屋』を発表し、この作品が南北戦争の引き金になったともいわれている。公民権運動以降、黒人の間で「ア

ンクル・トム」といえば、「白人に媚びる黒人」の蔑称となっているが、この作品にはトム以外の奴隷たちの身の上も描かれている。エライザという女性は1/4（quadroon）黒人の血をひく奴隷であるが、奴隷商人に売られそうになる息子と逃亡を企て、『ハック・フィン』のジム同様、オハイオ川を渡って自由州を目指すが、そこにとどまらず、そこからさらにカナダへ逃れる[15]。1850年の第2次逃亡奴隷法が施行されて以降、奴隷たちは合衆国北部諸州に逃れても連れ戻されるおそれがあり、したがってカナダを目指した現実が、エライザの逃亡ルートに反映されている（資料②③）。

　1863年にリンカーンが奴隷解放宣言をしたことを契機に南北戦争は終結を迎え、1865年には憲法修正第13条（奴隷制度の廃止）が成立する（資料④）。しかし、同年テネシー州で「クー・クラックス・クラン」（KKK）という黒人を力で抑圧する秘密結社が少数の旧南軍士官を中心に組織され、1870年に黒人の参政権が憲法修正によって保障されるも、ミシシッピ州では1890年に黒人参政権剥奪が立法化されている。トウェインは『ハック・フィン』を9年ほどの歳月をかけて加筆修正を重ね完成させたと言われるが、南北戦争によって「解放」されたはずの黒人たちを法の力と暴力に訴えて捻じ伏せようとする勢力が横行するなか、自ら起こした出版社の第一作として逃亡奴隷と貧しい白人の少年の旅を題材とした本作品を世に送り出すのは、元新聞記者としての取材力と調査力、社会の動向を見据える目をもってしても、冒険であったといえよう。

3　考察──2つのワークショップを通して

(1) 2つのファシリテーション

　2つのワークショップは表5-2-1に示した構成によって実施され、時間も概ね設定どおりに進んだ（表5-2-2）。これらはビデオ映像と音声録音で記録された。吉田担当のAグループは14人。武田担当のBグループは15人。どちらも3グループに分けてアクティビティを実施した。Aグループの記録は、5章-1に収められている。以下、映像と音声を参考に、2つのファシリテーションを比較検討する。

表 5-2-2　およその時間配分

	予定	Aグループ	Bグループ
挨拶（台本配布まで）	5分	3分	3分
台本配布・説明・練習	40分	16分	14分
上演1		19分	18分
ジグソー法	25分	30分	28分
上演2とアンケート記入	35分	26分	19分
話し合い		26分	21分
プログラムについてのふり返り	15分	9分	18分
計	120分	129分	121分

　吉田は、細かく限定せず開かれた言い方をしているのに対して、武田は具体的である。例えば、最初に台本を配ったあと吉田は、「役決めの仕方はグループにおまかせします」と言い、その後の大まかな予定を述べ、質疑も受けている。グループが最初に声を出して台本を読みだすまでに、司会者の最初の発声から9分ほどを要している。武田の場合は開始から3分後に、台本を配ると同時に「順番にぐるぐる回しながら全部を声出して読んでいただいていいですか」と役も決めずにいきなり読み合わせをしている。そのあと役を決める時も「ハックとジムとジョンとパーカー、それからナレーター」の5人と指定している。吉田の場合は、4人のグループもあるため、5人目の役割をナレーターに限定しておらず、自由に役を決めるように指示している。アクティビティが終わりアンケートの記述ののちに話し合いに入るときも、吉田は「アクティビティを体験してどんなことを感じたか自由に語っていただけたらと思います」と述べているが、武田は「『いかだのヤツは白人か、黒人か』というセリフを2回言っていただきましたが、その時の気持ち、どういう変化があったのか…。なかった人もいるかもしれないんですけど。感じたことを話していただけたらなと思うんですが、いかがでしたか？」と具体的に話す内容を提示している。こういった問いかけ方の違いは、その後の話し合いに影響を与えているだろう。同じプログラムであっても、区切り方、言葉の選び方が違うのである。
　方法が異なった1点目は、「内面の声」に関することである。吉田は「いかだのヤツは白人か、黒人か？」と問いかけたあと、1人ずつ肩をた

たくこと（タッピング）を合図にしている。肩をたたかれた人から1人ずつ「内面の声」を語っていく。演者が互いの声を聞きあうことが大切であると感じていたからである。武田は、「内面の声」は他人に伝えることが目的ではなく、逆に演じ手が自分の番を待っている間に考えこんでしまうことを恐れ、「思いついた人から言ってください」と指示したため、一部は声が重なってしまう。グループをサポートしていた青木幸子（獲得研のメンバー、ウォームアップを担当）から指摘を受け、2度目の上演では「できたらお互いの『心の中の声』が重ならない様に言っていただけるとありがたいですが、重なってもかまいません」と告げている。しかし演じ手は「内面の声」を発するタイミングを計りかねているようであり、タッピングによる合図は必要であろう。

 2点目は、武田が担当したBグループでは、劇が一区切りついて「内面の声」に入る前に拍手が起こる場面があった。これは音楽でいえば、楽章と楽章の間の拍手のようなものだが、武田は成り行きに任せている。吉田は拍手がおきかけたときに「拍手は？」という田ヶ谷の問いかけに応える形で「拍手はなしです」と告げている。イギリスやアメリカのファシリテーターによるドラマワークショップを体験したとき、拍手をするという場面はほとんどないことに気づく。これは、ドラマ教育がいわゆる「演劇教育」と異なり、表現（プロダクト）が目標ではなくその過程（プロセス）を重視するからである。表現の良し悪しの評価に繋がる拍手は不要である。筆者らが大学生や教員を対象に実施した『ハック・フィン』のワークショップでは、「内面の声」に移るタイミングで拍手は生じていない。拍手をする間を与えず、次の指示を出しているからでもあろう。

 一方、筆者らは日ごろの授業やワークショップでは上演や表現の節目に参加者に拍手を促していることがあり、後日今回のファシリテーションについてふりかえった際に、「拍手」について検討した。日ごろの拍手は、表現の良し悪しの評価というより、表現という行為をお互いに讃えあうという意味合いをもち、学習者の自主性を促す重要なシグナルとなっている。日本人参加者は一般にシャイであり、自分から率先して意見を述べたり人前で表現したりするのは苦手な傾向にある。その背景で、拍手は場をなご

ませる効果をもつ。しかし、今回、吉田が拍手を省いたのは、敢えて場の緊迫感を高めるねらいがあったからである。

　3点目の違いは、ジグソー法の資料の回収方法である。吉田は「専門家」グループの話し合いが終わった段階で回収し、武田はワークショップがすべて終了してから回収している。第2節（1）で述べたように、「専門家」グループの役割は、その小テーマについて資料を読み、その知識のない他者にわかりやすく伝える方法を考えることである。Bグループではジグソーグループで資料を読み上げる人が現れ、武田は「時間余り長くないので全部読まないで、ポイントを情報共有してください」と言っている。教え方、伝え方を工夫するためには、「専門家」グループから資料を早い段階で回収するほうが良いともいえるが、その場合、すべて回収するのではなく、一部分資料を手元においてジグソーグループに持って帰るよう指導することも学習者によっては大切な方法の1つであろう。一方で「資料を回収する」と告げられたAグループでは、参加者が資料をメモすることに時間をとってしまい、話し合いの時間が減るケースもみられた。

　4点目の違いとして、ジグソーグループの話し合いのあとに吉田は二度目の上演に向けて6分ほどの練習時間をとっているが、武田は練習時間をとらなかった。頭を使ったジグソー法から、心と身体のドラマの技法に切り替えるために、練習時間をとることを予定していたのが、武田は参加者の雰囲気から練習よりも後の話し合いの時間確保を優先している。武田は、意識的に練習しないことを選択したというよりも場の雰囲気に合わせて流れに乗った感覚であるとふりかえっている。吉田も予定していた時間を様子を見ながら短縮している。参加者の理解度や集中力などによって、プログラムは予定どおり進まず、ファシリテーターの即興的な判断を問われるところがドラマワークの難しいところでもあり醍醐味でもある。

　5点目は空間の違いである。Aグループの部屋は、セミナー室から余分な机を廊下に出した比較的小ぢんまりした空間で、窓が小さく、日当たりがあまりない。これに対して、Bグループで使用した部屋は、靴を脱いでリラックスできる板張りの、Aグループの2倍ほど広さのある明るい空間だった。このような空間の違いは、些細なことのようでいて、ドラマを

リードするファシリテーターと参加者への心理的影響がないとは言い切れないだろう。

(2) 協同学習としてのドラマ

このワークショップ参加者のコメントを聞くため、表5-2-3のようなアンケートを実施した。

表5-2-3 『ハックルベリー・フィンの冒険』についてのアンケート

　　　　　　　　　　　　　　　　ご所属（　　　　　）ご氏名（　　　　　）

1. 「ハックの内面の声」1回目で思い浮かんだ言葉は何でしたか？
2. 「ハックの内面の声」2回目で思い浮かんだ言葉は何でしたか？
3. 1回目と2回目で何か変化はありましたか。なにがどう変わったか、あるいは変わらなかったことは何か、できるだけ詳しく書いてください。
4. このワークショップを通して、発見したことや感じたことを書いてください。
5. このワークショップの体験は、ご自身の授業にどのように生かせそうですか？

資料を通して物語や奴隷制度などについて知るプロセスを経ての変化について、記述からいくつか引用してみたい。以下、（　）内はグループ・所属・性別の順である。未記入の場合は不明としている。

> ・1回目では、自分の視点からハックの気持ちを考えていた気がする。つまり、自分の願いが言葉になって現れた。2回目は、グループワークの後で、様々な状況が明らかになった後のロールプレイであったので、より深く、ハックの気持ちを察しようと努力していた気がする。（Aグループ・大学・女）

ハックの心情に寄り添おうとする姿勢が芽生えている。

また、ハック役としての迷いから抜け出し、決意が明確になる場合もある。

- 1回目はYes、Noをはっきりいいたくない迷いがあったが。2回目には、自分の最初の選択を明確にする決意が生まれた。なぜ「自分はジムと逃げたのか」？もしジムを裏切ることになったら、その意味がなくなると思った。時代背景と状況を改めて知るとその結論に至った。（Bグループ・大学・男）

一方、ハック役としての葛藤が深まるケースもあった。

- 背景情報（ジムのモデル）を聞いて、ハックのジムに対する個人的な感情、ハック自身の苦労（悩）を知り、人種を口にすることも黙ることもできず、大暴れするのではないかと思った。（Aグループ・所属不明・女）

この女性は、資料⑤を読み、トウェインの身近にジムの実在のモデルがいた情報を得ることによって、ハック役として個人と社会の板挟みを体験している。ここからハックが「よし、こうなったら地獄へ落ちてやれ」と道徳的、実存的な闘いを超えて進んでいく[16]ところまではあと一歩である。

さらに、ハック役として我が身の立場や身の安全を考えることよりも、ジムのことをより真剣に考えるように変化する記述は、多くみられる。

- 1回目は、ジムを助けることはおばさんを裏切ることになる（その逆もしかり）ので、悩みながらもジムを助けるのはやめて、おばさんのもとへ返すことにしようかとも思っていた。まだ決めかねていたが…。2回目は、おばさんに申し訳ないが、やはりジムを助けたいと思い、この場をどう切り抜けようかと必死で考えていた。（Aグループ・大学・女）

この参加者はハック役として「オレはジムを裏切ろうとしているのか？」という自身への問いかけから、「どうしたらうまくいくのか？」と

葛藤を超えていく新たな地平を切り拓こうとしている。
　台本【シーン2】でハックの前に現れる銃をもった2人の白人ジョンとパーカーがどういう人たちなのか謎に思っていた参加者もいたようで、資料①③の賞金稼ぎについての情報から影響を受けたという記述も多かった。

・ボートで近づいて来た2人がどんな人間かというところが一番大きなポイントでした。賞金目当ての人間であれば、ジムにどんなことをするかわからない。もし、誰かに言うにしても相手を選ぶはずですから。また、法律によって、黒人はどこに逃げても同じ状態だったということも大きなポイントでした。(Aグループ・大学・女)

　ちなみに、この女性の場合、最初の内面の声「黒人だと言ったらどうなるんだ？」から「こいつらには渡せない」に変化している。
　ジグソー法は、学習の方向を決定する要因として資料の選定や提示の仕方が重要である。そのことに触れたコメントもあった。

・ジグソーの活動で使う資料の重要性、何を分担させるかが、非常に参考になりました。(Aグループ・所属不明・不明)
・資料を出すタイミングがよかった。Textを読んで演じた後だったので。背景を知りたいという気持ちが高まっていた。(Bグループ・大学・女)

　今回のワークショップから明らかになったことは、ジグソー法で得た情報は2回目のドラマに影響を与えるということである。

・どういう時代、社会背景なのか。個々人がどんな立場にあるのかが分かることで、セリフへの理解が深まる(疑問も含めて)。(Aグループ・財団法人・女)
・背景や歴史がわかると、より葛藤が心の中で起こった。ドラマに入りこめた。(Aグループ・大学・女)

・ハックの台詞（声の調子、高さ、速さ、強さ）を決めるには、ハックの内面のとらえ方が大きく左右している。今回は2回目のほうがハックの内面の揺れとシーン2の後半がまさに絶体絶命の場面であることの状況理解が進んだ。気分が悪くなった裏づけを理解した。（Bグループ・小学校・男）

演じたことで資料に積極的に取り組み、資料によって得たことが演技に反映され、そのことで情報の重要性を実感する。このたびのワークショップでは、ジグソー法とドラマが撚糸のごとく結びついていることを参加者のコメントは示している。

・ワークショップにおけるラストの、内面の声を語ることを通して、また他の参加者の「内面」の語りを通して、「このような考えをそれぞれ持つのか」という気付きが得られた。また、ジムの演技が三者三様それぞれ異なっていたことが、それぞれ「表現」が異なっているという点で、気付きが得られた。（Aグループ・大学院生・男）
・情報を得るときに1人ではなく、他の人と話しながら行なうほうが深まることがよく分かった。また、それぞれ得た情報を持ち帰り共有する場面でグループの対話が生まれる瞬間が気持ちよかった。それにしても、人によって本当に感じ方が違うことが体験された。（Bグループ・中高学校・男）

情報を得るだけでなく、それを他の人と共有しあう過程があることによって、理解を深めていくことが協同学習の特徴である。さらに、演じるというドラマの手法を用いることはお互いの感じ方の違いを浮き上がらせ、多くの気づきをもたらす。

・タスクがはっきりしており、時間制限がある状況であれば、初対面でもグループとしてまとまること。異なる立場・背景を持つ人の視点、心情、立場にたつことのおもしろさ。（Aグループ・大学・女）

・協同で何かをすることが、とても楽しかったです。(Aグループ・不明・女)

「初対面でもグループとしてまとまること」「協同で何かをすることが、とても楽しいと思えること」によって、参加者は受け身ではなく主体的に学習に取り組めると考える。
　次のような指摘もあった。

　　・お話の背景を知るということ、またはその物語をよく知っているということが、ハックの内面に近づくのに役立つということに気づいた。が、いろいろな考え方、感じ方があると各々を尊重すると（正解があるわけではないので）表面的な理解（年代によっても違うだろうが、ジムがかわいそう、奴隷制反対、助けるべきなど）もOKとなってしまいそうだ。それでもいいのが、この方法なんだろうか？(Aグループ・大学・女)

「感じること」に正解はない。人によって感じ方に違いはあり、置かれている立場や状況、時代によっても理解は異なるだろう。果たして、「ジムがかわいそう、奴隷制反対、助けるべき」といった意見は「表面的」と断言できるだろうか。今回のようなドラマワークによって、それぞれのもつ多様な「声」を聴きあうことができる。前述した参加者のコメントにもあったように、「このような考えをそれぞれ持つのか」という気づきを得ることが相互理解の第一歩であると筆者らは考える。
　一方で次のような感想もあった。

　　・言い方が少し変かもしれませんが、ドラマを演じることを最終目的にするのかという印象で参加したのですが、そうではなくて良かったと思いました。というのは情報を持つ事によって理解が深まる、つまり多様性への理解も深まる可能性があることを実体験できたからです。(Bグループ・所属不明・女)

今回のように台本が用意される場合はとりわけ「うまく演じる」こと（プロダクト）に目的を求めがちである。このワークショップで「そうではない」ドラマのプロセスの重要性を感じ取っていただいたようである。

「ワークショップがどのように活かせそうか」というアンケートの質問に対しての回答を以下にみてみよう。

- ・シンパシーとエンパシーの違い・視点をシフトさせることと、自分の枠組みを広げることの大切さ、難しさ ← 「異文化コミュニケーション」の授業に役立つ。（Aグループ・大学・女）

大学の授業への活用として具体的な分野が挙げられたこと、そしてその分野が異文化コミュニケーションであることは興味深い。「なぜ『ハック・フィン』を異文化間教育の題材とするのか？」という質問がでることも予測していたが、実際はこのたびのワークショップの意義を評価するコメントが多く寄せられた。

- ・「子どもが対象だと、発見の多い活動だな！」と思いました。（Aグループ・小学校・男）

小学校教諭のこのコメントからは、このプログラムが年代を問わず汎用性のある活動であることが示唆された。

- ・コミュニケーションにいかに情報が大切かを具体的に体験する方法として生かせそうだと思った。（Bグループ・財団法人・男）

このワークショップが、ドラマ技法を取り入れた対話型の授業へのヒントとなり、情報を共有することで授業のなかでのコミュニケーションの質が変わる一助となれば、異文化間教育学会のプレセミナーとして実施した意味があったといえる。

同じプログラムであっても参加者、場所が異なればワークショップは同

じ展開にはならない。さらにファシリテーターの違いによっても異なることを、ふたりの実践が証明している。そうした違いはありながらも、台本を演じ「内面の声」を発する心と体を使うドラマの技法と、資料を読みこなす頭を使ったジグソー法を組み合わせた異色の協同学習を、対話による獲得型の学びのスタイルの1つとして提示できたと筆者らは考えている。

(3) 役になるということ

　Aグループ（吉田担当）ではワークショップのふり返りの時間に、大学の授業でこのドラマワークを実践した場合、ハック役になった学生が役への感情移入で辛くなるというケースは出てこないだろうか、そういうケースを未然に防ぐ方法はないだろうか、という問いかけが参加者からあった。その参加者自身は、ジム役になっており、自身の役については「ハックを信頼して、もうすぐケーロウに到着するという期待感でいっぱいになっているから、その役になっていて辛いということはない」が、ハックは心の葛藤を抱える役であるから「ワークショップの3つのアクティビティ中ずっとその役をやっているとしんどくなるケースもあるのではないか」とのコメントだった。

　ここで改めて役と自己との距離について述べておきたい。これについては、過去にさまざまな演劇監督や理論家が自らの実践に基づいて論じているが[17]、上記のようなケースに遭遇する場合に参考となるのが、ドイツの劇作家ベルトルト・ブレヒトが提唱していた「異化」という考え方であろう。ブレヒトは、俳優や観客が、登場人物と感情的な同一化をしないよう様々な仕掛けを工夫した。たとえば、上演中にスライドでメッセージを映し出し演技を中断する、クライマックス前に場面を止めるなどである。それは、コンスタンチン・スタニスラフスキーが演技者に、劇の役と「同化」することで「内面的真実」に迫ることを求めたことへのアンチテーゼともいえるが、ブレヒトは社会や政治のあり方を演劇によって変えることをめざしていたことにも起因する。

　前述の課題提起を受けて、1つの役を特定の人がずっとやるのでなく、役を交替することをファシリテーターが推奨するのもいいのではないか、

との提案が別の参加者からあった。これは「異化効果」につながる1つの方法であろう。リサーチワークの効果をみるねらいもあり"Voices in the Head"（内面の声）というドラマ技法に注目する試みを行った今回のワークショップでは、台本にでてくる役以外に、参加者一人ひとりが「ハックの内面の声」という役割を与えられた。しかし、それにしても、アクティビティに費やせる時間が正味1時間半というなかで参加者が体験できる役はごく限られていた。もしこのように短時間で単発に終わるのでなく、半年あるいは1年、ドラマワークを継続しておこなうことが可能な状況にあれば（たとえば大学の授業など）、同じ作品を様々な角度からみるアクティビティに取り組むことができる。その際、どのようなテーマが考えられるかについては次項「4　おわりに」で幾つか例を挙げるが、その連続したドラマワークを体験するプロセスのなかで、参加者は必然的に多彩な役に挑戦することとなる。

　私たちが実人生で行う役割や反応、そして他人とのダイナミクスは、その数や経験が制限されている。しかし、「ドラマでは、様々な人格になることを実験し、自分自身の性質のなかで眠っている側面を発見し、表現し、新しい関係の作り方を練習することが許される」とエムナー（2007）も述べている[18]。一方で、役のレパートリーを拡げることは、「たくさんの役を演じるというだけではない」ともエムナーは言う。それは「1つひとつの役をより大きな柔軟性と、自己投入、そして誠実さをもって演じることでもある」[19]。このたびのワークショップ参加者のなかにも、ワークショップを体験して、「様々な状況と相手の立場に立って考えることの難しさ」を感じ、このワークショップが、「視点をシフトさせること、自分の枠組みを広げることの大切さ、難しさ」の学びとして異文化コミュニケーションの授業に役立つとのコメントをした大学の教員がAグループにいたことを付け加えておきたい。

　最後に、今回の実践から、リハーサルの時間を工夫することも考えられる。役に近づき過ぎると思われるときは、リハーサルの時間を短縮したり、場合によってはリハーサルを省いてしまう、という選択もあるだろう。また、ドラマ教育では、ワークのあとドラマの体験をふり返り、議論するこ

とを学びの場として重要視するが、このふり返りの時間を設けることは、参加者が役から降りる助けにもなるだろう。そこで、参加者が自分と役との距離が縮まりすぎることによって生じる違和感や戸惑いを他の参加者と共有できる場の空気ができていれば、役を客観的にとらえる機会ともなるのではないだろうか。

4 おわりに——これからの『ハックルベリー・フィンの冒険』

　「私だったら、お勉強ぬきにして、本当にドラマとして創造したり、あるいは新しいセリフを考えたり、現代バージョンを考えたりしたい」
（Aグループ）

　「小学生の場合はもう少し長い時間でとりくんでジムとの楽しい場面や父との葛藤場面を演じた後で、今日の場面にもっていきたいかな…」
（Bグループ）

ワークショップ体験後の感想にこのような声もあった。今回のワークショップでは、逃亡奴隷と旅するハックのジレンマに焦点を当て、リサーチワークの重要性に気づかせることにその主眼はあったが、『ハック・フィン』はそれ以外にも様々なテーマに注目することのできる作品である。たとえば、ミシシッピ川の自然、その流域に暮らす人々の生活、子どもたちの遊び、蒸気船から鉄道へと時代が移行することで変化するものと変化しないもの、などはほんの一例である。

トウェインは国内外の講演旅行に出かけているが、自作を朗読劇風にアレンジして観客を楽しませるパフォーマーであった。また、私生活においてもトム・ソーヤに扮したり、ブレイクダンスに興じるトウェインの姿は友人知人たちに目撃されてもいる[20]。彼はまた、家族や友人たちを交えて自宅の居間で芝居をやることもあり、子どもたちが『王子と乞食』を学校や地域で上演する際には、そのリハーサルに足を運びアドヴァイスもしている。カリフォルニア州バークレイにあるバンクロフト図書館内Mark Twain Projectに所蔵されているAlice Minnie Heartsとトウェインの手紙の

やりとりを読むと、ニューヨーク市においてThe Educational Theatre for Children and Young Peopleというアメリカ初の児童演劇の団体が産声を上げた数年後の1908年、トウェインは同団体の会長に就任することを強く請われていたことがわかる。「今度生まれ変わったらChildren's Theatre（児童演劇のグループ）を結成し、演劇を通して子どもたちを教育する仕事につきたい」と書き遺したトウェインは、本論文の執筆者たちがトムとハックのようにコンビで今後さらに開拓していく『ハック・フィン』を題材としたドラマの行方を、期待をもって見守り応援してくれるであろう。

注
(1) 渡部淳（2007）『教師　学びの演出家』旬報社，25．
(2) 同上，24．
(3) 渡部淳＋獲得型教育研究会（2010）『学びを変えるドラマの手法』旬報社，2．
(4) Educational Studies in Japan, International Yearbook No.6, December 2011, 33-45.
(5) 渡部淳＋獲得型教育研究会（2010）『学びを変えるドラマの手法』旬報社，12-34，124-149．
(6) エリザベス・バークレイ，パトリシア・クロス，クレア・メジャー（安永悟訳）（2009）『協同学習の技法』ナカニシヤ出版，3-4．
(7) 上條晴夫（2012）『授業づくりネットワーク4　協同学習で授業を変える！』学事出版，6．
(8) 杉江修治（2011）『協同学習入門——基本の理解と51の工夫』ナカニシヤ出版，1．
(9) エリザベス・バークレイ，パトリシア・クロス，クレア・メジャー（安永悟訳）（2009）『協同学習の技法』，ナカニシヤ出版，5-6．
(10) 同上，128-129．
(11) アイラ・バーリン（落合明子，大類久恵，小原豊志訳）（2003）『アメリカの奴隷制と黒人——五世代にわたる捕囚の歴史』明石書店（Ira Berlin. Generations of Captivity: A History of African-American Slaves. Cambridge, MA: Belknap of Harvard UP. 2003）．
(12) マーク・トウェイン（山本長一訳）（1996）『ハックルベリー・フィンの冒険』【マーク・トウェイン コレクション⑦】彩流社，71．
(13) 同上，78．
(14) 本田創造（1991）『アメリカ黒人の歴史　新版』岩波新書，93．
(15) ハリエット・ビーチャー・ストウ（小林憲二監訳）（2001）『新訳　アンクル・トムの小屋』明石書店．
(16) エンゲストローム（山住勝広、松下佳代ほか訳）（2013）『拡張による学習——活

動理論からのアプローチ』新曜社，227.
（17）吉田真理子（2011）第8章「ロールプレイング」『パフォーマンス研究のキーワード』世界思想社，244-272.
（18）R.エムナー（尾上明代訳）（2007）『ドラマセラピーのプロセス・技法・上演』北大路書房（Renée Emunah. Acting for Real: Drama Therapy, Process, Technique, and Performance. New York: Brunner/Mazel Publishers. 1994）.
（19）同上，36.
（20）Shelley Fisher Fishkin.（1993）*Was Huck Black? Mark Twain and African-American Voices*. New York: Oxford UP.

『ハックルベリー・フィンの冒険』台本

異文化間教育学会プレセミナー　2013年6月7日

「ドラマをとおして考えるハックルベリー・フィンの冒険」

【シーン１】

　　　筏は8畳ぐらいの大きさ。雨でも焚き火ができるように、真ん中には土を盛って屋根をつけてある。ハックとジムは、筏の上でケーロウの町の明かりを探している。

ジ　ム「あれだ！」
ハック「ちがうよ、ジム。あれは蛍だよ。」
ジ　ム「*(少し間があって)* あ、あそこ！」
ハック「あれはたき火の明かりだよ。」

ハック「*(独白)* ジムは熱病にかかったみたいだ。おれだって、からだじゅう震えている。」
ジ　ム「ケーロウに着いたら、もうだいじょうぶ！」
ハック「*(独白)* ジムがもう少しで自由になる…ってことは…だれが悪いんだ？おれさ。」
ジ　ム「自由州に着いたら、まず金を貯める！」
ハック「*(独白)* ヤバいことになってきた。ジムがおばさんとこから逃げたことをおれは知ってたんだから…誰かに話せたじゃないか。」
ジ　ム「金が貯まったら、まずかみさんを買い戻す」
ハック「*(独白)* おばさんは優しくしようとしてくれた。本を教えたり、行儀作法を教えたり…」

　　　ジムとハック、筏の上を行ったり来たりする。

ジ　ム「かみさんを買い戻したら二人で働いて、子どもたちを買い戻す。」
ハック「*(独白)* まだ遅すぎない。」
ジ　ム「もし、子どもたちの主人が売らねえって言ったら、奴隷制反対派の人に盗んできてもらう。」
ハック「*(独白)* 最初の明かりが見えたら、岸まで漕いでいって、誰かに話そう。そうだ、そうすりゃいいんだ。」

【シーン２】

　　　まもなく明かりがひとつ見える。

ジ　ム「助かっただ、ハック。ケーロウだ！もう大丈夫だ！やっと待ちかねた
　　　　ケーロウだ。まちげえねえ！」
ハック「ジム、おれがカヌーを出して見に行ってみよう。ちがうかもしれないからな」

　　　ジム、筏につないだカヌーを引き寄せる。自分の古い上着をカヌーの底に敷き、
　　　櫂(かい)をハックに渡す。ハック漕ぎだす。

ジ　ム「あっしはもうすぐ自由だ。みんなハックのおかげだ。ジムはけっして忘れねえ、
　　　　ハック。おめえさまはジムの一番の友だちだ。たった一人の友だちだよ」

　　　ハックは大急ぎでカヌーを漕ぐ。

ジ　ム「あそこまで行くんだな、ハック。おめえさまは、このジムに約束を果たして
　　　　くれたたったひとりの白人の紳士だ」

　　　ハック、気分が悪くなる。

ハック「(独白)おれは、やらなきゃならない」

　　　そこへ、銃をもったふたりの男(ジョンとパーカー)がボートに乗ってやってくる。

ジョン　「おい、向こうに見えるのは何だ？」
ハック　「筏です」
パーカー「おまえのか？」
ハック　「そうです」
パーカー「だれか乗っているのか？」
ハック　「はい、ひとりだけ」
ジョン　「じつは、この岬の上のほうで、今晩５人の黒人が逃げたんだ」
パーカー「筏のヤツは、白人か、黒人か？」

2

『ハックルベリー・フィンの冒険』山本長一訳　マーク・トウェイン コレクション⑦（彩流社、1996年）より脚色

資料

2013年6月7日
武田・吉田トウェインWS

資料①　『ハックルベリー・フィンの冒険』あらすじ

著者：マーク・トウェイン　出版年：イギリス出版1884年、アメリカ出版1885年

＜物語に登場する人物＞
- ハックルベリー・フィン：母は亡くなり父は行方不明。野生児のように育ったが、『トム・ソーヤーの冒険』の最後でトムとともに金持ちになり、命を助けた後家のダグラスおばさんに引き取られる。
- ジム：ミス・ワトソンの所有する奴隷。いたずら好きのトムやハックにとっていたずらを仕掛ける格好の遊び相手だった。
- ミス・ワトソン：ダグラスおばさんの妹。ハックに読み書きや礼儀作法を教える。
- ジムの奥さん：ミス・ワトソン家の近所に住む農場主の所有物。子どもたちはまた別の農場主の所有財産である。
- ジョン、パーカー：賞金目当てに逃亡奴隷を探している白人

＜作品舞台＞
1840年代のミシシッピー川とその流域の町や村。
南北戦争（1861－1865）以前の奴隷制度下の南部。

＜このシーンまでのあらすじ＞
　行方不明だったハックの父親が戻ってくる。ハックは、アルコール依存で暴力をふるう父親から逃れて、カヌーで無人島（ジャクソン島）に身をひそめる。そこで逃亡してきたジムと出会う。ジムは、主人であるミス・ワトソンが自分を売り飛ばす話をしているのを偶然聞いて、逃げ出してきた。
　流れてきた筏を宿として、二人は逃亡の旅に出る。ハックはジムに食糧を分け、ジムはハックを大嵐から救い、最初こそ黒人のジムをからかっていたハックだったが・・・。
　ジムは奴隷の自由を保障する州（自由州）へ逃亡しようとしている。その入り口となるのが、イリノイ州の川沿いに位置するケーロウという町である。ケーロウが近づくにつれて、ジムの期待と興奮は高まる。これを逃せば、奴隷州に逆戻りで、二度と自由になる機会はない。

2013 年 6 月 7 日

資料② ケーロウ（Cairo）

＜奴隷州と自由州＞

　アメリカの独立（1776 年）以後、北部諸州では奴隷制廃止が次々と実現し、1819 年には 22 州のうち北部 11 州が自由州、南部 11 州は奴隷州であった。しかし、新たな州ができると自由州に仲間入りするのか奴隷州になるのかが問題になった。ちなみにミズーリ州は、1820 年に奴隷州として合衆国に加盟した。

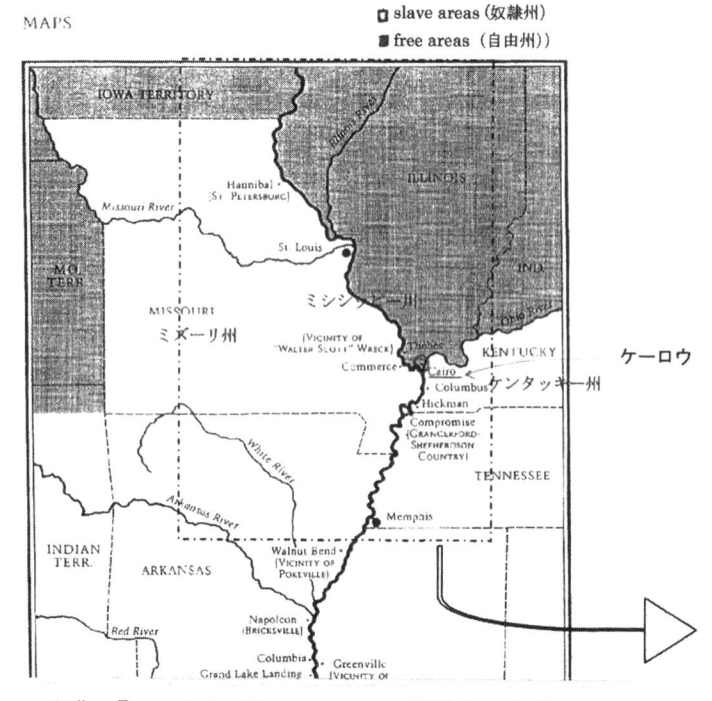

出典：『ハックルベリィ・フィンの冒険』山本長一訳
マーク・トウェイン コレクション⑦（彩流社、1996 年）

武田・吉田トウェインWS

<ケーロウ>

　ミシシッピー川とオハイオ川という2本の大河の合流点にあるイリノイ州（自由州）の町。その立地から、19世紀には水上交通の要衝として栄えた。南北戦争時には、ミズーリ州とケンタッキー州（いずれも奴隷州）に挟まれた「自由州最南端の砦」としての役割を果たした。

　『ハックルベリー・フィンの冒険』で、ミズーリ州セント・ピーターズバーグの町を飛び出したハックと共に、ミシシッピー川を筏で下るジムは、ケーロウをめざす。ケーロウで蒸気船に乗りかえてオハイオ川を北上して自由州に向かう、という計画だ。『アンクル・トムの小屋』でも、逃亡奴隷が氷の張ったオハイオ川を自由州へと逃げる場面がある。

出典：*Adventures of Huckleberry Finn.* Berkeley and Los Angeles: U of California P, 1985, p.367.

2013年6月7日　　　　　　　　　　　　　　　　　　　　武田・吉田トウェインWS

資料③　逃亡奴隷に関する法律

＜1789年―アメリカ合衆国憲法制定＞
　「何人も、一州においてその法律の下に服役又は労働に従う義務のある者は、他州に逃亡することによって、その州の法律又は規則により、右の服役又は労働から解放されることはなく、右の服役又は労働に対し権利を有する当事者の請求に応じて引き渡されなければならない。」（憲法第4条第2節第3項）
　☞「奴隷」という用語は使われていない。しかし、アメリカ南部奴隷州から北部自由州への逃亡奴隷対策が意識された内容。

＜1793年―逃亡奴隷取締法＞
　逃亡した奴隷の所有者が他の州から勝手に彼らを連れ帰る権利を認める法律が連邦議会で成立する。これは、黒人奴隷に対して、言論の自由の保障や人身保護令など修正10か条に盛られた権利章典部分、つまり基本的人権の保障が適用されないことを明示した法律である。
　☞1794年　奴隷制反対協会全国大会が北部フィラデルフィアで開催される。
　　1830年　全国黒人集会　フィラデルフィアで開催
　　1832年　北部ニューイングランド奴隷制反対協会設立

＜1850年―逃亡奴隷取締法の強化＞
南部諸州から、より実効ある法律を要求する声が上がり、バージニア州選出のアメリカ合衆国上院議員でアメリカ合衆国憲法制定に関わったジョージ・メイソンの係であるジェイムズ・マレー・メイソンが起草した2つ目の逃亡奴隷法が1850年9月18日に法制化された。この法律により、逃亡奴隷は自分のために証言が許されず、陪審裁判も行われなくなった。
　☞逃亡奴隷法に反対したストウ夫人は、1852年に『アンクル・トムの小屋』を
　　発表した。

逃亡奴隷に関する新聞記事タイトル(1847年10月1日付)
　セントルイスの農園から逃亡した奴隷に200ドルの賞金がかかっている

$200 Reward.

RANAWAY from the subscriber, on the night of Thursday, the 30th of Sepember,

FIVE NEGRO SLAVES,

出典：URL http://memory.loc.gov/ammem/aaohtml/exhibit/aopart1b.html

参考文献：　本田創造『アメリカ黒人の歴史』新版　（岩波新書、2012年）

2013年6月7日

武田・吉田トウェインWS

資料④　奴隷制廃止運動と南北戦争

＜奴隷制反対＞
　1790年の国勢調査によると、総人口392万9千人余のうち黒人奴隷は69万8千人弱、そのうち90％以上が南部に住んでいた。アメリカの独立革命以前からキリスト教的な人道主義の見地から奴隷制廃止運動はあった。ちなみに、北部ヴァーモントでは、早くも1777年に奴隷制度を廃止している。

＜地下鉄道（The Underground Railroad）＞
　黒人奴隷の逃亡を助ける奴隷制廃止論者（アボリショニスト）は「地下鉄道」といわれる非合法組織を作った。その組織で「停車場」というのは逃亡奴隷が一夜の宿をとるところ、「終着駅」は奴隷制度のない北部か、カナダである。逃亡奴隷の輸送には「車掌」がつき、有能な指揮官（元逃亡奴隷で現在は自由人になっており、同胞を助け出そうという使命感に燃える人物であることも多い）に導かれて北極星を頼りに北への長い旅を続けた。

＜南北間の「地域」抗争＞
　南部においては「綿花王国」が形成され、政治の実権も「綿花貴族」とその代弁者たちの手にゆだねられた。一方、北部は、とくにニューイングランド地方を中心に諸種の工業が発達し、木綿工業を軸にした産業革命の進展とともに近代社会＝資本主義社会が急速に発展しつつあった。つまり、前近代的なプランテーション奴隷制度にもとづいた南部社会と近代的な資本主義制度にもとづいた北部社会とは互いに異質で敵対関係にたつ発展の仕方をしたといえる。

＜南北戦争勃発＞
　北部では、黒人奴隷制に対する非難が高まり、経済政策・貿易政策においても南北の対立が深まる。1860年、共和党のリンカーンが大統領に当選すると、南部諸州は反発し、合衆国から分離してアメリカ連合国を作り、1861年に南北戦争が勃発した。

＜奴隷解放宣言―1863年＞
　リンカーン大統領は、アメリカ南部による合衆国からの分離独立をおそれてはいたが、南部諸州の奴隷制は容認する立場にあった。しかし、戦局が南部に有利に進む中、リンカーンは「奴隷解放宣言」をすることで、イギリスやフランスの国際世論をも味方に取り込み北軍の勝利へと導いた。1865年、憲法修正第13条確定により黒人奴隷制度は廃止されたが、黒人差別問題は深刻化し、その後長く続くこととなる。

参考文献：　本田創造『アメリカ黒人の歴史』新版　（岩波新書、2012年）

2013年6月7日 武田・吉田トウェインWS

資料⑤　作家マーク・トウェイン

<本　名>
　サミュエル・ラングホーン・クレメンズ

<生い立ち>
　1835-1910年。当時、フロンティアだったミズーリ州モンロー郡フロリダという開拓村で誕生。
　クレメンズ家が住んでいたミズーリ州は19世紀当時、奴隷州であり、南部旧家出身の父母のもとに生まれたトウェインは奴隷のいる風景のなかで育った。4歳の時、一家はミシシッピー川沿いの町、ハンニバルに転居。ここは当時舟運で栄え、ニューオーリンズやセントルイスからは人が日夜途絶えることがなかった。
　後に、この町とそこの住人が、『トム・ソーヤーの冒険』(1876)、『ハックルベリー・フィンの冒険』（イギリス出版1884、アメリカ出版1885）に登場する場所と人物のモデルとなる。ちなみに、『ハックルベリー・フィンの冒険』の始まりでハックが飛び出す町（セント・ピーターズバーグ）はトウェインの故郷ハンニバルをモデルとしている。

<ペンネーム由来>
　1863年、新聞記者となったクレメンズは、蒸気船のパイロットを勤めていた経験から、蒸気船が座礁を免れる安全水域ぎりぎりの「水深2尋（ひろ）＝約3メートル」を測鉛手が大声で伝える合図のことば"Mark Twain!"をペンネームに選ぶ。

<ジムのモデル>
　ジムのモデルは3人いると言われる（*The Mark Twain Encyclopedia*）。
　ひとり目は、トウェインが幼少期親しんだアンクル・ダニエル（Uncle Dan'l）。賢明な助言者であり思いやりと純真な心をもつ人物。
　2人目はトウェインがニューヨーク州エルマイラに滞在したとき農場で働いていた雑役夫のジョン・ルイス（John Lewis）。いざという時に英雄的な働きをみせる真の強さを備えた人物とトウェインは見ていた。
　3人目はハートフォードでトウェインの従僕を務めたジョージ・グリフィン（George Griffin）である。ジョージは、洗練された知性と剛健さをあわせもつ人間的魅力があり、酒を飲まず、信仰心をもち、ギャンブルと討論好きだった。
　この実在する3人の人物がジムに投影されているが、トウェインがジムという人物像を形作るうえで最も影響力のあった黒人モデルは3人目のジョージ・グリフィンであるという研究者もいる。

参考文献：(1) 『マーク・トウェイン文学／文化事典』（彩流社、2010年）
　　　　　(2) *The Mark Twain Encyclopedia*　New York & London: Garland Publishing, Inc., 1993.

第6章

アクティビティ研究の困難と希望

渡部　淳

1 はじめに

　獲得型教育研究会（略称：獲得研）は、プロジェクト型の研究スタイルをとっている。まず「アクティビティの体系化と教師研修プログラムの開発」という研究テーマがあり、その課題に賛同するメンバーが、期間限定で共同研究に取り組む方式である。演劇でいえば、恒常的な組織をもつ劇団の活動ではなく、プロデュース公演に近いイメージになる。

　この研究グループの特徴は、①3年間を一期とする時限的な組織であること、②40名という小規模な研究会であること、③にもかかわらず会員のバックグラウンド（校種・専門性・居住地・ジェンダーなど）にできるだけ多様性をもたせていること、④毎年の「春のセミナー」で研究経過を公開していること、⑤全会員がシリーズ本の執筆者となるのが前提であること、⑥「あかり座公演」として研究成果の普及活動も同時に進めていること、⑦共同研究の進展とメンバーの資質形成を一体的に追求していること、にある。

　果てしなく多忙化が進行する学校現場、そこに身を置く小学校から大学までの教員がこうした共同研究を続けようとすれば相応の困難が待ち構えている。では、獲得研の共同研究にどのような困難があり、それを乗り越えるどんな視点があるのだろうか。本章では、体験的共同研究組織論としてこのテーマを考えてみたい。

　尚、本章の内容は、附章「資料でみる共同研究の歩み」と呼応するものである。

2 研究体制および研究経過

　獲得研は、会員構成でみると、小学校から高校までの実践家が中心となる研究グループである。2006年の設立時の会員は、41名。第1章でも言及した「米国理解研究会」（代表：渡部淳）の中高校教師・スタッフ15名を軸に、新たに26名を迎えてスタートしたものである（内訳については、＜附章・資料2　会員の所属と人数＞に詳しい）。

現在の会員は43名で、最初とほとんど変わっていない。会員数を40名台に限定している理由は、筆者の経験則からきている。というのも、すべての参加者が満足感をえられる"談話のコミュニティー"を成立させるには、会合の参加者が20名を超えない方がよいと考えているからだ。もう1つは、教師の多忙化である。たとえ意欲はあっても、毎月コンスタントに会合に参加するのは難しい。そこで、定例会の参加率を50パーセントと想定したのである。ここから会員数40名程度という数字になっている。

　会員の居住地は、北海道から沖縄そして海外にまで広がっている。このため、会員相互の意思疎通のツールとして、メーリングリストとホームページが不可欠である。あらゆる会合の討議記録と写真を配信し、全員が情報を共有できるようにするためである。定例会はもちろんのこと、ネット上のディスカッションも年を追って活性化した結果、メール交換の累計が4,000通に達している。直接的談話のコミュニティーとネット上のコミュニティーが有機的に結びついた効果である。獲得研が、ネット社会の到来という情報環境の変化に支えられた団体だという点は、見逃せない特徴である。

　研究会の運営方針は、筆者と運営委員の5名（小、中、高、中高一貫校から校種別に各1名と事務局スタッフ1名）が、定例会と別に会合を開いて決めている。会費は徴収しない。定例会の参加者が、その都度1人500円を支払う方式（ワンコイン方式）である。

　会員の補充は、原則として欠員のあったときにのみ行ってきた。この8年間で、定年退職、出産、校務の多忙化などで11名が活動を休止し、13名を新メンバーに迎えている。

　すでに述べたように、獲得研は3年間を1期とする期間限定のプロジェクトである。このため、3年間の研究目標（中期目標）と1年間の活動目標（短期目標）を立てて運営している。

　第1期（2006.4～2009.3）は、研究の基礎固めの時期といってよい。

　創設当初、会員の多くが、ドラマワークについて、知識も経験もほとんどない状態であった。そのため、研究会の内外から、演劇教育の専門家、劇団の演出家、ワークショップリーダーなどを講師に招き、ワークショッ

プやセミナーを連続的に行っている。獲得型教育と関連する領域として、身体論、コミュニケーション論、政治学の専門家にもワークショップを依頼した（その経過は、＜附章・資料6　これまでの実践報告、ワークショップ、レクチャーシリーズ＞に詳しい）。

　とくにジョナサン・ニーランズ教授（ウォーリック大学）が研究に与えたインパクトが大きかった。ニーランズは、72種類のドラマ技法を、文脈構築アクション、物語的アクション、詩的アクション、反省的アクションの4つのカテゴリーに分類し、それらを組み合わせてドラマワークを構成するコンベンション・アプローチを提案している。このアプローチが、ドラマ・アクティビティの整理という点で大きな示唆的を与えてくれたからである。

　第2期（2009.4〜2012.3）は、研究成果の出版と普及活動に力点を移している。研究成果を出版してから普及活動を行うというスタイルは、前回の教材開発プロジェクトの方式を踏襲したものである。

　第2期に最も大きなエネルギーを注いだのは「獲得研シリーズ」のうちの2冊『学びを変えるドラマの手法』『学びへのウォーミングアップ』の執筆・編集である。原稿の執筆は以下のような流れで行われる。定例会のワークショップでアクティビティを経験する→それぞれの学校の授業で、アクティビティを実際に試す→その結果をメールで発信・報告し、メンバーの意見を求める→文章化する、という方式である。

　いわゆる研究書ではなく、読み物として市販される本であるため、洗練された日本語になるまで文章を練り上げる必要がある。運営委員のメンバーが編集委員をかねて、日本語のブラッシュアップと内容改訂のアドバイスの作業にあたる。こうしたやり取りを重ねる中で、徐々に文章のトーンが整い、ドラマワークに関するメンバーの共通理解も深まることになった。

　第3期（2012.9〜）は、引き続き研究成果の公開と普及に力を注いでいる。研究成果の刊行では、本書とこれに続く第3巻『教育プレゼンテーション』（仮題）の発刊がそれである。

　普及活動も加速している。もともと獲得研では、附章第2節（7）「あか

り座公演」にある通り、①公開授業、②公開セミナー・ワークショップ、③提携校と連携した実験授業、④教員研修会の運営など、4つのタイプの普及活動を行っている。

　これら一連のプログラムは、獲得型教育の普及だけでなく会員の資質形成という狙いをもっている。会員が順番にファシリテーターになって、プログラムを立案し、アクティビティの運用に挑戦する。その経験を獲得研全体で共有することで、個々人の資質を高めるだけでなく、教師研修プログラムの開発にも役立てるということである。本書でいえば、第4章・5章のワークショップ「ドラマ技法活用講座」がその典型だが、第2章・第3章の「公開シンポジウム」もあかり座公演の一環という位置づけになる。

3　研究と研修の一体化

　獲得研の教師研修モデルは、主に現職教師を想定したモデルになっている。というのも、プレゼンテーション、ディスカッション／ディベート、リサーチワーク、ドラマワークの4つに関わる技法を十全に使いこなせるようになるには、長い年月と経験が必要だからである。現職教師の専門性の向上と表裏の関係にあるといってよい。

　したがって以下の研修モデルは、獲得研会員の自己研修の課題とつながるだけでなく、目の前に立ちはだかる大きな困難でもある。

　図6-1のモデル1は、獲得型授業を構成する4つの要素がそれぞれ独立した教師研修プログラムになっていることを示している。「教師の身体技法」というのは、"学習者の活動を促進するスキル"を獲得するための独自の教師研修プログラムである。具体的には、学習者が参加準備を整えるためのウォーミングアップの技法、学習活動を促進するためのグルーピングや人間関係づくりの技法、教師の身体性の見直しにかかわる技法——姿勢、発声、話し方、振舞い方など——の3つが主な内容となる。身体性が重要な位置を占めるこのプログラムが、ドラマワークの研修プログラムと特に強い関連性をもつことは言うまでもない。

　教師側の働きかけに応じて、学習者がアクティビティへの参加態勢をと

第 6 章　アクティビティ研究の困難と希望　219

図 6-1　教師研修モデル

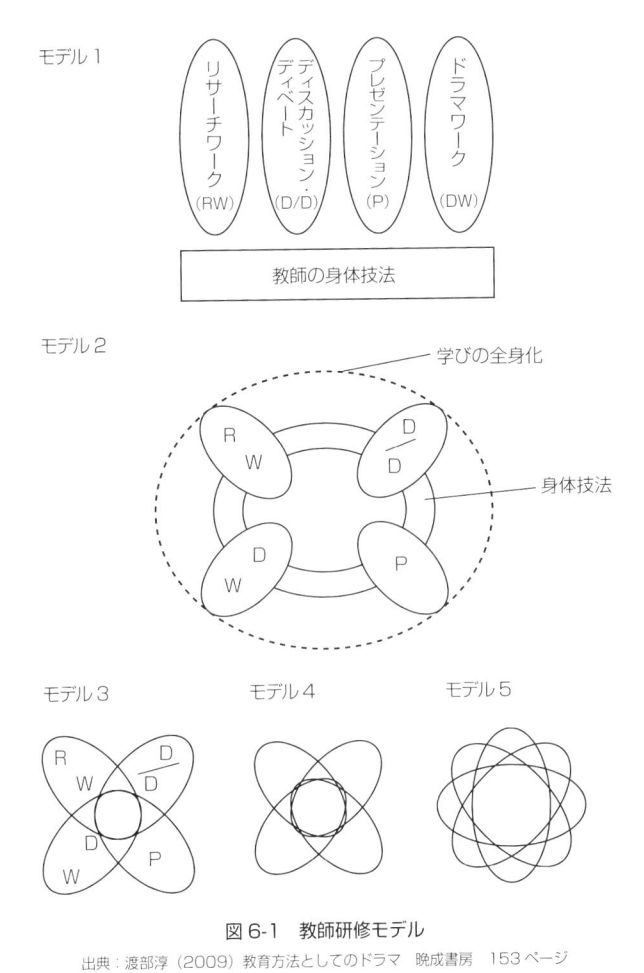

出典：渡部淳（2009）教育方法としてのドラマ　晩成書房　153ページ

る（＝"動きだせる身体"の形成）。その意味で、学習場面における教師の身体技法と学習者の身体技法は表裏の関係にある。

　図 6-1 のモデル 2 の「教師の身体技法」が、4つの要素を動かす起動因となると同時に、各要素をつなぐ役割を果たすことを示している。具体的には、教師は以下のような仕事を行う。学びのプロセスをデザインすること、ウォーミングアップなどを通して生徒同士の良好な人間関係をつくること、彼らに働きかけて学習への参加準備を促すこと、4つの要素を効果的に運

用することで生徒の学びを深めること、である。

　図6-1のモデル3〜5は、獲得型授業の実践的トレーニングを通して、4つの要素の運用能力が個々ばらばらなものとしてではなく、一群のスキルとして次第に統合されていくプロセスを示している。もちろんこれは理論モデルであり、実際には4つの要素を等しいレベルで指導できるモデル5のレベルに達する教師はまれである。

　筆者は、獲得型授業の定着にむけた教師側の条件整備の進展を4つのフェーズ（位相）でとらえている。それは、フェーズ1：個々のアクティビティの働きや効果について教師が十分に知ること、フェーズ2：アクティビティを組み合わせて一時間なり一学期間なりの授業をデザインできること、フェーズ3：実際の授業でアクティビティを効果的に運用できること、フェーズ4：教育内容、教室環境、生徒の状況など諸条件にあわせて教師がオリジナルなアクティビティを創造することである。

　特にフェーズ2とフェーズ3の間には大きな懸隔がある。方法上の工夫と経験の蓄積という長期にわたる（自己）研修をへてはじめて達成できるものだからである。したがって、獲得研のメンバーは、日本の教師たちに先んじてフェーズ2からフェーズ3への移行に挑戦している、ということができる。

　とりわけ、あかり座公演での協同としてこの課題にチャレンジし、多様な角度からふり返りをおこなうことが、移行期の実相を把握するのに有効であることは言うまでもない。

4　研究的実践者・実践的研究者

　フェーズ2から3への移行が実践上の困難とすれば、もう1つの困難は実践そのものを記述することに伴うものである。

　獲得研では、会員を研究的実践者・実践的研究者ととらえ、以下のように定義している。「実践研究を志す教師は、自らが身をおく環境をあえて研究対象として相対化しようとする実践者（＝研究的実践者）であり、同時にまた、設定したテーマを自ら実践し、研究結果を記述する研究者（＝実

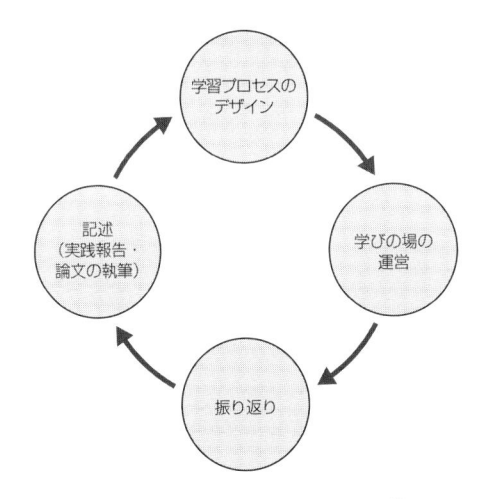

図 6-2　現場での臨床的研究（循環構造）

践的研究者）でもある」（渡部淳（2001）教育における演劇的知　柏書房）。

　現場で実践者が行う実践研究とはどのようなものなのか。その循環をあらわしたのが、図6-2である。

　ここで、実践者自身による実践研究の価値をどう判断するかという問題が浮上する。いわゆる社会科学の理論研究であれば、その判断基準は、課題設定の妥当性、先行研究の参照度、論証の手続き、叙述の論理性・一貫性、オリジナリティなどであり、研究者としてのトレーニングも、そうした条件をみたす論文の作成につながっている。

　そこでは、研究する側の主体の変容が、そのものとしては記述されないのが通常である。ただ、教育実践は教師と学習者のコミュニケーション行為の連鎖で成り立つものである。したがって、教育実践研究では、教師側の認識・態度の変容をも視野に収めることが不可欠の条件である。

　近年は、アクション・リサーチ、授業のディスコース分析、エスノグラフィー、ライフストーリー研究など、現場で生起するできごとを臨床的に研究する様々な方法が導入され、一定の成果を収めている（秋田喜代美・恒吉僚子・佐藤学（2005）教育研究のメソドロジー　東京大学出版会）。

　これらの多くは、研究者が教育の場（フィールド）で活用する方法である。

現場の実践者が自力でおこなう臨床的研究の方法の開発は、まだこれからといえるだろう。

　それに挑戦しているのが獲得研である。先に、獲得研では、全会員がシリーズ本の執筆者となるのが前提である、と述べた。その前提として、定例会でたくさんの実践報告が行われている。ただ、それらが実践研究の共有の素材となるには、文章化されるというだけでは十分でない。文章の客観性が担保される必要があるのだ。

　では、どのように客観性を担保するのか。獲得研では実践報告の成立条件として、以下の6点を考えている。①授業のねらい、②実践の枠組み（カリキュラム、学習環境、学習者側の準備状況など）、③教師側の働きかけ、④学びの場で実際に起こったこと（場の力学、応答の様子など）、⑤学習者の変容、⑥実践を通して得られた知見、である。これらの項目のどれか1つが欠けても、聴き手に不十分な印象を残すからである（渡部淳（2011）高山実践に関して　学校という劇場から　佐藤信編　論創社）。

　理論化と実践経験の豊饒化とが同時進行するのが現場の実践研究である。また、実体験をくぐらせて研究成果を言語化できるのも、現場をもつものの強みであろう。だが、それが研究論文となるためには、個別の経験を一般化・普遍化につなぐ回路を確保することが必要になる。簡単なことではないが、獲得研の場合、意見や批判も含めて率直なコメントが行き交う空間が、しばしば研究論文作成の促進要因になっている。この間の事情は、第3章-3の和田論文が、公開シンポジウムの登壇者の報告内容の変容について報告していることにもつながっている。

　第1章でもふれた通り、獲得研が出版物をだす場合、すべての原稿を全員が読むという方式がとられている。その理由は、こうした時間のかかる地道な作業を繰り返すことで、実践研究のスタイルの共有が可能となるからである。したがって、獲得研がおこなっているアクティビティ研究は、それ自体が新しい実践研究のスタイルを創造する営みだという面をもっている。

5　談話のコミュニティー

　獲得研事務局長の初海茂が、メーリングリストで回覧した附章の執筆メモのなかで、個々人の実践と獲得研の研究成果との関係を、次のように書いている。

　　　獲得研は、総合的な学習理論を形成することに務めてきた。その結果の一つが「獲得型学習モデル」として公開されていて、このモデルが会の運営の基礎にも置かれている。個別の実践が獲得型学習構造のどこに位置をしめるのか、そこで使う技法と他の技法との関連がどうなのかを知る目安にもなっている。学習モデルが会員の認識のフレームワークとして役立っているのである。

続けて両角桂子は、実践研究に立ち向かう会員の姿勢と会員同士の関係性について、次のように言及している。

　　　メンバーはそれぞれに自分の教室を抱え、授業やその他の校務に忙しい日々を送っている。その中でどのように獲得型のアクティビティを組み込んでいくか、カリキュラム全体や学期ごとのスケジュールとも調和させつつ、研究を継続している。
　　　定例会やメール上での個性的な実践報告、実践に対する鋭いコメント、そして盛り上がる討議など、意見交流の楽しさが獲得研の研究を支えているといってもよい。実践報告に刺激され、自分もやってみようと奮い立つ。授業に役立つアイディアや教材があればすぐに共有できるのも研究会の良さである。関係は上意下達的ではなく、校種、年齢、キャリアに関係なく平等に学びあえるのが獲得研の特徴といえる。

　両角が、「遠慮のないコメント」が飛び交う「上意下達的でない」関係と表現している通り、獲得研の会員同士の関係は、水平的なネットワーク

になっている。共同研究を大学のスタッフが指導するのではなく、メンバー全員が対等な関係で授業研究を行う方式である。小学校から大学までの教員がそれぞれの分野の専門家として互いを尊重しあうこと、創造的な談話のコミュニティーの成立条件がそれである。そこでスパークが起こり、研究が飛躍的に促進されていくからである。

一方、獲得研の会員は個性派ぞろいである。当然のこと、プロジェクトを進めていく過程で衝突や対立が起こることになる。ただ、長年にわたって培ってきた基本的な信頼関係が、そうした困難を乗り越えさせる役割を果たしている。

大きな課題を共有したメンバーが、お互いの個性を認め合い、刺激し合いながら成長を続けることのできる談話のコミュニティー、それが共同研究の土壌である。ここに成熟した市民社会の萌芽的な姿をみることも、あながち的外れではない、と考えている。

6　まとめ

これまで見てきた通り、獲得研のドラマ技法研究は、種々の面で開拓的な意味をもっている。ゼロから出発したプロジェクトが、一定の研究成果を残すことができたのはなぜだろうか。現在進行形のプロジェクトではあるが、中間的な総括としてその理由を考えてみたい。ここでは、以下の5つの点に注目すべきだろう。

1）メンバーによる使命感の共有。メンバーは、もともと「チョーク＆トーク」一辺倒の授業にたいして疑問をもつ教師たちであり、それを克服する手立てはないかと模索する人たちだった。それがプロジェクトに参加し研究を重ねるなかで、個人的な問題関心を超えて、日本の授業方法を変える、というより高い使命感をもつようになったといえる。

2）研究の方向性に対する展望の共有。ドラマワークに関する研究活動は、獲得型学習を支えるアクティビティの体系化という大きな見通しの中で展開されている。このことで、メンバーが、個々の授業実践を、より広い視野から評価できる視点をえられたといえる。

3）メンバーの背景の多様性。この研究会は、小学校から大学まで、専門領域の異なるメンバーが出会う場である。ドラマ技法の探究という共通の課題をめぐり、多様なアプローチの仕方を交流するなかで、刺激的なディスカッションが行われ、創造的な談話のコミュニティーが形成されていった。その意味で、このプロジェクト自体が、メンバーの授業研修の場という役割を果たしている。

　4）メンバーそれぞれが実践して得た手ごたえ。当初、演劇的手法について関心をもつメンバーは多くなかったが、ドラマ技法を実際の授業で試すことで、手応えを感じることができ、ドラマ技法のもつ可能性への期待が高まっていった。活用による効果を実感できたことが、研究課題の意義の共有につながっている。

　5）社会的発信を前提にした研究だという点。今回のプロジェクトは、あらかじめ研究成果をシリーズ本として出版すること、また研究成果の普及のために全国で公開授業やワークショップを実施することなど、社会的な発信が前提となる研究である。このように、研究活動がやがて目に見える成果として現れることが、メンバーの責任感、使命感に連動しているといえる。

附　章

資料でみる共同研究の歩み

初海茂、両角桂子

1 獲得研とは

　獲得型授業の研究・普及を目的として2006年4月に「獲得型教育研究会」（以下「獲得研」）が発足した。獲得研は、研究会の代表渡部淳（日本大学）が1990年に提起した1つの理念型に端を発している。それは日本の学校に支配的な教師主導による"知識注入型授業"から、学習者が学びの主体となる"獲得型授業"へと比重を移そうという提言である。次に掲げるのは発足にあたっての基本文書である。

(資料1)「獲得型教育研究会について」(2006年2月21日)

1. 名称：獲得型教育研究会
2. ねらい：
    ①"全身で学ぶ"獲得型授業にかかわるアクティビティとスキルについて研究し、その体系化を図る。
    ②研究活動を通じて、会員の資質向上をめざす。
    ③獲得型教育に携わる教師研修プログラムの開発と普及を行う。
    ④研究成果を出版物として公開する。
3. 組織運営：
    ・研究会のメンバーは、主に小学校から大学までの現職教員で構成される。（大学生・院生などもオブザーバーとして参加できる。）
    ・当面の代表は渡部淳（日本大学）とし、教師チームリーダーとして初海茂（八王子市立松木中学校）・宮崎充治（桐朋小学校）をおく。（中略）事務責任者は姫野亜紀子とする。また、正会員はできるだけ何らかの役割を分担するものとする。
4. 実施期間：
    2006年4月より2009年3月（3年間）を第1期として活動する。その後の活動については、進捗状況を勘案の上、決定する。
5. 活動内容：
    ①定例研究会（年10回、月1回、半日を目安とする。土曜中心、ただし研究授業は平日。）

・内外の講師によるワークショップ（アクティビティの研修とスキルの検証）
　　・公開授業
　　・実践報告（報告者は輪番）
　　・文献研究
②研究会の公開
　　・学会、各種研究会、校内研修会等で随時発表する。
　　・シリーズ本の刊行。

　発足当初の会員は41名であった。会員は二種類に分けられる。1つは関東圏に居住し、ほぼ毎回定例会に出席できる定例会メンバー。もう1つは地方に居住し、普段は定例会に参加できないが「獲得研メーリングリスト」上で会に参加する「メール会員」である。2009年4月と2012年4月に会員再登録を行った。

（資料2）会員の所属と人数

2007年9月	計41名	2013年12月	計43名
小学校	7	小学校	5
中学校　英語　2 　　　　社会　1 　　　　理科　1	4	中学校　英語　1 　　　　社会　1	2
中学高校　社会　3 　　　　　国際　1	4	中学高校　英語　2 　　　　　社会　2 　　　　　国際　1	5
高校　英語　5 　　　国語　3 　　　社会　4 　　　数学　1 　　　美術　1 　　　理科　1	15	高校　英語　1 　　　家庭　1 　　　国語　3 　　　社会　2 　　　数学　1 　　　美術　1 　　　理科　1	10
大学	7	大学	11
その他（出版関係、演劇関係）	4	その他（出版関係、演劇関係、海外）	10

2　獲得研の活動の実際

(1) 定例会

　月1回、第3土曜日の午後を定例会として会員全体の研究会をおこなっている。毎回およそ4時間程度、内容は会員の実践報告や試行授業のプランニング、リハーサルや検討を行う。討議の柱はほぼ3～4本。メンバーが実際に顔を合わせ、情報交換をする貴重な機会でもある。定例会は年におよそ10回開催されており、2013年度末には通算82回目となる。

(2) 運営委員会（コア会）

　代表、事務局長、プラス4名のメンバーが様々な活動の企画、運営、連絡調整などを行っており、通称「コア会」と呼んでいる。毎月の例会に先駆けて集まり、直前準備だけでなく、研究全体の流れを見通して長期計画の修正や新たな企画について相談したりする。出版に際しては、編集会議の役割も兼ねる。年に数回はコア会単独の集まりや、必要に応じて「コア合宿」もおこなった。

(3) 合宿研修会

　毎年1月には1泊2日の新春合宿を行っている。メニューの中には必ずワークショップを入れ、メンバーの楽しみの1つともなっている。普段はなかなか参加できない遠方の会員も来て、実践報告をしてもらうなど、じっくり時間をかけて集中した討議ができる。さらに夜は和気あいあいの雑談から深刻な悩み相談まで、時間を忘れて語り合うのも楽しい。しかし合宿の最後にはまた次への課題や宿題が提示される。

(資料3) これまでの合宿と主な内容

回・日付	主 な 内 容
第1回 2007 1/6-7	1. 吉田真理子（津田塾大学）実践報告「体感英語レッスン法」 2. 武田富美子（沖縄国際大学）実践報告「ドラマケーションセミナー公開授業」 3. 槙野滋子（岡山県立倉敷青陵高校）実践報告「総合学習における獲得型授業」 4. 渡部淳（日本大学）「コア・アクティビティを探る」 5. ワークショップ　異文化間教育学会に向けてのリハーサル 6. 共同道徳授業作り「大会を前にして」
第2回 2008 1/26-27	1. 山中麻記子（東大和市立第三中学校）模擬授業　国語「徒然草」 2. 小林由利子（東横学園女子短大）ワークショップ「ニーランズワークショップを体験する」 3. 渡部淳（日本大学）「学習ツールとしてのアクティビティの体系化に関する基礎研究」 4. 中村清孝（東大和市立第三中学校）模擬授業　地理「北九州と東アジア」 5. 野崎雅秀（東京大学附属中等学校）実践報告　社会「お茶の栽培」
第3回 2009　1/5-6	1. 出版に向けた検討会 2. ワークショップ「ウォームアップ・アクティビティいろいろ」 3. 東大和市立第三中学校公開授業検討会 　三浦聡徳（東大和市立第三中学校）理科　実践報告 4. 春のセミナー準備
第4回 2009 8/3-4	1. コア・アクティビティ、原稿検討 2. 第2巻第3部のQ&A原稿　ブレーン・ストーミング 3. 討議　獲得研ワークショップの特徴について
第5回 2011　1/5-6	1. 宮崎充治（桐朋小学校）報告「2010年あかり座公演の年間総括」 2. 青木幸子（跡見学園）報告「共創教育の創出―企業研修報告―」 3. 武田富美子（立命館大学）報告「教育分野のドラマの特徴は何か―教育方法学会の報告より―」 4. 渡辺貴裕（帝塚山大学）報告「教科の学習とドラマ教育―イギリス―」 5. 春のセミナー準備ワークショップ 6. 第2巻第3部のQ and A作成作業
第6回 2012　1/5-6	1. 渡辺貴裕（帝塚山大学）報告「教員研修における試み―三重県立桑名北高校での事例を通して」 2. 秋山美和（県立秋田明徳館高校）報告「校内職員研修会」 3. 小松町津子（県立秋田明徳館高校）報告「人とかかわる能力を育てる」 4. 関根真理（啓明学園中学高校）報告「第1巻、2巻の運用―国際理解の授業での事例」 5. 渡部淳（日本大学）「獲得研の6年間の活動の振り返りと第3期への展望」 6. 春のセミナー準備ワークショップ
第7回 2013 1/4-5	1. 渡辺貴裕（帝塚山大学）報告「オランダ教育事情」 2. コア会　報告「プレゼン技法の研究動向、文献紹介」 3. プレゼン技法持ち寄り検討会 4. 林久博（成蹊小学校）WS「基本的なゲーム、アクティビティ中心に」 5. 渡部淳（日本大学）「2013年度獲得研活動に向けて基調提案」 6. 第3巻章立てワークショップ 7. 異文化間教育学会　プレセミナー、シンポジウム準備
第8回 2014 1/4-5	1. 杉山ますよ（早稲田大学）「表現活動を入れた日本語授業の試み」 2. 和田俊彦（跡見学園中学高校）「英語教材開発とプレゼン」 3. 渡部淳（日本大学）「教育プレゼン技法をめぐる理論的検討」 4. 第3巻プレゼンテーションの章立てで検討 5. 教師たちのプレゼン・フェスタ　テーマ「第五福竜丸」 6. 春のセミナー「オトナのプレゼン・フェスタ」準備

(4) メーリングリスト、ホームページ

　会員相互の交流や連絡に欠かせないのがメーリングリストである。その数はこれまでに4,000通を超える。会員1人あたり約100通、年間平均500通、月40～50通は交わされる計算で、例会の告知や出欠確認はもちろんのこと、報告などもすべてこのメーリングリストを介して行われる。例会に参加できない地方のメンバーも情報を共有することができ、メール上で意見交換もできる。そのほか、「こんなことをやりました」という実践報告は常に歓迎されている。生徒の生き生きした活動の様子などを読み、他のメンバーから感想や質問、時には批判そして賛辞が送られる。こういったやりとりは相互に大変励みとなっている。

　その一例として2010年7月に獲得研メーリングリストに掲載された、青木幸子（跡見学園中学高校）の「山月記」授業実践（国語）を紹介しよう。中島敦の『山月記』は高校国語の教科書では定番の教材である。難解な語も多く、深く読みこませるにはどうすればよいか悩むところである。青木はホット・シーティングの技法を使い、物語の肝となる場面を劇的に深めてみせている。以下にその部分を引用する。

(資料4)

　『先日、現代文の授業で「山月記」のまとめをやりました。普通どおりに漢字のテストをやり、普通どおりにスタートしたのですが、「今日いよいよ山月記最後ということで、ぜひみなさんのどなたかに李徴となっていただき、その李徴に、みんなでいろいろ聞きたいことをたずねてみては……と思うのですが……。」

　わーっ、おもしろい……と、歓声があがりました。実は、山月記は最後になればなるほど、私がいろいろなところでぐっと来てしまうのが生徒にうつってしまうのか、最後の数行を読んだときは、涙ぐむ生徒も続出だったのです。最初は、「漢字ばかりで、日本語じゃない」とぶつくさいっていたのが、うそのようです。

　ここまで生徒が深く共感し、いろいろ想像をとばしてくれたものを、

個人個人の体験に終わらせるのはあまりにもったいない、ぜひ、クラスでシェアしたいと考えたのが本音でした。

　李徴になってくれた生徒に、クラスのあちこちから「はい」といって手をあげては、みながたずねていきます。最初は本文にそったさしさわりのないこと、また、本文から想像できそうな内容の問いでしたが、問いを発する生徒たちは、李徴になりきって、まさに李徴を生きようとしているかのようなＡという生徒の姿にどんどんひきこまれ、問いが次第に深いものになっていったのです。

　「もし、もう一度だけ、ほんの一度だけ、人間にもどることができたら、あなたは、何がしたいですか？」

　生徒Ｂの問いにクラス中が、シーンとして生徒Ａ＝李徴をみつめます。

　Ａは、じっと考えて

　「詩を、詩を書きたいです、発表したいです……」

　と、きっぱりと答えます。

　詩作こそが、アイデンティティと考える李徴にクラス中から、ためいきが聞こえました。

　続いて、生徒Ｃがたずねます。

　「さいごに、あなたが、私たちに姿を見せて　二声三声咆哮しましたが、その声を、人間の言葉で聞かせてください」

　そのＣの問いに、私を含めクラス中が、はっとしました。

　あまりに意外で、あまりに核心をついた問いでした。

　Ａ＝李徴は、しばらく、黙ったまま、こう答えました。

　「さよなら……さよなら……」

　今、メールうちながらも、あの日のあのときの光景で胸がいっぱいになります。

　クラスのあちこちから、すすりなきがおこりました。私も、涙がこぼれました。

　はじめて、行ったホット・シーティングでした。

　それは、それぞれの生徒に深い想いを残しました。

読解を深めるという作業は、知的理解を超え、からだ中で感じ、心の深いところで考えることなのだ、と生徒たちから私は教わったのです。
　「山月記」は教員になって、何度も何度もやってきました。
　そのつど、生徒たちは、自身の経験と重ねながら想像力をとばして、共感を深めていきました。
　ただ、それは、どこまでも、個人のレベルにとどまっていたような気がしてなりません。
　ドラマ的手法を使うことで、生徒は、日常と非日常の世界をいとも簡単に飛び越え、心の深い部分で感じてくれるのだということを久々に痛感しました。
　この生徒Aの李徴話は、別のクラスで話しても、生徒たちが涙ぐみました。
　「一学期の中で一番忘れられない授業は、山月記の最後の授業だよね……」と生徒たちが言うのを聞くと、ホット・シーティングという技法のもつ可能性と、問いの力の偉大さを改めて感じます。
　今まで私は、答える生徒のほうに、どちらかというと注目しがちでしたが、鍵をにぎっているのは、問いを発する生徒たちにあるということを改めて感じています。』

　2008年には獲得型教育研究会のホームページ（http://www.kakutokuken.jp/）を立ち上げ、獲得研の「顔」として各活動の報告や広報をおこなっている。「春のセミナー」や「レクチャーシリーズ」などに一般の参加者を募る際にもこのホームページが活用されている。

(5)「春のセミナー」
　毎年3月には日本大学において「春のセミナー」を開催している。このセミナーでは、その年の研究テーマに合わせてシンポジウムやワークショップなどを行っている。このワークショップのプログラム作りは、一年間の研究の総まとめと位置づけられる。獲得研のメンバーは相互に協力

してこのプログラム作りに取り組む。参加者は毎回100人を超え、北海道から沖縄まで様々な教育関係者やドラマに関心のある人々が集まる。リピーターも多い。ここでの交流も刺激的で、獲得型教育への関心の高さやその可能性などを確認する貴重な機会である。獲得研にとっては重要な広報活動の1日ともなっている。今まで7回のセミナーを重ねてきたが、テーマはその時々に我々が取り組んできた内容を焦点化するように計画されてきた。各年度のメイン・タイトルおよび主な内容を紹介する。

(資料5) 春のセミナーのあゆみ

（　　）内は担当者氏名 ☆はその回の呼びかけ文　WS＝ワークショップ

第1回 (2007年) ＊異文化間教育学会第5回研修会として開催	テーマ「学びを全身化する方法〜演劇的手法によるワークショップ〜」 基調講演「日本における授業改革の動向と演劇的知」（渡部淳） WS「ドラマワークを経験する」（高尾隆、吉田真理子、小林由利子、渡部淳） ミニ・シンポジウム「演劇的手法を用いた教育の可能性」 ☆アイス・ブレーキングから演劇的手法を用いたプレゼンテーションまで、ドラマワークを授業に導入する気運が活況をおびてきました。演劇的表現活動を通して、教師と生徒が「教え―教わる」という固定した関係から解き放たれ、教室空間が柔らかくときほぐされたものになっていくこと。それは若者たちがとりくむ知的探求の豊かな土壌を形成することにつながり、ひいては参加型学習の定着をもうながすものです。 日本、イギリス、アメリカで行われているドラマワークの実際を経験していただきながら、「コトバ、モノ、身体」という三つのモードを自在に駆使する授業のあり方や教師が身につけたい表現スキルのミニマムとは何かについて考えていきます。
第2回 (2008年)	テーマ「ドラマワークは教育を変えられるか〜イギリスのドラマ教育の現在〜」 講演「Daring to be different（あえて他と異なろうとすること）」（J・ニーランズ） WS「姥捨て」（J・ニーランズ） 対談「ドラマワークは教育を変えられるか」（J・ニーランズ、渡部淳、司会：小林由利子） ☆アイス・ブレーキングから演劇的手法によるプレゼンテーションまで、参加・獲得型の学習方法としてドラマワークを導入する機運が高まっています。「ドラマワークによって教育（学ぶこと／教えること）をどう変容させるのか」というテーマに取り組んできた獲得型教育研究会が、ジョナサン・ニーランズ教授（英国・ウォーリック大学）をお招きします。 　ニーランズ教授は、ドラマ教育の世界的リーダー。多くの著作を通して理論的地平を切り拓いてきただけでなく、ワークショップの卓越したファシリテーターとしても広く知られています。また、ウォーリック大学大学院のドラマ教育学主任として、多くのドラマ教師を世に送り出してきました。 　今回のセミナーでは、まずニーランズ教授の講演とワークショップを実際に経験していただきます。それを受けてニーランズ教授と獲得研代表の渡部淳教授（日本大学）が、日英の教育現場の状況、ドラマ教師の資質、日本の教育現場へのドラマワークの適用可能性などをめぐって対談します。最後に、会場全体で「コトバ、モノ、身体」という三つのモードを自在に駆使する学びのあり方や具体的な指導方法について考えます。

第3回 (2009年)	テーマ「学びを変えるドラマの手法〜表現・コミュニケーション教育の新地平〜」 シンポジウム「大学発：授業改革」（平田オリザ、横田雅弘、正嘉昭、司会：渡部淳） WS・「大会を前にして」（渡邉千景） ・「ヤンバルの自然」（武田富美子） ・「歯型」（宮崎充治） ・「ブラジル日系移民」（小林由利子）
	☆アイス・ブレーキングから演劇的手法によるプレゼンテーションまで、参加・獲得型の学習ツールとしてドラマを導入する機運が高まっています。「ドラマワークによって教育（学ぶこと/教えること）をどう変容させるのか」というテーマに取り組んできた獲得型教育研究会が、3年間の研究経過を公開します。 　シンポジウムでは、多彩な活動を続けるゲストと獲得研との接点を探り、授業改革の将来像を展望します。ワークショップでは、文化理解や人間関係づくりをテーマにしたドラマワークを経験していただきます。＜コトバ、モノ、身体＞という三つのモードを自在に駆使する学びのあり方や具体的な指導方法について交流する一日です。
第4回 (2010年)	テーマ「学びをひらく16のドラマ技法〜ドラマ技法があなたの授業を変える〜」 基調講演「教師の専門性とアクティビティ運用能力」（渡部淳） シンポジウム「教育におけるドラマワーク、演劇的知、市民社会」（中村孝文、宮崎充治、両角桂子） WS　・フリーズ・フレーム「最後の晩餐」（中原道高　関根真理） ・ホット・シーティング「銃社会アメリカ」（初海茂　藤田真理子）、 ・専門家のマント「観光エキスパート」（青木幸子　和田俊彦） ・ロールプレイ「親と教師の関係」（両角桂子　渡辺貴裕）
	☆"学びの全身化"を目指す獲得型教育研究会による4回目のセミナーです。獲得研では、小学校から大学までの会員が、様々な授業でドラマ技法の活用を模索してきました。このたび、その成果を『学びを変えるドラマの手法』（旬報社/共著者23名）として刊行します。セミナーの「基調提案＋シンポ」では、これまでの実践・研究の歩みを整理しつつ、教育でドラマが果たす役割、参加・獲得型授業と参加民主主義の接点などを探ります。「ワークショップ」では、文化理解、人間関係づくりなどをテーマに、ドラマ技法を活用した授業の実際を経験していただきます。〈コトバ・モノ・身体〉という三つの表現モードを自在に駆使する獲得型授業の理念や指導方法について交流する一日です。
第5回 (2011年)	テーマ「学びへのウォーミングアップ〜コミュニケーションの土壌を耕す70の技法〜」 基調講演「参加型アクティビティの定着と教育コミュニケーションの未来」（渡部淳） WS「4月から使えるウォーミングアップ・プログラムのデザイン」 （宮崎充治　高山昇　武田富美子　下山正義　藤牧朗　藤井洋武） ・ドラマアクティビティ「フリーズフレーム」活用方法 （関根真理　住川明子　渡邉千景　吉田真理子） ・歌をめぐる物語から「私CM」を作る （青木幸子　藤田真理子　早川則男　両角桂子） ・フォーラムシアター「教師がいじめを目撃したら」〜もう一つの可能性を考える （和田俊彦　初海茂　渡辺貴裕　高尾隆）

	☆ "学びの全身化"を目指す獲得型教育研究会による5回目のセミナーです。今回は、参加・獲得型の学びを支えるツール（＝共通言語）となるアクティビティの中から、学びの場の雰囲気を柔らかく解きほぐす70のアクティビティの活用を提案します。いずれも小学校から大学までの授業で実践にかけ、"思いを声にだす勇気、動き出せる身体"の形成に役立つと判断したアクティビティです。基調提案では、これまでの実践・研究の歩み整理しつつ、アクティビティの定着によって教室のコミュニケーションがどう変容するのか考えます。ワークショップでは、最初に多様なウォーミングアップ・アクティビティを経験していただきます。後半は、ドラマ技法を活用した「教師研修プログラム」や「文学作品」を手がかりに、教科・専門領域を超えてアクティビティを活用するための知恵を交流します。＜コトバ、モノ、身体＞という三つの表現モードを自在に駆使する獲得型授業の理念や指導方法について学びあう一日です。
第6回 (2012年)	テーマ「獲得型教育で市民を育てる〜ドラマワーク、リサーチワーク、コミュニケーション〜」 基調講演「演劇的知と授業研究の現在」（渡部淳） 実践報告「山口県立山口農業高校での実践」（青木幸子） シンポジウム「青木実践をどう読み解くか」（中野貴文　宮崎充治　渡辺貴裕） WS・"絵本・読み聞かせ"からドラマワークへ「せかいいちうつくしいぼくの村」 　　　（関根真理　宮崎充治） 　　・リサーチワークとドラマワークをつなぐ「わたしはミミズ」 　　　（藤田真理子　高山昇） 　　・大学の授業に演劇的手法を生かす「トム・ソーヤの冒険」 　　　（吉田真理子　武田富美子）
	☆ "学びの全身化"を目指す獲得型教育研究会による6回目のセミナーです。獲得研では「自立した学習者＝市民」の形成のために、汎用性の高い16のドラマ技法と70のウォーミング・アップ技法の活用を提案してきました。今回はドラマ技法と様々な技法を組み合わせて、よりダイナミックな学びをデザインする方法を提案します。基調提案では、演劇的手法が学びにもたらすインパクトとそれを研究することの意味を考えます。シンポジウムでは、農業高校などの実践を手がかりに、生徒たちが学び手としての誇りを獲得する道筋について検証します。分科会は、ワークショップ形式で行います。いくつかのウォーミングアップ・アクティビティを経験していただいた後、ドラマ技法を導入した授業を紹介し、小学校から大学まで、教科・専門領域を超えてアクティビティを活用するための知恵を交流します。〈コトバ・モノ・身体〉という三つの表現モードを自在に駆使する獲得型授業の理念や指導方法について学び合う一日です。
第7回 (2013年) ＊異文化間教育学会第34回研究大会のプログラムとして開催	WS　ウォーミング・アップ体験（田ヶ谷省三　高山昇　青木幸子　関根真理） 「ドラマをとおして考えるハックルベリー・フィンの冒険」 　　　（吉田真理子　武田富美子） シンポジウム「学びの身体を問い直す　〜教育コミュニケーションと演劇的知の視点から」 　・宮崎充治「ドラマ技法の活用で学びの深化を図る」 　・小松理津子「こころと身体を開く教育実践」 　・藤井洋武「大学での学びと身体性」
	☆ドラマ技法などを活用し、学習者が現実の世界とフィクションの世界を往還しながら、「全身を使って学ぶ」スタイルの授業が注目されています。本シンポジウムの課題は、そうした学びの全身化のプロセスがどのようにデザインされ、授業がどのように運用され、またそうした方法がどんな可能性と限界をもつものなのか、実践事例をもとに検討することにあります。（中略） 　今回の事例に象徴される新しい試みが、ひいては教育目標や学力そのものの見直しにまでつながるものなのかどうか、そうした射程の広がりについても検討できたらと思っています。

(6) ワークショップ、レクチャーシリーズ、実践報告

　獲得研発足当初、会員の多くはさまざまなドラマ技法やファシリテーション技術を十分理解出来ていない状況であり、会員のレベルアップを図ることが急務であった。そこで、その時々の課題に合った講師を招いてワークショップや講演会（「レクチャーシリーズ」）をおこなってきた。そのねらいの1つは、獲得型教育技法、特にドラマ技法に対する理解を深めるところにあった。ねらいの2つ目は、参加者が教育的刺激を受け視野を広げるきっかけをつくることである。下に今までにおこなってきたワークショップおよびレクチャーシリーズを紹介する。

　また、会員による実践報告の数は多いが、ここでは主にドラマ技法を用いた実践を選んで載せてある。

(資料6) これまでの実践報告、ワークショップ、レクチャーシリーズ

◎は外部講師、（　）内所属は当時のもの

実施年・月	講師（報告者）	内容
2006年5月	吉田真理子（津田塾大学）	○ウォーミング・アップ　アクティビティ実習 イカダゲーム、ナンバーゲーム、誕生日ゲーム、アルファベット身体表現など
6月	宮崎充治（桐朋小学校）	○ウォーミング・アップ　アクティビティ実習 タケノコニョッキ、イカダゲーム、好きなものマップ、フリーズ・フレームなど
7月	小林由利子（川村学園女子大学）	○イギリスのドラマ・ワークショップ「ブラディンというモンスター」 村人になってコミュニティに参画、交流や意思決定のプロセスを体験
9月	安原美代（三鷹市立第三中学校）	○ワークショップ「スパイス」 「大航海時代」を獲得型授業で実施。マインドマップ、カードゲーム、リード＆ランで情報収集、フォトランゲージなど
10月	高尾　隆・仙石桂子（一橋大学）	○インプロ・ゲーム技法実習 インスタント物語の素、イルカの調教師、イン・アンド・アウトなど ※三鷹市立第三中学校道徳授業地区公開講座参観後、同校で実施
11月	高山　昇（和光高校）	○身体表現アクティビティ実習 トーキング・スティック、カウント・ダウン、ポイント・アット、アイコンタクト、バースデー・サークル、リードとレスポンス、紙の見立てなど。
12月	◎久保　健（日本体育大学女子短期大学）	○ワークショップ『身体力』を育てる 「誰の手？」体温調べ、生きている証拠さがし、脈・循環器のワーク、呼吸のワーク、体幹を意識する　など

2007年4月	池亀正夫（都立光明養護学校）	○実演　ペープサート、ブラックライト使用 斎藤喜博先生との出会い、私にとっての表現、養護学校に勤めて、障害の重い児童の「みる、きく」活動など
4月	本山　明（葛飾区立本田中学校）	○授業実践報告「回転寿司の授業」 水産資源や流通、経済の問題を多角的に考える。クイズ、資料を多用し、様々な立場から考えさせる生徒参加型授業
5月	◎正　嘉昭（ドラマケーション普及センター）	○ワークショップ「ドラマケーション体験」 人間と鏡、主人と従者、エアー手裏剣、ワンタッチオブジェなど
5月	泉　千里（桐蔭学園中等教育学校）	○模擬授業　「ホッブスからの挑戦状」 倫理社会。講義の後、先生は挑戦状を残し教室外へ。生徒たちはホッブスの哲学から何を学んだか
6月	八木延佳（『関西文学』編集次長、演劇プランナー、ドラマ・ティーチャー）	○ワークショップ「俳優の演技トレーニング」 感情表現、相手との交流のエクササイズ、キャラクター造形など 「気」を出すなどのウォーミング・アップから始まり、「感情表現」のエクササイズ、「相手との交流」のエクササイズなどさまざまなエクササイズを体験
6月	梅井洋子（西東京市立谷戸小学校）	○実践報告「ヨルダンってどんな国？」 「専門家のマント」技法を使って。仮想旅行での発見や気づき、「ヨルダンの旅班別行動」、「ヨルダンの衣装の秘密」、「ヨルダンの食文化―ホブサについて」など
10月	槙野滋子（岡山県立倉敷青陵高校）	○授業実践報告　国語『舞姫』裁判　他 『平家物語』群読、『源氏物語』パネルディスカッション、『こころ』ディベート、『舞姫』の豊太郎は有罪かなど
10月	三宅典子（岡山市立岡山後楽館高校）	○授業実践報告「国語表現」「地球の未来」 それぞれの人生（男性版・女性版）、朗読劇、住宅計画、身体を使ったコミュニケーションゲームなど
11月	菅間正道（自由の森学園）	○授業実践報告「授業づくりと世界づくりを結ぶ」 「あなたならどうする？ナチスのユダヤ人迫害問題を考える」他教師としての原点、授業で深くともに学ぶ場をつくる、社会科教師として生きるということ、「未完の一教師」であり続けるということなど
2008年3月	◎ジョナサン・ニーランズ（英国・ウォーリック大学）	○ワークショップ「移民」 7枚のイラストを見て、「移民」の物語を想像する。別れの場面の再現、移民に行く理由を考える、旅立ちに手渡す手紙作成など様々なアクティビティをおこなう。最後に皆が家族に扮して一枚の写真を撮る
6月	青木幸子（山口県立宇部高等学校）	○実践報告「ラジオドラマ制作による表現教育マネジメント研究」 実践例「山口弁講座」「私は農高の牛」「風船爆弾」ほか 放送ドラマづくりを通して自己の思いを言語化し、他者に伝える力をつけていった高校生たちの姿を報告
7月	宮崎充治（桐朋小学校）桐朋小学校で実施	○公開授業　全劇研に向けたドラマワーク『歯型』作り 子供たちの数次にわたる練習の第1回目を参観。ウォーミングアップ・アクティビティで身体ほぐし、心ほぐしをおこなう
10月	◎花崎　攝（演劇デザインギルド）	○ワークショップ「フォーラムシアター」 ミラーゲーム、彫刻家と素材、さらにフォーラムシアターの理論と実際を体験。お題は『ノーリアクション』『クレーマー』など

附章　資料でみる共同研究の歩み　241

2011年12月	藤田真理子（室蘭大谷高校）	○実践報告「私はミミズ」 獲得型の理科の授業。トマト、ミミズ、シャチ、ワラジムシ、クリオネ・・・、さまざまな生物について調べ、グループごとにその生物になりきって発表
2012年5月	◎マーク・ランガー（国際基督教大学）	○講演「海外から見た日本の教育」 日米比較から日本の教育の特徴を探る。人類学的教育学アプローチ。日本文化の中にある「精神教育」、日本の伝統的美徳など
7月	◎八木ありさ（東京女子体育大学）	○ワークショップ「ダンス・セラピー入門～〈からだ〉にふれて〈こころ〉と出会う」 まねっこダンスでウォーミング・アップ、2人組で身体の深部感覚やエネルギーの覚醒、さらに参加者全体で自由なイメージや表現世界の形成へとさまざまなダンスを体験
10月	◎保立道久（東京大学史料編纂所）	○講演「神話をどう語り、どう教えるか」 東日本大震災を契機におこなわれた研究の紹介。「古事記」「日本書紀」などに表れる日本の神のイメージをつかむ。それらは古代の噴火や地震のイメージと深い関係。時代とともに龍神信仰や怨霊信仰に変容。報告者による小学校での授業も紹介
11月	武田富美子（立命館大学） 吉田真理子（津田塾大学）	○ワークショップ「トウェイン・ワークショップ」 ハックの世界を演じるロールプレイ。ジグソー法で情報共有し、再演。違いを味わう。翌年の「ハックルベリー・フィンの冒険」へと発展する元となったワークショップ
12月	◎藤井頌己（日本大学） ◎緒方頌紀（〃） ◎木村敬一（日本大学） コメント ◎津田　喬（〃） ◎緒方頌紀（〃） 宇内一文（立教女学院短期大学） ◎富田純喜（日本大学） ◎大河内直之（東京大学）	○報告および映像「パラリンピック・ロンドンまでの歩み、そして木村敬一君の活躍」 ○講演「普通校での教育実習を振り返って～」 ○ロンドン・パラリンピックの活躍報告、生い立ち、視覚障害者である木村氏の普通校での教育実習経験など ○報告「普通校における障害のある学生の教育実習の現状と課題」 ○報告「視覚障害者支援からみた普通校における障害者の教育実習」
2013年4月	◎辻本勇夫 　辻本京子（文化交流工房）	○講演「Voices from Japan」 東日本大震災を体験した人々が新聞歌壇に投稿した作品を英訳し、ニューヨークなど各地で紹介。東京のインターナショナルスクールとも交流
7月	◎尾上明代（立命館大学）	○ワークショップ「ドラマセラピー――その漸進的発展ワークの体験」 ドラマセラピーで使われるアクティビティを体験。「ものさし」、「イメージ渡し」、「心の障害物を乗り越えるアクティビティ」など
11月	林　久博（成蹊小学校）	○実践報告　2年生生活科の授業実践。 「お天気さいばん」雨チーム、晴れチームに分かれて観察したことを演じる。自然認識、社会認識を深める。「なりきり詩」創作と朗読、朗読劇化など

(7) あかり座公演

　獲得研では公開授業、公開ワークショップなどを「あかり座公演」と総称している。それは獲得研の母体となった米国理解研究会以来の伝統である。また、獲得研では研究成果の実証と普及をめざして、教育現場との連携を発足当初から模索してきた。その連携の形は、

　　(a) 公開授業：獲得研メンバーが、直接生徒に授業をおこなう形
　　(b) 公開セミナー・ワークショップ：獲得研メンバーが、教育関係者や一般の方々を対象にワークショップをおこなう形
　　(c) 実験的授業：提携校の教師の授業づくりに協力する形
　　(d) 教員研修会：学会や学校の職員研修会のプログラムづくりや運営をお手伝いする形

以上の4つのパターンに分けられる。

(a) 公開授業
(資料7-1)

　日時：2010年7月16日（金）
　場所：県立秋田明徳館高校
　趣旨講演：渡部淳（獲得型教育の概要及びあかり座公演の趣旨説明）
　公開授業　①銃で撃たれた日本人高校生　2クラス
　　　　　　　担当者（初海茂　藤井洋武　両角桂子　早川則男）
　　　　　　②観光エキスパートになろう　3クラス
　　　　　　　担当者（渡邉千景　藤田真理子　和田俊彦　田ヶ谷省三　宮崎充治　高山昇）

　同校は定時制・通信制高校である。2010年7月に東北地区の定時制・通信制高校の200名を超す参加者への公開研究授業（「第57回東北地区高等学校定時制通信制教育振興会総会並びに大会」・「第60回東北地区高等学校定時制通信制教育研究協議会大会」）がおこなわれた。この授業を獲得研

が担当することになった。11名の獲得研メンバーが現地に出向き、生徒にワークショップ型授業を体験してもらった（秋田あかり座公演）。定時制・通信制には課題を持った生徒が多く存在する。周囲とコミュニケーションをとることが苦手で孤立しがちな同校の生徒たちをどう指導したらよいか悩んでいた教師たちに、獲得型授業の可能性を提案することとなった。これをきっかけに研究会に参加するようになった教師もおり、その後も継続して交流は続いている。獲得研の中にも獲得型授業は、表現力もあり活発な生徒たちに向いているのではないか、と考えてきた部分があった。しかしこの実践を通じて獲得型授業こそ、孤立しがちで困難を抱えた生徒たちに有効な授業方法ではないかという可能性が見えてきた。

(b) 公開セミナー・ワークショップ
(資料7-2)

信濃教育会教育研究所・夏の公開ワークショップ
日時：2006年8月10日
場所：信濃教育会館
ワークショップ「いつから大人？〜アメリカの家族〜」
　起業した架空の実業家の人生を紹介するストーリーを作り、それをグループで発表する。教師中心の「知識注入型授業」から学習者中心の「獲得型授業」へのシフトを提案し、授業の事例研究をおこなった。
ワークショップ担当者（住川明子、両角桂子）

(資料7-3)

大阪国際児童青少年アートフェスティバル2011（TACT/FEST 2011）
日時：2011年8月11日
場所：大阪市阿倍野区民センター
テーマ：「演劇的手法で学ぶ―16の技法を大公開―」

ウォームアップ・アクティビティの後、昭和の夏、家族の夏、大阪の夏などのテーマでフリーズ・フレーム創作。後半はバリエーションをつけ、静止画→動画→静止画、あるいはサウンドスケープをつけるなどした。
ワークショップ担当者（宮崎充治　初海茂　両角桂子）

(資料7-4)

大阪国際児童青少年アートフェスティバル2012（TACT/FEST 2012）
日時：2012年8月10日
場所：大阪市阿倍野区民センター
テーマ：「日本とドイツのことわざを身体で表現してみよう！」
　日・独の似たことわざを選び、グループでロールプレイ。ドイツ、マイニンゲン劇場とのコラボレーション。双方からファシリテーターを出してワークショップを実施。
ワークショップ担当者（林久博、藤井洋武、小菅望美、宮崎充治）

(資料7-5)

国際ロータリー第2750地区第33回インターアクト年次大会
日時：2013年8月24日
場所：フォレスト・イン昭和館（東京都昭島市）
テーマ：「つなげよう人の輪」
基調講演：「ボランティア活動を通して国際理解を考える」（渡部淳）
ワークショップ「○○レンジャーになってみよう」
　グループごとにテーマを決め、フリーズ・フレームで表現した。
ワークショップ担当者（関根真理、早川則男、福山一明、田ヶ谷省三、中原道高）

(資料7-6)

第24回国際教育学会公開シンポジウム

日時：2013年9月29日

場所：日本大学文理学部

テーマ：「学校における国際教育の実践と課題」

モデレーター（渡部淳）

発表「啓明学園国際理解の日のとりくみ」（関根真理）

　　「中村高校国際科の海外留学」（早川則男）

　　「公立小学校におけるモンゴル人留学生講師」（バヤスガラン・オユンツェツェグ）

　　「跡見学園高校オーストラリア語学研修」（和田俊彦）

(c) 実験的授業　（　）内は担当者

(資料7-7)

学校公開授業

日時：2008年2月

場所：東大和市立第三中学校

2年　国語『徒然草』（山中麻記子　高山昇）

1年　理科　第一分野（三浦聡徳　吉田真理子　姫野亜紀子）

2年　数学　円周角の定理（高橋優子　宮崎充治）

　同校は従来、生活指導に困難をかかえ状況を打開する方法を様々なかたちで模索していた。そして「生徒にとってわかる授業、魅力ある授業」こそ、その打開策であるとして学校長を先頭に獲得研との提携を図ってきた。同校の公開研究授業に際し、獲得研メンバーと同校教諭がペアになり、国語、理科、数学の授業指導案を作成し授業を行った。その後東大和第三中学校からは新人を中心に何人もの教諭が獲得研例会や合宿に参加し、模擬授業をおこなうことで教師としての成長がみられた。

(資料7-8)

> 研究授業
> 日時：2010年12月
> 場所：埼玉県立大井高等学校
> 2年　数学B　授業者（宮崎充治、田部和昭）
> 　「算数、数学における獲得型をどうすすめるか」概念をイメージできるように「等比数列」とサラ金、「ドラえもん」の『バイバイン』、ギター弦の長さと音の高さを比較
> 2年　国語表現　授業者（両角桂子、荒田明子、宮腰幸生）
> 　ティーチャー・イン・ロール『枕草子』でガールズトーク、フリーズ・フレームで「大井高校の四季」を作成

(d) 教員研修会
(資料7-9)

> 日時：2007年8月28, 29日
> 場所：啓明学園中学高等学校
> 基調講演　渡部淳「私立学校の先進性と授業改革」
> ワークショップ担当者（関根真理、初海茂、住川明子、中原道高）
> 　　ア．アイス・ブレーキングとグルーピング
> 　　イ．バズ・セッション「教師の身体性を考える」
> 　　ウ．演劇的プレゼンテーション「フリーズ・フレームに挑戦」
> 依頼により同学園の教員研修を獲得研が運営した。同校は幼稚園から高校まで併設する学園である。そこで、校種を越えた相互理解と教員のスキルアップのために、理事長を中心に、全教員対象の研修会を開催することになった。研修の中では多数の獲得型のアクティビティを盛り込んだワークショップおこない、管理職から若手の教員までが一緒になって体を動かす体験をして大変好評を得た。

(資料7-10)

> 日時：2010年8月26日
> 場所：室蘭大谷高校
> プログラム：(1) 趣旨講演（渡部淳）
> 　　　　　　(2) 国語模擬授業体験（青木幸子）
> 　　　　　　　　題材「口笛男」（現代文・高校2年）
> 　　　　　　(3) 研究協議
> 　　　　　　　　各グループ司会者（初海茂、和田俊彦、早川則男、両角桂子）
>
> 　姉妹高校同士の合併に際し、同校では2010年8月に双方の教員が交流する研修会を行った。9人の獲得研会員が中心となり運営した研修会の中で、若手からベテランまで両校の垣根なく語り合い、大きなホールがあたたかい笑いに包まれた。この職員研修が姉妹校同士の円満な合併の一助となった。

(8) 新しい流れのきっかけとなった実践

　獲得研では1つの実践事例が報告されると、その刺激を受けて、同種の実践が次々に行われていく。それらのきっかけとなった事例を以下に紹介する。

(資料8-1) ① 「大会を前にして」（渡邉千景実践）（道徳）

> ［道徳授業にドラマ技法を活用した事例］
> 題材：「大会を前にして」中学1年　道徳教材
> 　女子中学生真耶の物語。バレーボールチームにとって大事な大会を翌日に控え、大好きな祖母が危篤となる。祖母の元へ行きたいが、キャプテンとして大会を棒に振ることもできない。悩んだ真耶のとるべき道は……

対象：中学生
活動の概要：このジレンマをどう乗り越えるのか、悩んでいる本人、チームメイト、お母さんや祖母の役を割り振り、その心の声に耳を傾ける。ロールプレイやボイス・イン・ザ・ヘッド、ホット・シーティングなどの手法を入れ、さらにグループで話し合い、どのようなアドバイスを真耶に話すかを決め、演劇的に発表する。

（経緯）
2006年10月第6回例会　三鷹市立第三中学校にて道徳教育地区公開講座の授業を見学
2007年1月合宿　3グループに分かれ、プランを作ってそれぞれ発表
2008年11月第27回例会　渡邉千景から、桐朋女子中学高校での実践報告。その中にこの授業が含まれていた
2009年3月セミナーでワークショップ

(資料8-2) ②「歯型」（宮崎充治実践）（国語）

［オリジナルなドラマワークの開発実践］
題材：「歯型」（作・丘修三）
　「ぼく」は小学生。しげると一郎とはなかよし組だ。夏の公園で、足が不自由で口べたな級友「あいつ」と出くわす。ちょっとだけからかうつもりが、思いがけず「あいつ」の反撃にあい、しげるの脚には「あいつ」の歯型がくっきりと……
対象：小学生
活動の概要：足の不自由な少年をいじめてしまう級友たちのほか、教師や母親たちも登場する。まず夏の公園をボディ・スケープで表現することで一気に物語の場面へと参加者も観客も引き込む。最初に少年をいじめる場面、いじめられていた少年が反撃する場面、それに対処する教師や親も出てきて物語は進行する。全劇研の発表では、子供たち全員を舞台に上げてリアルタイムで進めていった。

（経緯）

2008年5月第22回例会　宮崎充治よりプランの提示

2008年6月第23回例会　プラン検討　子どもたちへの配慮　プログラム組立の問題　ワークショップか、あるいはファシリテーションのしかたのプレゼンなのかをめぐって討議

2008年7月第24回例会　桐朋小で実際の児童たちにウォーム・アップほかを公開、協議

2008年8月全国演劇教育研修集会（全劇研）にて発表（東京学芸大学）

(資料8-3)　③「せかいいちうつくしいぼくの村」（関根真理、宮崎充治実践）
　　　　　（総合的な学習）

［絵本を使った授業実践の先駆け］

題材：絵本『せかいいちうつくしいぼくの村』（作・小林豊）

　アフガニスタンのある農村が舞台。豊かな実りの季節、美しい自然、人々の熱気に満ちた市場などが少年ヤモの視点で描かれる。ヤモの兄が戦争に行っているなどの心配もあるものの、物語は豊穣な土地や平和な日常をあくまで美しく紡いでいく。そうして最後のページで「この村は戦争で破壊されて、いまはもうありません」という衝撃の結果が待っている。

対象：小学生から一般まで

活動の概要：絵本を題材にした、平和の尊さを考えさせるワークショップ。

　ワークショップでは市場のにぎやかな場面を参加者全員で再現し、ティーチャー・イン・ロールで片足を失った男を登場させるなど、立体的に絵本の内容をたどっていく。最後のページを読んだあと、その後の家族がどうなったかをフリーズ・フレームで1枚の写真になって表現するなど、絵本からさらに展開することも試みた。

(経緯)
2012年1月合宿　関根より国際理解教育の実践報告、絵本の紹介
　　　　　　　　アクティビティ構成のプラン提示、全員で試行する
2012年3月セミナー　ワークショップ"絵本・読み聞かせ"からドラマワークへ
　　　　　　　　「せかいいちうつくしいぼくの村」(関根真理　宮崎充治)

(9) 高校生意見発表会から高校生プレゼンフェスタへ──教育プレゼンの新展開

　2011年の東日本大震災で中断するまで年1回、計10回、「高校生意見発表会」を行っていた。これは小石川ロータリークラブの主催ではじまった高校生対象の意見発表会である。当時の第四学区(文京区、豊島区、北区、板橋区)を中心とする高校生が、研究成果や意見発表を様々なプレゼンテーションスタイルで行ってきた。

　この企画・運営にもともと獲得研メンバーが関わっていたことから、2012年度からは「高校生プレゼンフェスタ」として発展的に継続されている。前身との違いは、前もって用意した発表ではなく、リサーチを伴うグループワークを経たプレゼンテーションであること、参加生徒の人数が多いこと、コア・アクティビティを入れ、発表の形式が多種多様であること、などである。第13回フェスタでは8か国の文化的背景を持つ生徒たちが集まり、国際的広がりも見せた。

　なお、13年間の実践をまとめた『高校生プレゼンフェスタ報告書』が刊行されている(編集：辻本京子、室中直美)。

(資料9-1) 高校生プレゼンフェスタの記録

第12回高校生プレゼンフェスタ(高校生意見発表会から名称変更)
日時：2013年3月20日
場所：跡見学園中学高等学校

参加校：跡見学園高校　啓明学園高校　埼玉県立和光国際高校　明星高校　都立立川高校　都立武蔵野北高校　中村高校　Canadian International School
計40名
テーマ：「かっこいい大人になるには」「若者よ、海を渡れ！」

(資料9-2) 第13回高校生プレゼンフェスタ（異文化間教育学会の研究プロジェクトとして実施）

日時：2013年11月23日
場所：跡見学園中学高等学校
参加校：跡見学園高校　啓明学園高校　中村高校　明星高校　目黒学院高校　海城高校　The American School in Japan　東大和市立第三中学校　K. International School
計48名
テーマ：「海外の高校生に伝えたい日本！」

3　獲得研の活動の課題とこれから

　本稿の冒頭に述べた獲得研の4つの目標、そのそれぞれがこの8年間の活動の中で着実に達成されつつあると言ってよいだろう。しかし、それはこの獲得研という会の小さな歩みにすぎない。日本全体を見ると獲得型授業の広がりはまだまだ不十分である。会としてさらに研究をすすめ、どの学校でもどの教室でも獲得型授業がさまざまな形で取り入れられる日を目指したい。

　当面の目標は「獲得研シリーズ全5巻」を完成させることである。第1巻はドラマ・アクティビティ、第2巻はウォーミングアップ・アクティビティがテーマで、これらはすでに出版されている。続いて現在、第3巻として教育プレゼンテーションをテーマにした出版の準備をしている。

　さらに第4巻はリサーチワーク、第5巻はディスカッション・ディベー

トを計画している。リサーチ抜きにプレゼンは成立しないし、プレゼンがしっかりしていなければディベートも難しい、という風にこれらは相互に関連し、積み上げられるべき活動である。

　このように全5巻の上梓を目指しながら、同時にこの獲得型の実践を全国に広げていきたいと考えている。今後も各地の研修会や研究協議会、公開授業など様々な機会を生かして多くの教師たちと出会いたい。獲得型の授業やワークショップを体験し、それを自らの教室で実践しようと試みる、そういう教師が増えていくことが我々の目指すところである。学びの地平を広げ、学びを深める演出家となること、その歩みはまだまだ続いていく。

参考文献

丘修三（1986）「歯型」『ぼくのお姉さん』偕成社.
小林豊（1995）『せかいいちうつくしいぼくの村』ポプラ社.
杉山健一，矢部裕三（2013）「大会を前にして」『道しるべ1』正進社.
中島敦（1994）「山月記」『山月記・李陵』岩波書店.
J・ニーランズ，渡部淳（2009）『教育方法としてのドラマ』晩成書房.
渡部淳（2007）『教師　学びの演出家』旬報社.
渡部淳（2008）「学習ツールとしてのアクティビティの体系化に関する基礎的研究」国際基督教大学学報ⅠA『教育研究』No.50.
渡部淳編（2011）『学びへのウォーミング・アップ　70の技法』旬報社.

あとがき

渡部　淳

　本書の成り立ちについてふれてみたいのだが、結論からいえば、本書を刊行する契機は、異文化間教育学会の前理事長である横田雅弘氏の一貫した後押しだといってよい。

　話は2006年にさかのぼる。異文化間教育学会が、毎年、企画・交流委員会主催の研修会を開いている。当時委員長だった横田氏から、研修会の講師をしないかと声をかけてもらった。2006年は、私が獲得研を立ち上げた年である。ちょうど年度末に研究成果を公開するセミナーを計画していたこともあり、運営委員会に諮って、獲得研の研究プロジェクトとして研修会に取り組んでみることにした。

　それで実現したのが2007年1月の「異文化間教育学会第5回研修会：学びを全身化する方法――演劇的手法によるワークショップ」である。開会挨拶のため、理事長の小島勝氏（龍谷大学教授）が、体調不良をおして日本大学文理学部に駆けつけてくださったことも忘れがたい。

　2011年の春のことだが、こんどは横田氏から2年後に開かれる「第34回研究大会」を日本大学文理学部で開けないだろうか、と打診があった。公開シンポジウム、プレセミナーなどを通じて、獲得研のカラーを前面に打ち出す大会にしてはどうか、というのである。実現すれば、私の勤務する教育学研究室のスタッフと獲得研のメンバーが協力して研究大会をになうユニークな方式になる。横田氏のこの革新的で柔軟な発想が、毎年開いてきた「春のセミナー」を休止して大会運営に集中する、という新しいチャレンジに私たちを駆り立てることになった。

　色々な経緯はあったが、幸いたくさんの人々の協力がえられ、2013年6月8日、9日の研究大会を成功裡に終えることができた。大会には、350名

近い会員の参加があり、研究発表も延べ80本を数えた。

　ここからお分かりの通り、獲得研の研究は、横田氏を仲立ちとして、会の創設時から異文化間教育学会とともにあったということである。何より得難いのは、今回の研究大会が、獲得研のドラマ技法研究を広い視野で俯瞰してみる格好の機会になったことである。それが、本書の刊行を決意する大きなはずみになったことは間違いない。

　本書が成るにあたって感謝をささげるべき人は多いが、紙数の都合もあり、ここでは以下の方々のお名前だけを記させていただく。

　異文化間教育学会の関係では、公開シンポジウムのゲスト・コメンテーターも務めてくださった前理事長の横田雅弘氏（明治大学教授）、そして前事務局長の坪井健氏（駒澤大学教授）、事務局員の正木奈美氏にお礼を申し上げます。現理事長で32回大会の準備委員長でもあった加賀美常美代氏（お茶の水女子大学教授）には、大会運営や研究成果の出版について、貴重なアドバイスをいただきました。

　日本大学文理学部教育学科の関係では、円滑な大会運営を支えてくださった大会副委員長の小山憲司准教授、助手の富田純喜、松岡侑介、橋本実佳、森春香の各氏に感謝いたします。また、25名の院生・学生グループのとりまとめ役を博士後期課程の窪和弘氏が担ってくれました。

　獲得研の関係では、今回執筆者に名前を連ねているメンバーのほか、中原道高、藤田真理子、姫野亜紀子、福山一明、藤牧朗、林久博、室中直美、高尾隆、宇内一文、小菅望美の諸氏が大会運営をサポートしてくださいました。

　最後になるが、『中高生のためのアメリカ理解入門』、『中高生のためのアメリカ理解入門　ガイドブック』に続いて出版を引き受けてくださった明石書店常務の大江道雅氏と、今回の実務を担当してくださった岡留洋文氏に深く感謝いたします。

執筆者・執筆分担一覧

編集代表

渡部　淳　［はじめに、第1章、第6章、あとがき］

日本大学文理学部教授（教育実践研究、教育内容・方法論）　1951年秋田県生まれ。2006年に「獲得型教育研究会」を創設。日韓米の高校生が演劇的発表を創り出す「グローバル・クラス」など、数々の実験的プログラムの運営に携わり、教育における演劇的手法の可能性を国際的な視野で研究している。著書に、『国際感覚ってなんだろう』（岩波ジュニア新書）、『教育における演劇的知』（柏書房／第42回演劇教育賞・特別賞）、『中高生のためのアメリカ理解入門』（編著、明石書店）、『教師　学びの演出家』（旬報社）、『大学生のための　知のスキル　表現のスキル』（東京図書）、『教育方法としてのドラマ』（J．ニーランズと共著、晩成書房）などがある。

獲得型教育研究会

「参加型アクティビティの体系化」と「教師研修プログラムの開発」を目的として2006年に創設。小学校から大学までの教師43名で構成。会員の居住地は、北海道から沖縄、また海外にも及ぶ。「会員＝"獲得研シリーズ"の執筆者」という実験的な性格もあり、会員数を限定している。シリーズ本として、第1巻『学びを変えるドラマの手法』、第2巻『学びへのウォーミングアップ』を旬報社から刊行、現在は第3巻『教育プレゼンテーション』の刊行準備を進めている。これと並行して、研究成果の普及と会員の自己研修のために、全国各地で「あかり座」公演（公開授業＋ワークショップ）を展開中である。

代表：渡部淳、ホームページ：http://www.kakutokuken.jp/

執筆者（＊は編集委員）

青木幸子（昭和女子大学　准教授）［第4章―2］

小松理津子（秋田県立秋田明徳館高等学校　教諭）［第2章―2］

関根真理（啓明学園中学高等学校　国際交流コーディネーター）
　　　　　　　　　　　　　　　　　　　　　　　［第4章―1、第5章―1］

田ヶ谷省三（立川市生涯学習指導協力者）［第4章―1、第5章―1］

高山　昇（和光高等学校・日本大学・桜美林大学・中部大学　講師）［第4章―2］

武田富美子（立命館大学　准教授）[第5章―2]
＊初海　茂（八王子市立松木中学校・日本大学　講師）[附章]
　藤井洋武（川崎市立看護短期大学・日本大学・東海大学　講師）[第2章―3]
＊宮崎充治（桐朋小学校　教諭）[第2章―1、第4章―1、第5章―1]
＊両角佳子（埼玉県立ふじみ野高等学校　教諭）[附章]
　横田雅弘（明治大学　教授　異文化間教育学会前理事長）[第3章―1]
　吉田真理子（津田塾大学　教授）[第5章―2]
＊和田俊彦（跡見学園中学校高等学校　教諭）[第3章―3]
　渡辺貴裕（東京学芸大学　准教授）[第3章―2]
＊辻本京子（文化交流工房　編集協力）

教育におけるドラマ技法の探究
──「学びの体系化」にむけて

2014年3月31日　初版第1刷発行

　編　者　　渡部淳＋獲得型教育研究会
　発行者　　石　井　昭　男
　発行所　　株式会社明石書店
　　　　　〒101-0021 東京都千代田区外神田6-9-5
　　　　　　　　電　話　03（5818）1171
　　　　　　　　ＦＡＸ　03（5818）1174
　　　　　　　　振　替　00100-7-24505
　　　　　　　　http://www.akashi.co.jp
　　　　装丁　　明石書店デザイン室
　　　印刷/製本　　モリモト印刷株式会社

ISBN978-4-7503-3998-6

Printed in Japan　　　（定価はカバーに表示してあります）

JCOPY　〈(社) 出版者著作権管理機構 委託出版物〉
本書の無断複写は著作権法上での例外を除き禁じられています。複写される場合は、その
つど事前に、(社) 出版者著作権管理機構（電話　03-3513-6969、FAX　03-3513-6979、
e-mail: info@jcopy.or.jp）の許諾を得てください。

キー・コンピテンシー 国際標準の学力をめざして
ドミニク・S・ライチェン、ローラ・H・サルガニク編著　立田慶裕監訳　●3800円

キー・コンピテンシーの実践 学び続ける教師のために
立田慶裕　●3000円

教育研究とエビデンス 国際的動向と日本の現状と課題
国立教育政策研究所編　大槻達也、惣脇宏ほか著　●3800円

PISAの問題できるかな?
経済協力開発機構(OECD)編著　国立教育政策研究所監訳　●3600円

生きるための知識と技能5
OECD生徒の学習到達度調査(PISA)2012年調査国際結果報告書
国立教育政策研究所編　●4600円

PISAから見る、できる国・頑張る国
経済協力開発機構(OECD)編著　渡辺良監訳　●4600円

PISAから見る、できる国・頑張る国2
トップを目指す教育
経済協力開発機構(OECD)編著　渡辺良監訳　●3600円

未来志向の教育を目指す…日本
経済協力開発機構(OECD)編著　渡辺良訳　●3600円

諸外国の教育動向 2012年度版
文部科学省　●3800円

TIMSS2011 理科教育の国際比較 国際数学・理科教育動向調査の2011年調査報告書
国立教育政策研究所編　●3800円

TIMSS2011 算数・数学教育の国際比較 国際数学・理科教育動向調査の2011年調査報告書
国立教育政策研究所編　●3800円

図表でみる教育 OECDインディケータ(2013年版)
経済協力開発機構(OECD)編著　●8400円

若者の能力開発 働くために学ぶ〈OECD職業教育訓練レビュー:統合報告書〉
OECD編著　岩田克彦、上西充子訳　●3800円

成人力とは何か OECD「国際成人力調査」の背景
国立教育政策研究所内国際成人力研究会編著　●3500円

成人スキルの国際比較 OECD国際成人力調査(PIAAC)報告書
国立教育政策研究所編　●3800円

フィンランドの子どもを支える学校環境と心の健康 子どもにとって大切なことは何か
松本真理子、ソイリ・ケスキネン編著　●2000円

フィンランドの理科教育 高度な学びと教員養成
鈴木誠編著　●2200円

〈価格は本体価格です〉

ESDコンピテンシー 学校の質的向上と形成能力の育成のための指導指針
トランスファー21編 由井義通、卜部匡司監訳
高雄綾子、岩村拓哉、川田力、小西美紀訳
●1800円

教育統制と競争教育で子どものしあわせは守れるか?
日本弁護士連合会 第55回人権擁護大会シンポジウム 第1分科会実行委員会編
●1800円

新版 学び合いで育つ未来への学力 中高一貫教育のチャレンジ
東京大学教育学部附属中等教育学校編著、南風原朝和、衛藤隆、
汐見稔幸、佐藤学、浦野東洋一、酒井朗嘉、苅谷剛彦、市川伸一、今井康雄著
●1800円

授業の研究 教師の学習 レッスンスタディのいざない
秋田喜代美、キャサリン・ルイス編著
●2500円

創造現場の臨床教育学 教師教育の改革のために
田中孝彦、森博俊、庄井良信編著
●3800円

子どもと教師が紡ぐ多様なアイデンティティ カナダの小学生が語るナラティブの世界
D・ジーン・クランディニン他著 田中昌弥訳
●3000円

グローバル・ティーチャーの理論と実践 英国の大学とNGOによる教育養成と開発教育の試み
ミリアム・スタイナー編著 岩崎裕保、湯本浩之監訳
明石ライブラリー 146
●5500円

現代国際理解教育事典
日本国際理解教育学会編著
●4700円

グローバル時代の国際理解教育 実践と理論をつなぐ
日本国際理解教育学会編著
●2600円

異文化間教育 文化間移動と子どもの教育
佐藤郡衛
●2500円

外国人児童生徒のための社会科教育 文化と文化の間を能動的に生きる子どもを授業で育てるために
南浦涼介
●4800円

身近なことから世界と私を考える授業 100円ショップ・コンビニ・牛肉・野宿問題
開発教育研究会編
●1500円

身近なことから世界と私を考える授業II オキナワ・多みんぞくニホン・核と温暖化
開発教育研究会編
●1600円

中高生のためのアメリカ理解入門
渡部淳編著
●1500円

中高生のためのアメリカ理解入門 ガイドブック
渡部淳編著
●1500円

世界の学校心理学事典
シェーン・R・ジマーソン、トーマス・D・オークランド、ピーター・ファレル編
石隈利紀、松本真理子、飯田順子監訳
●18000円

〈価格は本体価格です〉

人間科学の越境と連携実践【全4巻】
未来の子どもの育ち支援のために

四六判／並製／各巻2500円

企画 筑波大学「未来の子ども育ち」プロジェクト

いま、子どもの運動能力、社会性、学力、言語力などの低下や、虐待の増加などから「子どもの育ちの危機」が叫ばれている。特に子どもたちが、未来に希望をもって他の人々や、様々な環境・地域と良好なつながりを持ちながら、様々な社会的問題を解決し、自分の身体や感情を適切に処してたくましく生きていく力をどのように育むかが大きな課題といえる。

筑波大学・人間総合科学研究科の「未来の子ども育ち」プロジェクトでは、教育学、心理学、障害科学、体育科学、芸術学が専攻を超えて連携して研究を行い、「未来社会でつながりをもってたくましく生きるために子どもが身につけるべき基本的な力」＝キー・コンピテンシーを明らかにし、「包括型の育ち支援プログラム」を開発・提案する。一人の子どもについて、つながる力、身体性、芸術的感性を包括的に捉え、その育ちを支援する、世界的にも例がない試みを、全4巻のシリーズで体系化、ついに刊行！

1 いま、子どもの育ちの危機とは？
阿江通良、長崎 勤【編著】

現在の子どもの育ちを、つながる力、身体性、芸術的感性の角度から分析し、何が問題なのか、また何が必要な力なのかを提案する。

2 つながる力と未来の子どもの育ち
茂呂雄二、庄司一子、長崎 勤【編著】

「つながる力」の理論的検討はじめ、動態の調査結果を分析し、「つながる力」が育つ、様々な場と時を考察し支援の在り方を探る。

3 身体性コンピテンスと未来の子どもの育ち
澤江幸則、木塚朝博、中込四郎【編著】

「身体性コンピテンス」が、なぜ未来の子どもの育ちに必要なのかを、スポーツ科学の各方面からアプローチし、検討しようと試み。

4 アートでひらく未来の子どもの育ち
玉川信一、石﨑和宏【編著】

アートの活動が、子どもの柔軟な思考を促し、創造的な意味生成のプロセスであることを、造形の様々な領域から複眼的に提案する。

〈価格は本体価格です〉